grafit

Herausgegeben von H. P. Karr, Herbert Knorr und Sigrun Krauß im Auftrag der *Kreisstadt Unna, Bereich Kultur* und des *Westfälischen Literaturbüros in Unna e. V.* für die Veranstaltergemeinschaft *Mord am Hellweg*, Europas größtem Krimifestival.

Mord am Hellweg IX (15. September bis 10. November 2018) ist ein Projekt der Kulturregion Hellweg mit oder in den Kreisen, Städten und Gemeinden Ahlen, Bad Sassendorf, Bergkamen, Bönen, Dortmund, Erwitte, Fröndenberg, Gelsenkirchen, Hagen, Hamm, Holzwickede, Iserlohn, Kamen, Lüdenscheid, Lünen, Schwerte, Soest, Oelde, Unna, Unna (Kreis), Wickede (Ruhr), Witten und in Kooperation mit dem *Kulturring Erwitte e. V.*, der *HanseTourist Unna*, dem Bürger- und Kulturzentrum *Rohrmeisterei Schwerte*, dem *Tagungs- und Kongresszentrum Bad Sassendorf*, MELANGE *(Gesellschaft zur Förderung der Salon- und Kaffeehauskultur e. V.)*, dem *Museum für Westfälische Literatur (Kulturgut Haus Nottbeck)* und der *Westfalen-Initiative Münster* (für die Projekt-Sonderreihe *Krimiland Westfalen*) unter Federführung des *Westfälischen Literaturbüro in Unna e. V.* (Dr. Herbert Knorr) und der *Kreisstadt Unna, Kulturbetriebe, Bereich Kultur* (Sigrun Krauß M. A.; V. i. S. d. P.)

© 2018 by GRAFIT Verlag GmbH
Chemnitzer Str. 31, D-44139 Dortmund
Internet: http://www.grafit.de
E-Mail: info@grafit.de
Alle Rechte vorbehalten.
Umschlaggestaltung: Nele Schütz Design unter Verwendung von shutterstock/Irina Mosina (Tisch mit Brotzeit), Lesya_ya (Messer)
Druck und Bindearbeiten: GGP Media GmbH, Pößneck
ISBN 978-3-89425-585-5
1. 2. 3. / 2020 19 18

H. P. Karr, Herbert Knorr & Sigrun Krauß (Hg.)

Henkers.Mahl.Zeit

Mord am Hellweg IX

Kriminalstorys

Inhalt

Henkers.Mahl.Zeit. Lukullische Genüsse
und schaurige Abgründe am Hellweg 9

Thomas Krüger: *Aber bitte mit Sahne in Bad Sassendorf* 13

Bernhard Aichner: *Pink Box Erwitte* 28

Klaus-Peter Wolf:
Das Jahrestreffen der glücklichen Witwen in Unna 42

Arno Strobel: *Wittener Geschmortes à la Roburit* 56

Krischan Koch: *Hagener Zwiebackleichen* 68

Alex Beer: *Mordsglas aus Wickede* 82

Kristin Lukas: *Gefährliches Nachspiel in Kamen* 97

Sven Stricker: *Bönen sehen und sterben* 112

Elisabeth Herrmann: *Die Gelsenkirchener Rose* 127

Monika Geier: *Fluggans an Sumpfgras in Hamm* 143

Ule Hansen: *Kunigunde beschwert sich nicht mehr
über den Regen in Lüdenscheid* 160

Simone Buchholz: *Dortmund, das Herz hämmert* 174

Max Annas: *Friktion in Fröndenberg* 188

Franz Dobler: *Amen in Ahlen* 203

Stefanie Gregg: *Blau in Grau in Soest* 219

Thomas Raab: *Todeskreis Unna* 233

Sunil Mann: *Die Lichter von Bergkamen* 248

Martin Schüller: *Lünen – unterschätzt* 265

Frank Goldammer: *Iserlohner Potthexe* 280

Bernhard Jaumann: *Oelder Waldgeister* 295

Gisa Pauly & Martin Calsow:
Schwerter Schwarte (Kein lecker Nachkochgericht) 310

Wulf Dorn: *Holzwickeder Perlenhochzeit* 324

Autorinnen & Autoren 337

Herausgeberin & Herausgeber 346

Wissen Sie, wie die mich nennen?
Die Dinner-Mörderin von Holzwickede ... Als ob ich
der Star in irgendeiner makabren Kochshow wäre!
Wulf Dorn, aus *Holzwickeder Perlenhochzeit*

Henkers.Mahl.Zeit

Lukullische Genüsse und schaurige Abgründe am Hellweg

Es ist angerichtet! Mord à la carte und crime à la minute, kredenzt von den Spitzenkräften des Genres.

Denn zum neunten Mal wird die Hellwegregion zum Eldorado namhafter deutschsprachiger Krimistars, die voller kreativer mörderischer Ideen die Region zwischen Ahlen und Witten, Hamm und Iserlohn unsicher machen. Dieses Mal steht – fast immer – der ›letzte Bissen‹ im Mittelpunkt ihrer Geschichten, der letzte lukullische Genuss, bevor Opfer oder auch Täter das Zeitliche segnen. Und – ebenfalls fast immer – schmeckt ihnen diese ganz besondere Kost sogar!

So wird im Gelsenkirchener *Musiktheater im Revier* ein russischer Ballettstar erstochen, nachdem er sich noch vor der Aufführung genüsslich in der Theaterkantine ein paar Löffel ›Borschtsch‹ gegönnt hat. In ›Methusalem City‹ Bad Sassendorf stirbt ein Journalist an einem vergifteten Stück köstlicher Sahnetorte und zu den *Hagener Zwiebackleichen* wird stilechter Doppel-Wachholder (der mit zwei H, ganz wichtig!) serviert. Die *Schwerter Schwarte* aus der Küche der Rohrmeisterei entpuppt sich allerdings nicht als lecker Nachkochgericht, sondern als blutiger, gefrorener Ernst. Die Dinner-Mörderin von Holzwickede schließlich weiß ihre Familie mit besonderen Gerichten zu verwöhnen und räumt damit gleich ihre Rivalin aus dem Weg. Zu guter Letzt wird in Kamen einem Fußballspieler vom BVB ausgerechnet das westfälische Nationalgericht ›Himmel und Erde‹ buchstäblich zum letzten Imbiss. Schaurige Abgründe tun sich auf.

Was sich wie die besten Schlagzeilen einer schlechten Boulevardzeitung liest, ist jedoch nur eine kleine Auswahl der bösartigen Fälle unserer neuen Geschichtensammlung, die – wie gewohnt für ›Mord am Hellweg‹-Bände – ausschließlich aus den Federn hochkarätiger Autorinnen und Autoren stammen. Elisabeth Herrmann, Sven Stricker, Bernhard Jaumann, Gisa Pauly, Arno Strobel und viele andere servieren Opfern und Tätern stets das letzte Mahl, sozusagen die Henkersmahlzeit am Hellweg, mit dem beim größten Krimifestival Europas, dem Mord am Hellweg IX, die Liebhaber von Krimis und Thrillern, von Mord und Totschlag, von Hinterlist und Heimtücke verwöhnt werden.

Für weitere kriminell-kulinarische Höhepunkte sorgen Superstar Bernhard Aichner mit seiner *Pink Box Erwitte* und Klaus-Peter Wolf, der sich um das *Jahrestreffen der glücklichen Witwen in Unna* kümmert, während sich Österreichs Star-Autor Thomas Raab dem *Todeskreis Unna* widmet. Und literarisch zupackend und geschmacklich versiert tischen Simone Buchholz, Max Annas und Franz Dobler ein Dreierlei vom neuen deutschen Krimi mit tödlichen Spezialitäten aus Dortmund, Fröndenberg und Ahlen auf.

Damit ist die Mannschaft des Festivals der exklusiven Morde aber noch längst nicht komplett. Monika Geier, Thomas Krüger, Stefanie Gregg, Martin Calsow, Ule Hansen, Kristin Lukas, Frank Goldammer, Wulf Dorn, Alex Beer, Sunil Mann und Martin Schüller runden das Mords-Menü mit kleinen feinen Leckereien ab. Wir als Küchenchefs ... äh ... Herausgeber dieser Krimianthologie empfehlen jedenfalls Storys wie *Fluggans an Sumpfgras in Hamm* oder *Wittener*

Geschmortes à la Roburit. Und ansonsten wird gelesen, was auf den Tisch kommt!

Stellen Sie sich ihre Menüfolge selbst zusammen: Ob lustig, grotesk oder einfach nur spannend – gute Unterhaltung ist mit diesen zweiundzwanzig Geschichten von dreiundzwanzig Autorinnen und Autoren jedenfalls sicher.

Mörderisch guten Appetit wünschen

H. P. Karr, Herbert Knorr und Sigrun Krauß

Nach Diktat auf kulinarische Entdeckungstour ab- und seitdem nie wieder aufgetaucht

Thomas Krüger

Aber bitte mit Sahne in Bad Sassendorf

»Ras nicht so, Henning. Beim EDEKA hättest du abbiegen müssen.«

»Scheiße, Hajo, sag das doch eher!«

Hatte ich, aber Henning Kampkötter, dreiundvierzig Jahre alt, voller Hormone und erst seit Kurzem bei der Kreispolizeibehörde Soest, ist am Steuer des Einsatzwagens ein polizeiliches Sicherheitsrisiko. Ich, einundsechzig, Hans-Joachim Varnholt, habe es gern etwas ruhiger. Wir sind auf der Paderborner Landstraße unterwegs. Nach Bad Sassendorf. Ein ungeklärter Todesfall.

Ich kenne die Stadt ein bisschen, habe hier mal gewohnt.

»Nimm die nächste. Die Alleestraße. Da hinter dem Friedhof. Und Vorsicht, Friedhofsbesucher sind nicht die schnellsten.«

Henning sieht mich an.

»Guck nach vorn.«

»Na klar, Hajo. Am Friedhof ist man nicht so schnell. Wann gehst du eigentlich in Rente?«

Manchmal tröste ich mich mit der Überlegung, dass es Henning, weil er aus Bielefeld kommt, gar nicht gibt.

Er biegt nach links ab. Die Straße verläuft parallel zum Friedhof und Henning beschleunigt, als sei er auf der Flucht vor dem Tod. Mir fällt ein, dass das größte Hotel dieser Stadt *Schnitterhof* heißt. Weiß Henning das?

»STOPP!«

»Meine Güte, kehren die Zombies hier schon am Nachmittag in ihre Gräber zurück?«

»Dies ist ein Kurort, Henning.«

Auch ich habe die Frau fast übersehen. Ihre Bewegungen sind reinste Zeitlupe. Sie schiebt mit ihrem Rollator auf die Friedhofsstraße zu, die das Gräberfeld links von uns in zwei gleich große Flächen teilt. Rechts erheben sich die Skelette von Turmkränen aus einem Gewerbegebiet voller Rohbauten.

»Arthrose in Motion.«

Hennings Aussprache beweist, dass der Ostwestfale nicht so leicht Englisch lernt. Aber das erschüttert ihn nicht. Er lacht und trommelt aufs Lenkrad.

»Vielleicht hat sie ein Date und ist deshalb so in Eile«, unkt er. Sein Kopf ruckt nach links. »Guck mal. Da sind Gräber frei. Schon mal eins besichtigen?«

»Idiot.«

Er lacht und ich erkenne zwischen den Bäumen am Friedhofsrand unbelegte, in Granitrahmen gefasste Grabstellen.

Henning beschleunigt wieder. »Also, wo ist das jetzt?«

»*Café Blaubeere*. Ortsmitte. Sälzerplatz.«

Ich dirigiere ihn. Am Verkehrskreisel am Ende der Alleestraße zögere ich allerdings. Nach links oder weiter geradeaus? Ich entscheide mich für links, die Bahnhofsstraße runter. Vielleicht, weil mir dieses Fachwerkhaus hinter einem Banner, auf dem *Akropolis* steht, so bizarr vorkommt. Fachwerk können sie hier gut. Aber es ist weniger geworden in den vergangenen Jahrzehnten.

Der Sälzerplatz mit dem großen Stern darauf, dem Sälzerstern. Vor dem Café parken ein Notarztwagen und ein Polizeiwagen. Vermutlich Walter, der versieht hier in Sassendorf den Bezirksdienst. Er hat Soest benachrichtigt. Die Weißkittel stehen hinter ihrem roten Rettungsmobil und warten darauf, was wir zu der Leiche sagen.

Na, erst mal einen Blick drauf werfen.

»Tod in der Scheune«, brummt Henning, als er das breite Haus mit dem verzierten Dielentorbogen am Rand des Platzes betrachtet. Bei Fachwerk fällt Henning nur Scheune ein.

»Das ist keine Scheune, das Haus gehörte zu einer Siedehütte. Bad Sassendorf ist die Stadt des Salzes. Hier wurden Leute wie du vom Teufel in große Pfannen gesetzt, unter denen Feuer brannte. Mit dem Salz, das ihr ausgeschwitzt habt, wurden Geschäfte gemacht.«

»Was?«

»Komm, wir gehen rein.«

Gut, dass ich Hennings Vorgesetzter bin. Nur so lassen sich die Verhältnisse ertragen.

Im *Café Blaubeere* ist es schummrig. Massive, dunkle Holzständer und Deckenbalken, Terrakotta-Fliesen. Ein Raum mit Geschichte. Aufregung herrscht. Na ja, das heißt, Neugierige spinxen nach der Leiche und mutmaßen.

Erschüttert wirkt vor allem die Bedienung, und das hat mit dem Kuchen zu tun, denn der Tote, so wird gemunkelt, sei vergiftet worden. Jemand lässt das Wort *Tortenmord* fallen und erntet gebremstes Lachen.

Walter vom Bezirksdienst ist im Gespräch mit zwei Herren. Das unterbricht er, um uns die Leiche zu zeigen: einen Mann, Mitte fünfzig, Halbglatze, leicht übergewichtig.

»Keiner von hier«, sagt Walter und schüttelt missbilligend den Kopf.

Man hat den Mann außer Sichtweite der Gäste in die Küche gelegt. Ausgerechnet in die Küche, denke ich. Aber vielleicht wäre mir in so einer Situation auch nichts Besseres eingefallen. Hätten sie ihn im Café gelassen, hätten wir jetzt hier eine Gafferei wie bei einem Unfall auf der Autobahn.

Henning macht Handyfotos. Dann streift er wie ein

Wildwest-Sheriff umher. Dabei schweigt er, weil er insgeheim weiß, dass er redend seinen Sheriff-Status gefährdet.

Ist mir einerseits ganz recht, dass er sich zurückhält. Andererseits strömen immer mehr Neugierige hier rein. Viele Eltern mit Kindern. Wo kommen die alle her? Das verwirrt mich nun doch. Ich habe immer gedacht, der Alterspräsident des Landes lebe in Bad Sassendorf.

»Walter? Würdest du mal ...«

So schnell kannst du gar nicht gucken, wie Kinder ihre Finger in der Torte haben. Unmöglich ist das und womöglich auch ungesund.

»Hallo? Können Sie Ihre beiden Racker mal bitte ...? Ach, das sind nicht Ihre? Walter, Henning?«

»Ja, ich mach das schon«, brummt Walter und sorgt dafür, dass es im Café leerer wird. Damit wir uns wieder der Leiche widmen können.

Der Tote trägt eine abgewetzte Lederjacke, fleckige Jeans, Schuhe im Kurz-vor-Löcher-im-Bodenblech-Zustand. Walter hat in der Jacke des Mannes nachgesehen, eine Brieftasche mit Papieren und ein wenig Bargeld gefunden: Martin Piel, Dortmund, vierundfünfzig Jahre alt. Außerdem eine Visitenkarte: *MP – Martin Piel. Treffsicherer Journalismus, knallharte Recherche, zielgenaue TV-Produktionen.* Eine Festnetz- und eine Mobilnummer.

Ganz dicke Hose, ganz kleine Eier, denke ich.

Walter führt mich zu den beiden Herren, mit denen er vorhin im Gespräch war. Der eine ist Doktor Stephan Oliver, Leiter des örtlichen Salzmuseums. Er kennt Bad Sassendorf wie seine Westentasche, nicht aber den Toten. Doktor Oliver erklärt, dass er von einem anonymen Anrufer hergelockt wurde.

Der andere Mann, Arzt aus der nahen Klinik am Hellweg,

war zufällig anwesend, als der jetzt Tote über seinem Stachelbeerkuchen mit Sahnequarkauflage zusammenbrach. An dem *Tortenmord*-Gemunkel scheint also was dran zu sein. Getrunken hat der Mann nämlich nichts. Vom Kuchen probiert, die vordere Hälfte vertilgt, über Übelkeit geklagt. Dann Exitus. Die Symptome, die Gesichtsfarbe, alles deutet auf ein schnell wirkendes Gift hin. Genaueres wird die Rechtsmedizin herausfinden.

»Mensch, is das 'n Ding!«

Henning sinkt auf den Stuhl am Tat-Tisch und starrt ergriffen auf das Kuchenstück. Das ist, trotz fehlender Vorderhälfte, noch immer groß wie der Bremsschuh für einen Kohlewaggon.

»Henning, lass die Gabel liegen. Sonst muss ich allein zurück nach Soest.«

»Was?«

»Der Kuchen. Das Corpus Delicti. Beweismittel sichern. Einpacken, aber nicht in deine durchtrainierte Körperhülle.«

Rums. Der Stuhl fällt um, weil Henning hastig Distanz zwischen sich und den Todeskuchen zu bringen versucht.

Doktor Oliver sieht jetzt nicht so aus, als würde er glauben, wir könnten den Fall aufklären.

Zusammen mit Walter packt Henning die Beweismittel ein, und während ich ein paar Sätze mit Doktor Oliver und dem Reha-Arzt wechsle, macht Henning erneut Fotos mit seinem Smartphone. Er zielt überall hin. Jetzt will er Umsicht zeigen.

Ich erfahre, dass Doktor Oliver mit den Worten: »*Kommen Sie schnell ins* Café Blaubeere. *Da geht was ab. Man will uns erpressen*«, aufgescheucht wurde. Aber wer da wen erpressen wollte und wer der Anrufer war, weiß er nicht.

Die Bedienung sagt aus, dass das Café zum Zeitpunkt der Tat etwa halb voll war. Und dass der Vergiftete allein am Tisch saß.

»Ich hatte das Gefühl, er würde auf jemanden warten«, berichtet sie, fast unter Tränen. »Ich brachte ihm den Kuchen und er hat ihn noch gelobt und dann hat er immer wieder auf sein Handy geguckt und plötzlich stand er auf, stöhnte, wankte zur Toilette und ...«

»Verstehe. Aber wie hätte das Gift in den Kuchen gelangen können? Wo bewahren Sie den auf?«

Na, wo bewahrt man in einem Café so was auf? Vor den Augen der Gäste natürlich. Die Frau zeigt zur gläsernen Auslage auf dem Tresen. Die Restkuchenbestand ist gigantisch: Stachelbeere, Marzipanumhülltes, Erdbeertorte, Kirschkuchen, Schokoladentorte und so weiter. Ich denke an die unbelegten Gräber auf dem Friedhof am Ortseingang und erkläre der Frau, dass sämtliche essbare Ware ab sofort einem Verkaufsverbot unterliegt.

»Das muss alles überprüft werden«, sage ich und fühle mich überfordert. Eine Mordkommission soll hier bitte schön übernehmen. Einen Moment lang denke ich, dass auch die Bedienung gleich kollabiert. Doch dann fängt sie sich. Walter spendet ihr Trost.

Aber meine Frage ist noch immer unbeantwortet: Wie kam das Gift in den Kuchen? Haben wir es mit einem Irren zu tun, der wahllos mordet, oder galt der Anschlag gezielt diesem Martin Piel?

»Hat jemand mit dem Toten gesprochen?«

»Mit dem Toten?«

»Na ja, als er noch nicht tot war.«

Die Bedienung denkt nach.

»Das kann ich nicht sagen. Ich muss ja immer mal wieder

in die Küche. In so einem Moment hätte jemand ins Café kommen können, um … nicht wahr?«

Ja, in der Tat. Jetzt denke *ich* nach. Da unterbricht mich Henning mit der Bemerkung, dass die Leute vom Notarztwagen gern Feierabend machen würden. Mir schwillt der Kamm: »Pass mal auf, Henning. Sag den Herren, sie mögen sämtliches Süßzeug hier einladen und ins Kriminallabor nach Soest bringen. Das muss nämlich alles untersucht werden.«

»Bist du verrückt, Hajo? Im Notarztwagen? Außerdem, das is … 'ne halbe Tonne!«

»Und du kannst helfen. Beeilt euch. Wegen Feierabend. Anschließend packt ihr den Toten ein. Der kann dann auch weg. Nach Dortmund zur Rechtsmedizin. Passt aber auf, dass der euch nicht in die Torten rutscht.«

Hennings Kinnlade klappt sportlich nach unten. Dann zieht er ab. Und ich widme mich der vielleicht letzten Möglichkeit, noch herauszufinden, wer sich diesem Scheißkuchen genähert hat, um ihn zu vergiften.

Ich gehe zu ein paar Rentnern in Anoraks, die an einem Randtisch Kaffee trinken. Zwei Frauen, ein Mann. Sie sitzen schon länger hier. Ältere beobachten ja gern. Die hier geben sich aber extrem erinnerungs- und aussageschwach.

»Nee, hier is keiner rein.«
»Dem is am Tisch plötzlich schlecht geworden.«
»Saß da so, steht auf, klappt zusammen.«
»Schöner Tod. Hätt er aber aufessen sollen, den Kuchen.«
»Is doch schade.«

Sie nicken. Und lächeln.

Ich lasse sie abziehen. Merkwürdige Typen.

Was nun?

Ein plötzlicher Gedanke lässt mich die Visitenkarte des

Toten hervorholen und die dort aufgedruckte Dortmunder Festnetznummer wählen. Es tutet eine Weile.

»Martin?« Eine Frauenstimme, klingt weinerlich. »Bist du es?«

»Ähm, nein. Mein Name ist Varnholt. Ich ... äh ...« Mir bricht der Schweiß aus. Ich sollte auflegen. Doch ein Teufelchen treibt mich an. »Mit wem spreche ich bitte?«

»Monika Piel ... Martins Mutter.«

Schluchzen.

»Äh ... ich ... wollte eigentlich Ihren Sohn sprechen. Er hat mir diese Nummer gegeben. Ich ...« – das Teufelchen hat mich jetzt vollkommen in der Gewalt – »... ich hatte einen Termin mit ihm. In Bad Sassendorf.«

Die Frau bricht endgültig in Tränen aus: »Bad Sassendorf? Nein, dass ... Nicht schon wieder. Hätte ich ihn damals bloß nicht zur Kur dahin geschickt. Sechs Wochen. Kinderheilanstalt. Ich hab es doch gut gemeint. Er war so dünn und noch so klein. Martin hat mir das nie verziehen. Hat er Sie auch erpresst?«

»Erpresst? Mich? Nein, nein! Gute Frau, ich ...«

Scheiße, denke ich. Jetzt schwitze *ich* wie in einer Siedepfanne. Ich kann die Frau doch unmöglich am Telefon über den Tod ihres Sohnes informieren. Fast empfinde ich es als Glück, dass sie unvermittelt auflegt.

Doktor Oliver tippt mich an: »Ähm, brauchen Sie mich noch?«

Ich will ihn grad fragen, ob die Telefonstimme, die ihn mit dem mysteriösen Verweis auf eine Erpressung ins *Café Blaubeere* lockte, die einer weinerliche Frau war, da gellt aus der Küche ein Alarmruf: »HAJO? HAJO, SCHNELL!«

Henning. Was zum Teufel ...

»HAJO, DER IS WEG!«

Und dann stürmen auch schon die beiden Weißkittel vom Rettungswagen herein. »Der Wagen ...«, keucht der Notarzt. Er raucht wohl Filterlose. »Weg! Mit der Leiche. Die war da schon drin.«

»Ihr habt euch den Wagen klauen lassen mitsamt Leiche und Kuchen?«

Henning ist aus der Küche gekommen und antwortet nicht. Das genügt. Ich schalte: »Los, dem Wagen nach. Der Fahrer ist der Tortenmörder!«

Ich eile mit Henning, Walter und Doktor Oliver nach draußen. Walter schwingt sich in seinen Streifenwagen und brettert los. Ich vermute, er will Richtung Autobahn. Walter ist ortskundig und kennt sicher die schnellste Fluchtroute.

Ich informiere die Leitstelle in Soest. Die sollen Straßenkontrollen einrichten. Und Kontakt zu der Mutter von Martin Piel aufnehmen. Dabei können sie ihr auch gleich die schlechte Nachricht überbringen.

Erleichtert stecke ich mein Telefon wieder ein. Und dann ist es tatsächlich mal Henning, dem was auffällt.

»Der Typ da!«, ruft er. »Bei dem Pferd!«

»Pferd?«

»Ähm, das ist ein Esel. Ein Esel und ein Sälzerknecht«, korrigiert ihn Doktor Oliver.

»Esel?«

»Ja, da hinten«, haucht Henning. »Der saß auch im Café. Mit den anderen. Die hatten alle so T-Shirts!«

»So T-Shirts? Henning, bisschen genauer bitte.«

Henning zeigt rüber zu einer Bronzeskulptur am Rand des Sälzerplatzes, direkt gegenüber des monströsen Sechzigerjahre-Kurmittelhauses mit seinem gläsernen Eingangsdreieck. Ein Typ, der einen Packesel anschiebt – so wie ich manchmal Henning anschieben muss.

Los, rein da, ab in Behandlung, denke ich. Könnte der Titel der Skulptur sein.

Der Typ allerdings, den Henning meint, ist ein alter Mann mit salzweißer Kapitänsmütze. Er hat sich halb hinter dem Esel versteckt und grinst uns an. Er trägt ein dunkles T-Shirt mit einem Spruch, den ich wegen der Lichtverhältnisse nicht entziffern kann.

Doktor Oliver verdreht die Augen. »Der Läutnant.«

Henning holt derweil sein Handy hervor. Bevor ich Doktor Oliver fragen kann, was er meint, sagt Henning: »Hier, die Bilder. Da muss was dabei sein.«

Hennings Finger zittern, als er sich durch die Fotos wischt, die er im Café gemacht hat, bevor die Neugierigen rauskomplimentiert wurden.

»Da! Wusste ich doch. Alle mit diesen T-Shirts.«

Das Foto ist nicht gut, aber zweckmäßig. Der Mann mit dem T-Shirt und der weißen Mütze gehört zu der Rentnertruppe, die ich verhört habe. Auf dem Foto sitzen vier Personen. Ich habe aber nur mit dreien gesprochen. Und die T-Shirts habe ich nicht gesehen, weil die Typen inzwischen Anoraks trugen.

Die Shirts ziert ein verwirrender Schriftzug: *METOO*.

Darunter steht etwas kleiner: *Salami*. Oder *Sabine*.

Henning lacht. »Me too? DIE hat man belästigt?«

Jetzt glaubt er tatsächlich, er habe die Lizenz zu Geistesblitzen.

Doktor Oliver räuspert sich: »Also den Mann da drüben, den kenne ich«, sagt er. »Horst Hecker. Fast neunzig und ziemlich ... eigenwillig. Eine Nervensäge, die gern rumkommandiert. Sie nennen ihn den Läutnant. Mit ÄU. Kommt von LÄUTEN. Die ehemalige Glocke vom Siedehaus, das hier stand, nannte man so. Hecker ist extrem schwerhörig und schon deshalb extrem laut.«

»Aha«, sage ich. »Und Hecker und seine Mit-Me-Too-Sabinen sind Opfer von genau was geworden? Übergriffiger Bauernlümmel?« Ich weise zur Bronzeskulptur, diesem von einem Sälzerknecht am Hintern angeschobenen Esel.

Jetzt lacht sogar Doktor Oliver, wird aber gleich wieder ernst.

»Nein«, sagt er, »dieses *Me Too* bezieht sich auf … nun ja … also Bad Sassendorf gilt ja als Methusalem City. Verstehen Sie? *ME-TOO-Salem*. Die Stadt der Alten. Hieß es mal in einem Fernsehbericht. Ja, die Gemeinde ist alt. Aber Methusalem City, das geht dann doch in Richtung Fake News. Egal. Auf den T-Shirts steht übrigens *METOO Saline*. So nennen sie ihren Treffpunkt in Heckers Altenwohnung. Die vier sind rabiate Wutbürger, haben massiv gegen den Fernsehbericht und diverse Zeitungsartikel gewettert und in der Lokalpolitik Rabatz gemacht. Aber jetzt scheinen sie endgültig durchzudrehen.«

»Zumindest Hecker«, sage ich. »Ihm nach, Henning, der hat den Journalisten vergiftet!«

Henning und ich stürmen los. Doktor Oliver lässt es sich nicht nehmen, mitzujoggen. Hecker lacht und nimmt Reißaus. Wir hetzen hinterher.

Heiliger Himmel, ich denke, der ist fast neunzig?

»Früher war mehr Rheuma«, stöhnt Henning, als er die örtliche Einkaufsstraße, die Kaiserstraße, hochschnauft. Hecker, mit Kapitänsmütze, eilt davon. Vorbei an den Flaneuren, die sich umdrehen und applaudieren. Vor allem die Jüngeren. Das heißt: *Ihm* applaudieren sie, *wir* werden ausgelacht.

Seitenstiche lassen mich hecheln. Leichtfüßig eilt der Läutnant auf die Fußgängerbrücke am Ende der Kaiserstraße zu, flitzt dann aber rechts die Bahnhofstraße runter. Bergab wird er noch schneller und wir sehen ihn verschwinden. Ich kann nicht mehr.

Als wir schon glauben, er sei uns endgültig entkommen, verrät uns eine mitleidige Passantin, dass der joggende Alte laut lachend im halbgläsernen Seitenanbau einer Scheune verschwunden sei. Sie zeigt auf das Gebäude.

»Die Kulturscheune«, keucht Doktor Oliver. »Da findet grad eine Lesung statt.«

»Lesung?« Ich keuche ebenfalls. »Da schnappen wir ihn. Los – und den Ausgang sichern!«

Die Kulturscheune ist proppevoll. Die Schauspielerin Marie-Luise Marjan liest aus *Pumpernickelblut*, dem Krimi eines westfälischen Autors. Steht auf einem Plakat am Eingang. Henning postiert sich dort, und ich ...

»Polizei!«, rufe ich. »Wir suchen einen älteren Mann mit weißer Mütze. Der ist hier rein!«

»Mann mit weißer Mütze? Ich sehe zwei. Einer hat grad *Polizei* gerufen«, kommt es lachend aus der Mitte der Zuhörer. Unsere Dienstmützen. Man denkt zu selten an solche Dinge. Marie-Luise Marjan und der neben ihr sitzende westfälische Autor gucken sich grinsend an. Ich werde rot. Hecker hat mit Sicherheit seine Mütze abgenommen. Versteckt er sich hier irgendwo oder ist er gleich hinter der Bühne verschwunden?

Meine Hoffnung sinkt. Aber dann kommt mir Marie-Luise Marjan – mit Adleraugen – zu Hilfe. Plötzlich weist sie in die Zuhörermenge und ruft: »Me Too? SIE? Das glaub ich jetzt nicht!«

Der Mann, auf den sie zeigt, wird rot.

Tja, Horst, versuch nie, eine Frau zu verarschen.

Hecker hat sich auf einen Platz in der dritten Reihe gemogelt, wo ein breiter Durchgang verläuft. Ich schlussfolgere spontan, dass man ihm dort was frei gehalten hat. Henning und ich schreiten zur Festnahme, wobei ich mich über meine Nachlässigkeit ärgere. Das Gesicht von Heckers Nebenmann kommt mir bekannt vor. Ich hätte im Café sorgfältiger die Personalien aufnehmen sollen.

Die Lesung geht weiter, Henning, Doktor Oliver, ich und der mit Handschellen fixierte Hecker verlassen das Gebäude. Draußen atme ich durch.

Doch Hecker will mir die gute Laune versalzen. »Sie können mir gar nichts nachweisen!«, krächzt er. Meine Ohren schmerzen.

»Freuen Sie sich nicht zu früh«, entgegne ich. »Wir werden Ihre Wohnung durchsuchen. Irgendwo werden wir Spuren des Giftes finden, mit dem Sie …«

»Dazu brauchen Sie aber eine Leiche!«, krakeelt Hecker.

Doktor Oliver nickt. Er ist Akademiker und geht die Sache rational an. Ich bin Polizist, stehe kurz vor dem Hörsturz und habe die Nase von diesem Fall gestrichen voll.

»Die werden wir finden!«, schnauze ich.

»Ha!«, trompetet Hecker – und als wäre er diesmal eine Spur zu weit gegangen beziehungsweise zu laut gewesen, etwa wie ein unvorsichtiger Skifahrer in einer – ich bin fast versucht zu sagen: salzweißen – Schneelandschaft, kracht es in der Ferne.

Lawinenabgang.

»Ach du je«, haucht Doktor Oliver.

Ich schaue ihn fragend an. Er will sich grad erklären, da klingelt mein Handy. Walter meldet sich. Der Notarztwagen ist gefunden. Man hat ihn mitten in einem riesigen Rhododendron im Kurpark abgestellt.

»Im Laderaum ist alles voller Sahnezeug«, sagt Walter.

»Was ist mit dem Fahrer?«

»Von dem fehlt jede Spur.

»Und die Leiche?«

»Tja ... Kommt mal schnell.«

»Wohin denn?«, frage ich.

»Zum Gradierwerk.«

»Gradierwerk?«, wiederhole ich laut. Doktor Oliver schließt die Augen.

Henning holt den Streifenwagen. Was mir Doktor Oliver in der Zwischenzeit und auf dem Weg zum Kurpark erklärt, kann ich erst glauben, als ich es sehe. Während der Fahrt klingelt noch einmal mein Handy. Die Polizei aus Dortmund hat mit der Mutter Piels gesprochen. Der hatte als nicht sehr sauber arbeitender Journalist Material über die militanten Wutbürger um Hecker gesammelt und versucht, sie zu erpressen. Frei nach dem Motto: *Ich sitze grad an einem Bericht über Methusalem City. Aber ich lasse mit mir reden ...*

Das hat sich der Läutnant mit seinen MeToo-Gesellen nicht gefallen lassen. Tja, die Leiche wäre jetzt das letzte Puzzlestück, um sie dranzukriegen.

Wir parken nah dem Thermalbad. Und dann stehen wir vor dem Gradierwerk. Mir stockt der Atem. Ich kenne Gradierwerke: hoch wie die Chinesische Mauer, aber nicht ganz so lang. Also, ein paar Dutzend Meter sind es meist schon. Hohe Wände aus Schwarzdorn-Reisern, durch die Salzsole nach unten rieselt, zerstäubt, zum Teil verdunstet. So steigt der Salzgehalt der Sole, sie ist leichter zu verarbeiten. Nach dem Wegfall der Salzgewinnung wurden aus Salzstädten Kurstädte. Reste von Gradierwerken wurden zu Freiluftinhalatorien. Gesunde salzhaltige Luft und so. Imposant sind die Dinger nach wie vor.

Aber dieses hier ...

Die Lichtkegel von LED-Taschenlampen zucken umher.

Ein riesiges Stück der wie ein Festungswall wirkenden Anlage ist zusammengesackt. Eine Lücke klafft dort, wo die von Ablagerungen gebräunten Schwarzdornbündel zu Boden gekracht sind. Immer mehr Leute strömen herbei, sich das Malheur anzusehen. Walter hält sie auf Distanz, denn der Rest des Gradierwerks scheint einsturzgefährdet.

»Zu schwer geworden«, sagt ein Passant. »Aber sollte eh abgerissen werden.«

Es stellt sich heraus, dass der Mann Siedemeister im Salzmuseum ist und sich mit der Materie auskennt: »Sind bestimmt siebzig Tonnen dazugekommen. Ablagerungen aus der Sohle, Mangan, Eisen, Calcium und so, wissen Sie?«

Ich nicke.

»Hätte man längst auswechseln müssen, den Schwarzdorn. Das letzte Mal ist schon über zwanzig Jahre her. In Bad Rothenfelde ist mal so ein Gradierwerk nach einem Düsenjägerüberflug zusammengekracht.«

Und hier war's womöglich ein schriller Alter, denke ich.

»Tja«, sagt der Mann. »Irgendwann ist das kritische Gewicht überschritten.«

Wieder nicke ich, denn ich bin nun neben Walter getreten, ganz nah heran. Und wir erkennen mithilfe seiner Taschenlampe, welcher Art dieses kritische Gewicht war: ein Toter. Man hat versucht, die Leiche im Inneren des Gradierwerks zu verstecken. Martin Piel sieht unter all dem tonnenschweren Material ziemlich mitgenommen aus, ist gar nicht mehr zu erkennen. Aber es fällt mir leicht, ihn zu identifizieren. Denn das, was da unter dem Schwarzdorn-Abbruch hervorlugt, ist voller Sahne.

Bernhard Aichner

Pink Box Erwitte

Ich habe acht Käse gewonnen an dem Abend, an dem ich Igor Polski kennenlernte. Der alte, stille Mann saß neben mir an der Bar im *Posthof*. Er trank und beobachtete, wie wir spielten. Seine Augen folgten jeder unserer Bewegungen, er starrte auf die Würfel, er versuchte, die Regeln zu verstehen. Immer wieder schaute er freundlich in meine Richtung.

Am Anfang war er nur ein wortloser Fremder, der sich in unsere Bar verirrt hatte, einer, der es vorzog, bei den einfachen Leuten zu sitzen, bei den Verlierern.
Was ist das für ein Spiel?, hat er mich irgendwann gefragt.
Schocken, habe ich gesagt. Und es ihm erklärt. Dass wir es schon seit vierzig Jahren spielten, ein ganzes Leben lang, dass es uns die Zeit vertrieb.
Wir spielen normalerweise um Schnaps, habe ich zu ihm gesagt. Dass ich jedoch an diesem Abend genug hätte und den Käse vorzöge. *Man kann ja nicht immer saufen*, habe ich gesagt. Und Igor Polski lächelte.

Ich weiß nicht, ob er verstanden hat, wie das Spiel funktioniert. Ich glaube, es war ihm auch gar nicht wichtig. Er wollte einfach nur irgendwo ankommen an diesem Abend, jemanden in dieser Stadt finden, dem er vertrauen konnte. Dass ich das war, war Zufall. Dass ich an diesem Abend da war, dass auch ich dafür dankbar war, mich mit ihm unterhalten zu dürfen. Weil die Einsamkeit wie so oft unerträglich war. Weil da nur mehr die Würfel waren in meinem Leben, die anderen Männer an der Bar, die irgendwann aufstanden und nach Hause zu ihren Familien gingen. Nur ich nicht. Ich blieb. Mit Polski.

Er war großzügig. Er bezahlte die Wirtin dafür, dass sie länger für uns offen ließ, dass sie Bier zapfte. Polski genoss es. So wortkarg er anfangs auch war, mit dem Verstreichen der Stunden öffnete sich sein Mund. Er erzählte, fragte, staunte, hörte zu. Alles über Erwitte wollte er wissen, über die Menschen, die hier lebten, über den Kalkmergel, die Landschaft.

Dass er Künstler sei, erzählte er mir. *Einigermaßen erfolgreich*, ergänzte er. Wunderbar bescheiden war er und liebenswert, wenn man wusste, wie bekannt er wirklich war, wie erfolgreich, wie viel seine Werke kosteten, dass sie weltweit für Unsummen gehandelt wurden, dass sie in jedem großen Museum standen. Igor Polski war ein Star. Und er trank Bier mit mir im *Posthof* statt Sekt mit dem Bürgermeister und den anderen wichtigen Menschen der Stadt im Königshof. Er zog eine schummrige Kneipe dem feierlichen Empfang mit anschließendem Abendessen im *Gasthof Büker* vor.

Das hier ist mir wesentlich lieber. Gebrochenes Deutsch sprach er. Aber ich habe alles verstanden. Und er hat mich verstanden. *Schön, dass du so viel Käse gewonnen hast*, hat er gesagt.

Schön war auch das, was kommen sollte. Seine Gesellschaft. Ich war neugierig, fasziniert. Kunst hatte bis zu diesem Abend keinen Platz in meinem Leben gehabt, als Lagerarbeiter im Zementwerk hatte man kein Geld, keine Zeit, keinen Sinn für so etwas. Fünfundvierzig Jahre lang hatte ich im Schichtbetrieb gearbeitet, ich hatte ein kleines Haus gehabt, eine

Frau, zwei Kinder, ein glückliches Leben. Jetzt bin ich im Ruhestand, die Kinder sind erwachsen und weggezogen. Meine Frau ist tot. Auch wenn ich mir jeden Tag wünsche, dass es anders wäre, sie ist einfach nicht mehr da. Sie lag nicht im Bett neben mir, als ich nach dem ersten Abend mit Polski nach Hause kam. Ich konnte ihr nicht mehr erzählen, dass ich mit dem Mann getrunken hatte, der Erwitte ein Kunstwerk schenken sollte, der sich unfassbarerweise für unsere schöne Stadt entschieden hatte, um sein neuestes Projekt zu verwirklichen.

Polski schwärmte. Ich bin fasziniert von diesem Stein, hat er gesagt. Dieses Material ist einzigartig auf der Welt, der Stein kommt aus diesem Boden und er soll auch hier verbaut werden. Polski meinte, dass er immer schon nach Erwitte kommen wollte, dass er es bereits jahrelang vorgehabt, es aber immer wieder hinausgezögert hätte. Jetzt ist es so weit, sagte er. Mein Kunstwerk ist eine Liebeserklärung an diese Region. Was ich hier hinterlasse, soll für immer daran erinnern.
Ich wusste damals noch nicht, was er damit meinte. Woran wir uns erinnern sollten. Ich hinterfragte es nicht, hörte ihm weiter zu, wie er Brandreden auf unseren Kalkmergel hielt. Er bat mich, ihm alles darüber zu erzählen, was ich wusste. Wie man ihn abbaue, wie man ihn zermahle.

Ich beschrieb ihm die Arbeitsabläufe, Polski war beglückt, dass er an einen Mann vom Fach geraten war. *Was ist das für ein schöner Zufall*, sagte er. *Vielleicht hast du ja Lust, mir morgen die Gegend zu zeigen?*, fragte er mich. Ich habe *Ja* gesagt. Wir verabschiedeten uns, er wankte zum *Gasthof Büker* und ich nach Hause.

Wie ein Kind freute ich mich darauf. Die ganze Nacht konnte ich nicht schlafen. Ich habe seinen Namen in die Suchmaschine eingegeben. Ich habe alles über ihn gelesen. Bis es hell wurde, saß ich vor dem Computer, ich war überrascht und begeistert zugleich. Seine Kunstwerke waren mir fremd, trotzdem mochte ich, was er schuf. Was er sagte. Und was er nicht sagte. Ich wusste vom ersten Abend an, dass Igor Polski kein Mörder war, dass sie ihn zu Unrecht beschuldigten, dass alles, was sie in den nächsten Tagen und Wochen behaupteten, nicht wahr sein konnte.

Ich zweifelte nie an seiner Unschuld. Er spielte nur mit ihnen, führte sie an der Nase herum, und er genoss es vom ersten Augenblick an. Polski sprach es mir gegenüber zwar nie aus, aber ich wusste es, ohne dass er ein Wort darüber verlieren musste. Von Tag zu Tag verstand ich mehr, ich begriff langsam, was dahintersteckte. Ich sah die Traurigkeit, die in ihm war, und die Wut, die aufblitzte, als ich zum ersten Mal über Paul Lenzen sprach. Über den Russen-Paul, wie sie ihn hier nannten.

Ein Zweiundneunzigjähriger, der von einem Tag auf den anderen aus Erwitte verschwand. Wie vom Erdboden verschluckt war er. In seinem kleinen Haus in Eikeloh ist er nie wieder aufgetaucht, eine Nachbarin hatte ihn wenige Tage nach Polskis Ankunft als vermisst gemeldet, tagelang suchte man nach ihm. Vier Streifenwagen, ein Hubschrauber, Polizisten aus Lippstadt kamen und haben jeden Stein umgedreht. Der Russen-Paul war einfach weg.

Igor Polski hat ihn umgebracht, flüsterten sie. Sie machten Polski dafür verantwortlich, irgendwann schrien sie es laut in die Welt hinaus. *Igor Polski hat ihn einbetoniert.* Ganz sicher waren sie sich, eins und eins hätten sie zusammengezählt. Unheimlich war alles.

Weil Igor Polski schwieg, nichts zu alledem sagte. Nur gelächelt hat er. Und mir zugezwinkert. Nahezu bei jedem Schritt hatte ich ihn in dieser Woche begleitet. Ich war es, der ihm gezeigt hatte, wo der Russen-Paul wohnte, vor dem Haus habe ich gewartet, bis Polski wieder herauskam. Warum er unbedingt mit ihm reden wollte, habe ich ihn gefragt, doch Polski hat mir nicht geantwortet. Stattdessen lud er mich ein, sein Begleiter zu sein, er erkor mich aus, sein Freund zu sein in diesen Tagen.

Du bist ein guter Mann. Ich würde mich freuen, wenn du mir hilfst, sagte er.

Wobei?, fragte ich ihn.

Das Kunstwerk. Ich möchte, dass wir es gemeinsam machen. Etwas Unvergessliches soll es werden, sagte er. *Etwas, über das die ganze Welt sprechen wird. Käse kannst du auch dann wieder gewinnen, wenn ich weg bin.* Er lachte. Ich nickte und erwiderte sein Lachen. Ich war aufgeregt und neugierig, für kurze Zeit tauchte ich in seine Welt ein, in seine Geschichte, sein Leben. Wie ein Märchen war es.

Der einfache Arbeiter aus Erwitte, der dem internationalen Künstler assistierte. Niemand verstand es. Warum gerade ich. Ein einsamer Alkoholiker, dem Polski den Vorzug vor allen anderen gab. Er behandelte mich so, als wäre auch ich ein Künstler. Gemeinsam errichteten wir sein Kunstwerk, gemeinsam standen wir stundenlang auf der Baustelle am Marktplatz und schufteten.

Es ist wichtig, dass man selbst Hand anlegt, sagte Polski. Hinter Absperrungen und Sichtschutzwänden werkten wir.

Niemand durfte sehen, was wir machten, Polski wollte der Welt erst zeigen, was er sich ausgedacht hatte, wenn es fertig war. Dann erst sollte Erwitte staunen, sehen, welches Geschenk er der Stadt gemacht hatte.

Der Bürgermeister brannte vor Neugier. Er war so stolz darauf, dass er den großen Künstler dafür hatte gewinnen können, sein Werk in das Zentrum seiner Stadt zu stellen, er konnte sich kaum zurückhalten. *Lassen Sie mich doch einen Blick auf Ihr Werk werfen*, sagte er immer wieder.

Nein, antwortete Polski. *Sie haben die Entwürfe gesehen, das muss einstweilen reichen. Aber verlassen Sie sich darauf, es wird wunderschön.*

Und der Bürgermeister gab sich gezwungenermaßen zufrieden damit. Er stand unter Druck, musste die Wogen glätten. Während wir Beton in die Schalungen gossen, begeisterte und beruhigte er alle anderen in der Stadt, er schlug die kritischen Stimmen nieder, sprach von der wahnsinnigen Werbung, die das Kunstwerk für Erwitte bringen würde. Er war es gewesen, der die Baugenehmigung besorgt, der den Beschluss zur Finanzierung der Baukosten erwirkt hatte. Er hatte zwar selbst Zweifel, aber er verteidigte Polski, ließ ihm bis zum Schluss freie Hand. Erwitte sollte strahlen. Und es strahlte auch. Nur in einer völlig anderen Farbe als erwartet.

Auf dem vorgefertigten Fundament entstand etwas, das alle entsetzen sollte, das die internationalen Medien mit Begeisterung auf das kleine Erwitte schauen lassen würde. Dutzende Lkw-Ladungen Beton wurden auf den Marktplatz gekarrt, Polskis angeblich geliebter Kalkmergel rann aus den Schläuchen, etwas Unverrückbares entstand, etwas Bleibendes. Igor Polski wollte, dass man es nicht mehr auslöschen konnte, er wollte, dass es für immer blieb. Ein massiver Würfel. 6 x 6 x 6 Meter. 43 Tonnen Stahl, 500 Tonnen Beton. Zement, Wasser, Zuschlag und Sand aus dem Boden der Region. Im Herzen der Stadt wuchs etwas Großes. Alles klappte wie am Schnürchen, Polski war zufrieden. Die Traurigkeit in seinen Augen verschwand genauso wie seine Wut. Und wie der Russen-Paul.

Ob ich wirklich immer dabei gewesen sei, haben sie mich nachher gefragt. Ob er manchmal allein auf der Baustelle gewesen sei. Ob Polski die Möglichkeit gehabt hätte, den Russen-Paul ungesehen einzubetonieren, ihn irgendwie zwischen all dem Stahl zu verbergen und seine Leiche verschwinden zu lassen?

Wahnwitzig war, was sie sagten, die Polizei war überfordert, sie wussten nicht mehr, was sie glauben sollten und was nicht. Sie redeten auf mich ein, trieben mich in die Enge. Also sagte ich die Wahrheit.

An einem Abend war ich nicht dabei, erzählte ich ihnen. *Ich war im Posthof, habe gewürfelt. Polski meinte, ich solle mich entspannen, er müsse das Ganze auf sich wirken lassen. Also habe ich ihn alleine auf der Baustelle zurückgelassen. Ich weiß nicht, was er in dieser Nacht gemacht hat.* Nicht, weil ich wirklich daran geglaubt hätte, dass er etwas mit dem Tod vom Russen-Paul zu tun hatte, ich habe das nur gesagt, weil ich nicht lügen wollte.

Das ist in Ordnung, flüsterte Polski mir am nächsten Tag verschwörerisch zu. *Du hast das Richtige getan. Ich habe nichts anderes von dir erwartet.*

Er war mir nicht böse, im Gegenteil, er hat sich darüber gefreut. Er wollte, dass sie ihn verdächtigen, er wollte, dass alles so kam, wie es am Ende gekommen ist. Es war so, als hätte er alles von langer Hand geplant. Nachdem sie herausgefunden hatten, dass Polski im Haus vom Russen-Paul gewesen war, kurz bevor der verschwand, konzentrierten sie die Ermittlungen ausschließlich auf ihn. Und auf mich.

Worüber haben die beiden geredet?, haben sie mich gefragt. *Ich weiß es nicht*, habe ich geantwortet. Niemand weiß das. Bis heute nicht. Ich wusste nicht, was sich zwischen den beiden Männern abgespielt hatte, ich ahnte es nur. Polski sprach nicht darüber, aber er verbarg es auch nicht vor mir, er führte mich sogar langsam dorthin. An den Punkt, an dem ich es begreifen konnte. In all seinem Schweigen darüber schrie er es laut hinaus, was ihn umtrieb.

Es war nach dem großen Empfang in der Feierhalle, als ich begann zu verstehen. Dass das alles einen Grund hatte. Die Medien waren eingeladen, ein gigantischer Auflauf war es, die ehemalige Horst-Wessel-Halle war prall gefüllt. Der Ministerpräsident war da, alles, was Rang und Namen hatte, hatte sich eingefunden. Sie wollten ihm noch vor der fulminanten Enthüllung des Kunstwerks einen Ehrenabend bereiten.

Sollen sie Kaviar essen und Champagner trinken, hat er zu mir gesagt. *Aber ohne mich.* Er stand mit mir vor der Feierhalle und rauchte, ein Glas Wodka in seiner Hand. Ich drängte ihn dazu, dass er endlich hineingehen solle, ich sagte ihm, dass alle nur noch auf ihn warten würden, aber er wehrte ab.

Ich werde dieses Gebäude nicht betreten, sagte er.

Warum nicht?, fragte ich ihn.

Und er schaute zu dem Reichsadler hinauf, der über dem Eingang thronte. Nach so vielen Jahren immer noch. *Nur das Hakenkreuz haben sie entfernt. Der Adler ist immer noch da.*

In diesem Moment war Hass in Polskis Augen. Vielleicht war es aber auch nur Enttäuschung. *Lass uns gehen*, sagte er.

Das können wir nicht machen, entgegnete ich.

Doch er ließ sich nicht aufhalten, er winkte einen Stadtrat zu sich und entschuldigte sich. *Richten Sie bitte allen die besten Grüße von mir aus. Eine Magenverstimmung macht ein Bleiben unmöglich. Ich muss gehen.* Und er ging. Polski war der Star, dem man nicht widersprach. Man bedauerte es, aber man nahm es hin. Er leerte den Wodka und ließ all die geladenen Gäste, die darauf brannten, den berühmten Künstler kennenzulernen, zurück. Sie feierten ohne ihn, während wir gemeinsam in den *Posthof* gingen. Und er *Schocken* mit mir spielte.

Während wir würfelten, dachte ich wieder an meine Frau. An die Geschichten, die sie mir immer erzählt hat. Diese Legenden, die sich rund um den Russen-Paul rankten, alte, vergessene Geschichten vom Krieg, die niemand mehr hören wollte, von denen sie aber berührt war. Von russischen Zwangsarbeitern, die aus dem Arbeitslager geflüchtet waren. Ein paar Tage, bevor der Krieg zu Ende war. Die Amerikaner waren bereits in Lippstadt. Hungrige, ausgezehrte Russen, die einfach nur nach Hause wollten. Russen, die aber bis heute in Erwitte geblieben sind.

Hingerichtet hat man sie. An der großen Kreuzung im Frühling vor dreiundsiebzig Jahren. Dort, wo die Ampeln heute immer auf Rot stehen, standen damals ein paar junge Männer mit den Waffen in der Hand. Sie schossen die Russen über den Haufen. Meine Frau hat immer wieder davon angefangen, immer wenn sie von ihrem Vater sprach, wenn sie sich an ihn erinnerte. Sie wiederholte, was er ihr erzählt hatte, als sie noch ein Kind gewesen war. Dass er alles beobachtet hatte, hatte er ihr erzählt. Weil er zufällig da gewesen war. Dass er nichts dagegen tun konnte, hatte er gesagt. Die Leichen der Russen lagen einfach mitten auf der Straße. Um ihr Leben hätten sie gebettelt, geschrien hätten sie. Aber einer nach dem anderen sei hingerichtet worden. Die Leichen wurden auf einen Karren gepackt und hinter dem Sportplatz vergraben. Erst später hat man sie auf den Friedhof gebracht und dort bestattet. Männer aus der Umgebung haben das getan. Sie sind ungestraft damit davongekommen. Männer wie der Russen-Paul. Er war einer von denen, hat meine Frau immer gesagt. Deshalb nannten sie ihn auch so. Russen-Paul.

Alles ergab nun einen Sinn. Der Nazi-Adler, die Feierhalle, die er nicht betreten wollte, sein Erscheinen in der Stadt, das Verschwinden vom Russen-Paul. Und diese Sache am Friedhof.
Ich möchte gerne sehen, wo deine Frau begraben liegt, hat Polski zu mir gesagt. Er stand mit mir an ihrem Grab, hörte mir zu, ließ mich reden. Dann schlenderten wir über den Friedhof. Kurz vor dem Ausgang blieb Polski stehen, dort, wo normalerweise alle schnell vorübergehen. Polski starrte auf einen Grabstein. Er las die Namen, die da standen. Und ich las mit. Seiner stand ganz oben. Sein Familienname. Wie eine Offenbarung war es, ein Geheimnis, das er für mich lüftete.

Alles spitzte sich langsam, aber beharrlich zu. Der Russen-Paul blieb verschwunden und Igor Polski tat weiterhin nichts, um den Offiziellen der Stadt zu gefallen, um sie zu beruhigen. Obwohl er die großzügige Einladung der Stadt, sich gebührend feiern zu lassen, ausgeschlagen, die Leute gekränkt, sie zurückgewiesen hatte. Die Ungeduld wurde immer größer, sie wollten endlich sehen, was Polski auf dem Marktplatz gebaut hatte, sie wollten die Lorbeeren ernten, endlich die internationalen Blicke auf Erwitte lenken. Sie ertrugen es nicht mehr, dass Polski sie ignorierte. Es brodelte im Hintergrund, man befürchtete, dass das Kunstwerk zum Zankapfel werden könnte, dass es nicht in die Stadt passen, dass es das historische Stadtbild verschandeln würde. Bereits vor der Enthüllung kletterten sie in der Nacht über die Absperrungen und die Sichtschutzwände, gaben dem Wachdienst Geld, damit er wegsah.

Die Stimmung war mehr als aufgeheizt, als es so weit war. Die einen wollten sich und Polski feiern, die anderen liefen Sturm, sie wollten alles rückgängig machen, brüllten herum, beschimpften Polski, spuckten in seine Richtung, weil sie bereits wussten, was auf sie zukommen würde. Der Marktplatz von Erwitte war feierlich geschmückt, ein Volksfest sollte es werden, ein feierlicher Moment, die Weltpresse sollte mit Fotos und Filmbeiträgen der Enthüllung versorgt werden, Igor Polski präsentierte seine neueste Installation.

Die Sichtschutzwände waren entfernt worden, nur noch ein schwarzes Tuch verbarg, was dahinter war. Überall waren Kameraleute und Fotografen, die Schützen standen Spalier, der Bürgermeister drängte Polski, es endlich wegzuziehen, den Blick auf das Jahrhundertkunstwerk freizugeben. *Erwitte ist stolz*, sagte er noch. Dann blieben ihm die Worte im Halse stecken.

Auf gewisse Art und Weise ist es ein Mahnmal, hat Polski irgendwann einmal gesagt. Doch es war viel mehr als das. Es war spektakulär, eine Installation, wie man sie in New York erwarten würde. Es war eine Unterbrechung dieses Lebens, das wir alle führten. Polski drückte einen Augenblick lang auf die Stopptaste, er wollte, dass wir innehielten, zurückschauten. Er raubte allen den Atem. Dem Bürgermeister, der gesamten Stadtregierung, den Schützen, den verstörten Bürgern von Erwitte und auch dem Rest der Welt. Ein Blitzlichtgewitter war es, die Kameras fingen alles ein. Igor Polski, der zurückhaltende, die Kunstwelt überstrahlende Star, hatte sich für die Provinz entschieden.

Eine Intervention war es, schrieben sie, ein Werk, das mehrere Millionen wert war, ein Glücksfall für dieses kleine Städtchen. Doch das stimmte nicht.

Pink war es, viel zu groß, es widersprach jeder Regel, jedem Gefühl. Das Kunstwerk war wie eine Wunde, die Polski dem Platz zugefügt hatte, eine Narbe. Mitten auf dem Marktplatz stand dieser hässliche Würfel. 500 Tonnen, spiegelglatte Wände, kein Relief, kein Muster, keine aufgesetzten Figuren, kein Bild, keine Skizze, nur eingefärbter Beton, ein Quader, der wie ein überdimensionales Geschenkpaket aussah. Die Schleife hatte Polski bereits abgenommen. *Pink Box Erwitte*, stand auf dem kleinen Metallschild, das wir am Vorabend angeschraubt hatten. *Eine Erwiderung. Von Igor Polski.*

Ich muss mich ausruhen, hatte er gesagt. Aus einem Fenster im zweiten Stock des *Gasthofs Büker* beobachteten wir, was unten vor sich ging. Wir sahen zu, wie der Bürgermeister mit allen Mitteln einen Volksaufstand niederkämpfte.

Freibier für alle, rief er. Und auch das Essen war umsonst. Spanferkel, Würste, Steaks, er fütterte die wilde Horde, er stellte sie ruhig, ließ sie fressen und saufen, weil er spürte, wie wütend sie alle waren. Der Platz war zerstört, jeder musste sich dieses Monstrum ansehen, ob er wollte oder nicht. Man machte sich Gedanken. Über Igor Polski. Und über den Russen-Paul.

Er ist da drin, sagten sie. Am selben Tag, am nächsten und am übernächsten immer noch. Weil auch sie es begriffen irgendwann, dass Polski der Sohn eines Zwangsarbeiters war, dass er nur deshalb nach Erwitte gekommen war, um am Friedhof am Grab seines Vaters zu stehen. Um daran zu erinnern. Der Russen-Paul hatte seinen Vater umgebracht, und deshalb hat Polski ihn verschwinden lassen. Sie waren sich sicher. Sie begannen, den Russen-Paul zu suchen. Mit Schremmhämmern kamen sie und wollten ihn da herausholen, die Polizei konnte nicht verhindern, dass sie Löcher in das Kunstwerk schlugen, dass sie das sündteure Kunstwerk kaputt machten. Mit Gewalt beschädigten sie es, versuchten, es abzutragen. Doch da war zu viel Beton, zu viel Stahl. Die *Pink Box* blieb stehen. Und der Russen-Paul blieb verschwunden. Eine Zeit lang noch.

Erst zwei Monate später haben sie ihn gefunden. Als Igor Polski längst nicht mehr da war und die letzten Reste der *Pink Box* vom Marktplatz verschwunden waren, sind Fossiliensucher über seine Leiche gestolpert. In einem aufgelassenen Steinbruch. Auch einen Abschiedsbrief hat man gefunden. *Es tut mir leid, was ich getan habe*, stand da. *Ein ganzes Leben lang schon tut es mir leid.* Und man erzählte es weiter, jeder sollte es wissen. Der Russen-Paul hatte sich umgebracht, er habe es nicht mehr ertragen, mit seinem schlechten Gewissen zu leben. Eine tragische Geschichte war es, die endlich fertig erzählt werden konnte. Igor Polski hatte auf ungewöhnliche Art dafür gesorgt, dass man sich wieder an all das erinnerte.

Man legte Kränze nieder am Grab von Polskis Vater, es gab eine Gedenkmesse für die Opfer von damals. Immer wieder zündet nun jemand Kerzen an für die Zwangsarbeiter, die damals ermordet worden sind. Ich sehe sie brennen, wenn ich meine Frau besuche. Und ich denke an ihn. Ich lächle und warte. Darauf, dass Igor Polski vielleicht eines Tages nach Erwitte zurückkommt. Um mit mir zu würfeln. Und den einen oder anderen Käse zu gewinnen.

Klaus-Peter Wolf

Das Jahrestreffen der glücklichen Witwen in Unna

Ach du Scheiße, dachte ich. Unna! *Ausgerechnet Unna!* Das hört sich an, als wolle man da nicht tot überm Zaun hängen. Ich war noch nie da und glaub mir, ich hatte auch nicht vor, jemals dorthin zu fahren.

Ich saß während der Mandelblüte auf Malle, in meinem Garten mit unverbaubarem Meerblick, als mir der Einsatzort genannt wurde: »Unna!«

Sie stolziert vor dem Bett auf und ab. Bei jedem Klacken ihrer Stöckelabsätze zuckt er zusammen, als würde ein Stich seinen Körper treffen.

»Ja, da liegst du jetzt, mit Handschellen ans Bett gefesselt. Nackt und völlig ausgeliefert. So hast du es dir doch immer gewünscht, stimmt's?

Wer die Macht hat, unterwirft sich gerne mal so zum Spaß, um auch einmal in das Gefühl zu kommen, wie das so ist: rumzuzappeln und zu flehen. Aber das macht nur Spaß, wenn man sonst im Leben alles im Griff hat und die anderen nach seiner Pfeife tanzen lässt. Das ist jetzt für dich vorbei, mein Lieber. Diesmal läuft gar nichts nach deiner Regie.«

Sie geht zu dem kleinen runden Tisch und fischt das Foto aus ihrer Handtasche. Sie hält es ihm vors Gesicht, als habe er es noch nie gesehen.

»Aber es kam noch schlimmer. Die Zielperson!« Sie schnippt mit dem Finger gegen das Bild: »Michael Janischewski. Neunundsechzig Jahre alt. Glatze, Bierbauch, rot geäderte Weintrinkernase.«

Sie liest vor, was hinten draufsteht: »Seine Frau ist vor vier

Jahren gestorben, seine Tochter ein halbes Jahr später bei einem Autounfall. Bewohnt das große Haus im Bornekamptal ganz alleine und hat noch zwei Eigentumswohnungen in der Innenstadt. Eine vermietet an eine WG, die andere wird gerade frei. Er besitzt eine Lebensversicherung, eine Münzsammlung, hat ein paar durchaus wertvolle Bilder an den Wänden – und er ist einsam.«

Sie ohrfeigt ihn mit dem Foto und steckt es wieder in die Tasche. »Ja! Der ideale Kandidat.«

Sie stöckelt ins Badezimmer und trinkt ein Glas Leitungswasser.

Er versucht, sich bemerkbar zu machen, doch das Klebeband über seinen Lippen lässt nur Brummtöne zu.

Schon steht sie wieder vor ihm. »Glaub mir, es ist gar nicht so leicht, Mitglied im *Club der glücklichen Witwen* zu werden! Man hat einen langen, gut organisierten Weg zurückzulegen. Ich bin ihn gegangen. Bei aller Organisation und Planung: Am Ende stehst du dann doch alleine da und musst versuchen, es irgendwie hinzukriegen. Ich bin Weltmeisterin im Improvisieren geworden. So bin ich in den Besitz einer wundervollen Finca mit Oliven- und Orangenbäumen auf Mallorca gekommen. Angeblich sollte das Ding eine Million wert sein, wenn nicht mehr.« Sie prustet. »Aber die Preise sind im Keller. Deshalb bin ich jetzt hier, in Unna. Nein, eigentlich nicht deshalb. Seien wir doch ehrlich. Wenigstens jetzt ist doch der Tag gekommen, an dem man ehrlich zueinander sein kann. Oder? Wenn schon alles andere im Leben Lug und Trug ist, dann will man doch kurz vor dem Tod mal die Wahrheit sagen ... Nun, in deinem Fall wohl besser hören. Sprechen fällt dir schwer im Moment, was?«

Sie hebt die Arme hoch, als wolle sie nach unsichtbaren Seilen greifen, die in der Luft hängen. »Es läuft immer alles nach Yogis Willen. Yogi sagt, Yogi denkt, Yogi macht, Yogi regelt das schon, Yogi ist ziemlich sauer, Yogi will sofort zurückgerufen werden, Yogi findet das gar nicht komisch, Yogi braucht mehr Geld. Yogi! Yogi! Yogi!

Ich wäre ganz gerne ausgestiegen. Die Finca auf Mallorca hat mir gereicht. Aber Yogi wollte ausbezahlt werden. Yogi! Yogi! Yogi! Und Yogi hat Fantasiepreise im Kopf, deshalb wurde ich nach Unna geschickt, um den pensionierten Oberstudienrat abzukochen. Und dann, ja dann, kann ich mich endlich zur Ruhe setzen und mir einen richtigen Mann suchen. Oh, wie ich mir das gewünscht habe! Ich meine, nicht einfach so einen scharfen Typen mit Waschbrettbauch, sondern so richtig mit Liebe und allem. Einen, der mich achtet, ja, verehrt. Keinen von diesen Dreckstypen, auf die meine Ma ständig hereingefallen ist. Erbärmlich war das. Einfach nur erbärmlich. Die haben sie doch alle nur ausgenutzt und abgekocht. Ich blöde Kuh wollte den Spieß umdrehen. Man lernt ja aus seiner Familiengeschichte! Und Yogi hat alles gut vorbereitet. O ja!!! Unsere Zielperson, die alte Weintrinkernase, wurde perfekt angefixt.«

Sie erschrickt selbst, als sie merkt, dass sie durchaus stolz spricht. »Wir fischen nicht einfach Rentner in Datingportalen ab, nein. So was fliegt sowieso auf. Da ist man doch von vornherein verdächtig. Die Organisation bekommt siebzig Prozent. Dafür tut sie aber was. Nicht nur Ausweispapiere, o nein. Unser Yogi bereitet auch die erste Kontaktaufnahme vor. Er ist bei meiner Zielperson eingestiegen und hat seine Brieftasche geklaut. Mit allen Karten drin, Ausweis, zwei Fotos von seiner Frau und der letzten Postkarte von seiner Tochter, die sie kurz vor dem Unfall nach Hause geschickt hatte.

Ich schrieb also an Michael, unseren pensionierten Oberstudienrat, einen Brief. Ja! Einen richtig handschriftlichen Brief. Keine E-Mail.

Michael ist Weintrinker und auch noch so was wie ein Heimatforscher. Ob man es glaubt oder nicht, er schreibt sogar richtige Gedichte.«

Sie lacht laut. »Er ist sofort drauf reingefallen und hat alles geglaubt: Ich hätte bei der Zugfahrt seine Brieftasche gefunden und würde sie ihm gerne zurückgeben. Er war tief gerührt und völlig arglos. Ja, sein Vertrauen flog mir zu wie ein Wellensittich, der in seinen Käfig zurückwill. Der Postweg sei ja sehr unsicher, behauptete ich, und ich käme sowieso auf einer Reise bald am Ruhrgebiet vorbei. Er lud mich sofort zu sich ein. Er mietete mir – ganz den Gentleman spielend – ein Zimmer im *Ringhotel Katharinenhof*, direkt gegenüber vom Bahnhof. Immerhin vier Sterne und, wie er schrieb, mit einem schönen Blick über die Stadt. Ich bekam ein Zimmer ganz oben.

Alles ließ sich eigentlich gut an. Eigentlich. Michael war total freundlich, hat mir die Wünsche von den Augen abgelesen, mich ausgeführt und gebeten, länger zu bleiben. Doch es gab ein Problem: Er war überhaupt nicht scharf auf mich. Das hat mich voll verunsichert. Sonst wollen doch alle so schnell wie möglich unter meinen Rock, als sei meine Möse die letzte offene Landebahn für Flugzeuge, bei denen langsam der Sprit knapp wird.

Ich habe mich beim ersten Treffen natürlich nicht zu nuttig angezogen. Einerseits stehen die alten Knacker darauf, aber so eine würden sie am Ende dann doch nicht heiraten. Sie würden sie vermutlich nicht mal ihren Kumpels vorstellen.

Dabei fing alles ganz romantisch an. Er ist mit mir nach Kessebüren und wir waren bei *Oma Kepmann* essen. Forelle. Ich habe natürlich das Döfchen gespielt. Männer lieben das ja. Ich habe so getan, als könne ich eine Forelle nicht tranchieren und sei nur Filets gewöhnt, wenn überhaupt. Er hat mir dann gezeigt, wie man hinten am Rücken entlang die Forelle öffnet und die Gräten herausnimmt. Er fühlte sich dabei, als hätte er die Elektrizität entdeckt und den Nobelpreis dafür erhalten.

Ach, war das klasse! Er wollte sich sofort für den nächsten Tag mit mir im *Ententeich*-Restaurant verabreden. Als wir bei *Oma Kepmann* wegfuhren, wollte er mir natürlich das Restaurant für den nächsten Tag gleich zeigen. Und weißt du, wir kamen nicht weiter, weil der Laden nicht nur *Ententeich* heißt, sondern dort auch jede Menge Enten auf der Straße herumwatscheln, als würde die ganze Gegend ihnen gehören. Da kann man nicht einfach mit dem Auto durchbrausen.

Ja, du hättest das vielleicht getan und dabei dann noch tierisch gelacht. Aber nicht Michael Janischewski. O nein. Der hielt natürlich an und hat sorgfältig die Enten von der Straße gescheucht. Eine, das glaubst du jetzt nicht, hat er hochgehoben und weggetragen, weil sie da saß, als wolle sie dort brüten. Dann erst sind wir im Schritttempo weitergefahren und hinter uns war die ganze Entenfamilie sofort wieder da und besetzte die Straße.

Nach dem Essen hat er mich nicht zu sich nach Hause geschleppt, um mich erst mal in allen Stellungen zu vögeln, wie du es prophezeit hast, Yogi. O nein. Er gab richtig Gas, weil er mit mir noch in eine Museumskneipe, im Buhre-Haus, wollte. Im Nicolaiviertel, in so süßen, kleinen Fachwerkhäusern. Da spielte eine ›Kultband‹, wie er sagte. Ich hatte den Namen noch nie gehört: Die Holbeinsänger. Die haben ein Lied über die Currywurst gesungen, als wir reinkamen.

Die Hütte war brechend voll und viele Leute haben mitgesungen. Ein Mann, den sie Patze nannten, führte durch den Abend. Er wohnt im Obergeschoss des fast dreihundert Jahre alten Hauses. Michael hat mir das alles ausführlich erzählt. Patze heißt in Wirklichkeit Wolfgang Patzkowsky. Michael nannte ihn *Heimatpfleger*, was immer das sein soll …

Ich kannte das Lied nicht, das er gesungen hat, aber dieser Currywurstsong muss berühmt sein. Fast alle Gäste sangen mit. Na ja, bei uns in Franken isst man ja auch eher Leberkäs.

Da war gute Stimmung, muss ich schon sagen. Gezapft wurde gar nicht. Man trank Bier aus Flaschen.

Die haben mich aufgenommen, als ob ich schon immer dazugehören würde. Ich weiß nicht, ob die Westfalen immer so sind oder nur zu schönen Frauen mit Schlitz im Kleid.

Die nennen das nicht Dichterlesung, sondern ›Tresen-Lesen‹. Und es war zum Brüllen komisch. Ich glaube, ich habe zum ersten Mal seit langer Zeit wieder von Herzen gelacht.

Ich habe natürlich versucht, ganz professionell zu bleiben.«

Er rollt mit den Augen. Er hebt die Hüften, biegt seinen Körper durch, bis nur noch die Hacken und sein Hinterkopf die Matratze berühren. Dann kracht er wieder runter und versucht es erneut.

»Willst du mir etwas sagen, großer Meister?«

Sie reißt das Klebeband von seinen Lippen. Das ist gar nicht gut für die Pornobürste unter seiner Nase. Aber er saugt gierig Luft ein und schimpft: »Du hast dich in ihn verknallt! Ich glaub es nicht! In dieses halb tote Wrack!«

Sie hat genug und klebt seine Lippen wieder zusammen.

»O nein, hab ich nicht. Er hat mich nur verblüfft. Ich hatte damit nicht gerechnet. Ich kannte solche Typen nicht. Und ich bin ganz professionell geblieben. Glaub mir, ich habe gelernt, wie man Typen angräbt. Ja, das hast du mir auch beigebracht in den zwei Jahren, als ich für dich richtig anschaffen musste. Bevor du auf diese tolle Idee gekommen bist und den *Club der glücklichen Witwen* gegründet hast.«

Sie tippt sich an die Stirn. »Klingt wie ein Witz: Der Chef vom *Club der glücklichen Witwen* ist ein männlicher Single. Johannes Klair, genannt Yogi oder auch der Abstauber.

Jaja, wir haben viel von dir gelernt, mein Lieber. Sehr viel. Aber jetzt hörst du dir erst mal an, was ich zu sagen habe. Vielleicht kannst du ja was lernen von Michael Janischewski. Zum Beispiel, wie man eine Dame richtig behandelt. Manchmal habe ich gedacht, Michael könnte Kurse geben an der Volkshochschule. Aber Typen wie du lernen so etwas sowieso nicht, stimmt's?«

Sie greift an seine Nase und rüttelt daran. »Du würdest das höchstens nachmachen, wie ein kleines Äffchen. Aber es käme nicht von innen, nicht aus dem Herzen. Und deswegen bliebe es immer falsch. Verstehst du das, du kleiner Idiot?

Am anderen Tag habe ich ein bisschen mehr aufgedreht. Den Ausschnitt etwas größer, den Rock etwas kürzer, die Absätze etwas höher. Immer schön sexy-hexy, genau, wie ich es von dir gelernt habe.«

Sie tritt mit den Stöckelabsätzen besonders hart auf. »Ich habe mir mit diesen Scheißschuhen nicht einfach nur Blasen gelaufen, nein, ich habe mir damit die Wirbelsäule ruiniert. Das ist ein hoher Preis dafür, dass die Kerle einem auf den Arsch gucken, meinst du nicht? Eine richtig glückliche Witwe sollte so etwas eigentlich nicht mehr nötig haben.

Michael ist wirklich so eine Art Heimatforscher, weißt du. Und er wollte mir sein Städtchen näherbringen. Der kann praktisch zu jedem Quadratmeter eine Geschichte erzählen. Im Nicolaiviertel haben wir angefangen, im *Waffelstübchen*.

Wir haben oben gesessen, nicht, um kurz einen Kaffee zu trinken und eine Waffel zu essen, weil es draußen Bindfäden regnete, nein, zweieinhalb Stunden haben wir dort gehockt. Eine Flasche Mineralwasser getrunken, zwei Waffeln gegessen, mit Eis und heißen Kirschen, und ich blöde Kuh hätte fast geheult, weil mich die Waffeln an einen Kindergeburtstag erinnert haben, den von meiner Freundin Jule. Die hatte eine ganz tolle Mutter und, weil das Leben ungerecht ist, auch noch eine klasse Oma dazu. Bei der gab es ständig solche Sachen und ich wollte das von meiner Mutter auch. Ich stellte mir vor, dass die ganze Wohnung danach riechen würde, so wie bei Jule. Ich habe gespart und meiner Mutter zum Geburtstag ein Waffeleisen geschenkt. Ich wollte, dass es bei meinem Geburtstag auch Waffeln gibt. Vier Freundinnen hatte ich nach Hause eingeladen, mehr ging nicht in unserer kleinen Bude. Aber auch das fiel dann flach und Waffeln gab es sowieso nicht, weil ihr Neuer nachts so getobt hat. Er kam von einer Sauftour zurück. Und dann ist sie mal wieder die Treppe runtergefallen und so verheult, wie sie war, mit dem blauen Auge, wollte sie natürlich keinen Besuch empfangen und mir wäre es auch nur peinlich gewesen.

Das alles kam plötzlich in mir hoch und ich saß da in diesem Waffelstübchen, Michael gegenüber, und kämpfte mit den Tränen.«

Sie hebt die Hand hoch, als wolle sie ihm ins Gesicht schlagen, droht aber nur, tut es nicht. »Nein, der hat nicht auf Frauenversteher gemacht! Ich weiß genau, was du jetzt denkst. Das war nicht seine Masche. Der hat wirklich zugehört. Der hat sich für mich interessiert, verdammt noch mal!«

Sie hält ihm ihre Hand vors Gesicht. »Da! Den Ring hat er mir gekauft. Kannst du lesen, was darauf steht? Das ist nicht irgend so 'n Glitzermodeschmuck! Kein industriell hergestelltes Fließbandprodukt. Wir waren bei Birgit Okulla im Altstadtatelier. Die macht solche Ringe selber. Er wollte mir eigentlich einen Stadtring kaufen, mit der Silhouette der Stadtkirche, der Brauerei und ...« Sie winkt ab. »Aber, dann sahen wir dort Ringe mit Gedichtzeilen darin. Man kann sich seinen Lieblingsspruch eingravieren lassen. Nicht innen, wie bei Eheringen, sondern außen, für jeden sichtbar, sodass man es immer sieht und lesen kann. Eine Gedichtzeile, die einen immer begleitet. Er hat mich gefragt, was denn für mich wichtig wäre, und wollte mein Lieblingsgedicht wissen.

Mein Lieblingsgedicht!!! Noch nie im Leben hat mich jemand nach so etwas gefragt. Es war mir peinlich. Mir fiel nichts ein. Ja, aber genau so ist der Michael. Plötzlich will er wissen, welchen Roman du gerade liest, welches Theaterstück du zuletzt gesehen hast, was dein Lieblingsfilm ist.«

Sie greift in sein Gesicht und berührt noch einmal den Klebestreifen, als wolle sie ihn abziehen, und überlegt es sich dann sofort wieder anders, als wolle sie seine Antwort sowieso nicht hören.

»Na, hast du auch ein Lieblingsgedicht? Wann hast du überhaupt zum letzten Mal ein Buch gelesen? Du kannst doch lesen, oder? – O Mann, als ich Michael kennenlernte, habe ich erst richtig gemerkt, mit welchen Ärschen meine Mutter sich ständig umgeben hat und ich schließlich auch. Gegen den bist du ein Insekt!

Na, siehst du, was auf meinem Ring steht? Soll ich es dir vorlesen? Ich wusste nicht, was ich eingravieren lassen sollte. Ich habe Michael dann gebeten, er solle seine Lieblingsgedichtzeile wählen. Und das ist sie. Er sagte, der Satz sei praktisch für mich geschrieben worden:

Ich gehöre mir selbst.«

Sie greift in seine Haare und zwingt ihn, hinzusehen. »Ja,

guck, ja, verdammt! Ich gehöre mir selbst, steht da! Weißt du, von wem das Gedicht ist? Von ihm! Er hat es für mich geschrieben, damit ich jeden Tag daran denke, dass ich nicht dir gehöre. Und auch nicht irgendeinem anderen Knacker, sondern mir selbst. Ja, da staunst du, was?«

Sie kann nicht anders, als würde die Energie des Ringes Kraft über sie erlangen. Sie tanzt vor ihm, klatscht in die Hände, schießt die Schuhe in die Ecke. Die Pflaster auf ihren Füßen werden sichtbar.

»Ich gehöre mir selbst! Ich gehöre mir selbst! Ich gehöre mir selbst!«

Sie springt zwischen seinen Beinen auf der Matratze herum. Sie tritt ihn nicht wirklich, sie stupst ihn nur mit den Zehen an, so als müsse sie die Worte in seinen Körper hämmern: »Ich gehöre mir selbst! Ich gehöre mir selbst! Ich gehöre mir selbst!«

Sie hüpft vom Bett und pellt sich aus dem eigentlich viel zu engen Kleid. Sie wirft es über den Stuhl am Schreibtisch. Sein Gesicht entspannt sich. Sie fragt sich, ob er gar zu lächeln beginnt.

Sie bückt sich, öffnet den Koffer. Er verfolgt jede ihrer Bewegungen. Sie schaut ihn durch ihre Beine an. Sie kann ihn praktisch denken sehen.

Sie dreht sich wieder zu ihm um: »Mein Gott, jetzt denkst du, es war alles nur ein Scherz, hm? Ein Versuch, dich so richtig scharfzumachen, bevor ich dich reite und dir das Gehirn aus dem Körper vögle. Irrtum. Ich will so bald keinen Schwanz mehr sehen, und deinen schon mal gar nicht! Ich bin es nur leid, diese Klamotten zu tragen.«

Sie fischt die Jeans aus dem Koffer, schlüpft hinein und dann zieht sie ein weißes T-Shirt an. Sie dreht sich langsam vor ihm, als wolle sie sich bewundern lassen. Auf dem Rücken des Shirts steht: *Wenn man uns die Flügel bricht, fliegen wir auf dem Besen weiter.*

»Das«, so lacht sie, »wird jetzt der Wahlspruch in unserem Witwenclub. Du hast uns alles beigebracht. Wir haben viel gelernt. Wir brauchen dich nicht mehr.

Deine Alibis waren immer perfekt. Als mein letzter Mann, Gott hab ihn selig, überfahren wurde, habe ich mit zwei Freundinnen ein paar hundert Kilometer entfernt Cocktails getrunken und dann ein Konzert besucht. Du hattest schon recht. Nur bei Mord wird ein Mörder gesucht. Ich hätte das Alibi gar nicht gebraucht. Es war ein Unfall und ich war nicht mal in der Nähe.

So wird es jetzt auch sein. Du hast immer gesagt, ich sei eine gelehrige Schülerin. Wie wahr ...«

Sie stößt auf. »Oh, ich hätte nicht so viel essen sollen. Aber es war einfach zu gut. Bei jedem Jahrestreffen werden noch raffiniertere Sachen aufgetischt. Ich überfresse mich nur einmal im Jahr, immer beim Jahrestreffen der glücklichen Witwen. Dir zu Ehren, mein Lieber. Nur dir zu Ehren. Ab jetzt ist wieder Diät angesagt.«

Sie lacht: »Och, nun guck doch nicht so ungläubig! Jetzt willst du wissen, woher mein Gesinnungswandel kommt. Wie Michael mich für sich gewonnen hat. Ich glaube zwar nicht, dass du es kapieren wirst, aber sei's drum.

Er hat mir Unna gezeigt. Seine Stadt. Hier gibt es Dinge, davon hast du nie gehört. Wir haben das Lichtmuseum besucht. Ist nicht weit von hier. Aber du könntest dreißig Jahre hier wohnen, ohne dass es dir auffällt. Du würdest es auch schaffen, ein Leben in New York zu verbringen, ohne jemals das MoMA zu besuchen. Oder das Guggenheim-Museum.

Ich glaube, es ist das einzige Lichtmuseum in Europa, vielleicht sogar auf der ganzen Welt, so genau weiß ich es nicht mehr. Die Künstler, die dort ausstellen, kannte ich nicht mit Namen. Nicht einen einzigen. Aber er behauptete, es seien die Rembrandts und Picassos der Lichtkunst. Lichtkunst! Ein Wort, das ich vorher noch nicht einmal gehört hatte. Damit meint man nicht Neonreklame oder so. Die haben Räume gestaltet, unterirdisch, mit Licht. Da machst du ganz neue Erfahrungen, da ... Du hörst mir überhaupt nicht zu! Nutz die letzten Minuten deines Lebens. Viele hast du nicht mehr. Deine Zeit ist abgelaufen. Hier kommst du nicht wieder raus. Wir haben das von langer Hand geplant. Nicht nur ich, sondern die anderen Witwen haben mitgemacht. Ja, alle dreizehn.

Jetzt hast du Todesangst, was? Weißt du noch, wie es beim letzten Mal war, als du Todesangst empfunden hast? Die Situation war so ähnlich. In der Ferienwohnung auf Borkum, mit Margo. Dieses wunderbare Vollweib hatte dich, ähnlich wie jetzt, nur zu deinem Vergnügen mit Handschellen ans Bett gefesselt. Und dann, als dummerweise in der Ferienwohnung dieses Feuer ausbrach, da ist sie panisch geworden, hat die Handschellen nicht aufgekriegt, den Schlüssel verloren und schließlich ist sie um Hilfe schreiend geflohen.

Du hast es wirklich geglaubt, du kleiner Idiot. Das Ganze diente nur einem einzigen Zweck: Die Jungs von der freiwilligen Feuerwehr mussten dich retten. Polizei, Krankenwagen ... Es war eine große Sache für die kleine Insel. In der Borkumer Zeitung warst du auf Seite eins. Und das Ganze ist natürlich aktenkundig. Verstehst du? Man weiß jetzt, dass du solche Dinge machst. Es passiert dir nicht zum ersten Mal ein Unfall beim Sex.

Damals bist du zum Glück gerettet worden, weil die dicke

Margo Hilfe geholt hat. Diesmal wird niemand Hilfe holen. Kein Wunder. Vielleicht hättest du sie nicht so verprügeln sollen. Du bist einfach zu unbeherrscht. Vier Mal musstest du wegen Gewalt gegen Frauen vor Gericht stehen. Und dann diese dumme Sache auf Borkum ...

Wir werden kein Feuer legen diesmal. Nein, nein. Die Wohnung hier gehört Michael. Sie steht seit zwei Monaten leer. Schade eigentlich. Man hat hier oben aus dem dritten Stock einen schönen Blick in die Innenstadt. Siehst du da drüben die Katharinenkirche? Als ich dort mit Michael war, da habe ich kapiert, dass er wirklich nicht mit mir ins Bett will. Und dass er mich trotzdem gernhat. Nicht als seine Frau. Vielleicht mehr als seine Tochter. Und ich habe kapiert, dass er für mich vielleicht der Vater ist, den ich nie hatte. Und der soll sterben, damit du noch reicher wirst?«

Sie lacht bitter. »Ich stand mit ihm vor der Katharinenkirche und er fragte mich, ob mir an der Fassade etwas auffällt. Offen gestanden fand ich sie total langweilig und sagte, nein. Dann wies er mich ganz oben auf etwas hin. Eine Art Skulptur, etwas in Stein Gemeißeltes. Jemand zerrt an einem Esel. Man muss schon lange gucken und suchen, bis man es findet. Man wundert sich, was ist das für ein Bild da oben an der Kirchenwand?

Er hat es mir erklärt. Der Pfarrer war ein Gegner der Nazis. Michael nannte ihn Antifaschist. Sie wollten ihn zu sich rüberziehen, ihn von ihrem Tun überzeugen. Aber er sträubte sich wie ein störrischer Esel. Weißt du, die Unnaer wurden gerne Esel genannt, deswegen stehen hier auch überall so kleine Eselskulpturen. Die empfinden das nicht als Beleidigung. Du denkst jetzt, Esel seien blöd. Nein, sind sie nicht. Und wenn ihnen was nicht passt, dann weigern sie sich. Tun es eben nicht. Dieses Bild ist so etwas wie ein Symbol für den Widerstand. Es ist oben an der Kirche und man weiß nicht mal, wer es gemacht hat.

Komisch, als Michael mir das erzählte und so, wie er mich dabei ansah und sich freute an meiner Erkenntnis, das war der Moment, an dem ich wusste, dass du sterben wirst. Nicht er. Und ich fühlte mich dabei leicht und beschwingt. Nach und nach habe ich alle anderen kontaktet. Erst Margo. Der hast du besonders übel mitgespielt. Die war sofort dafür. Jetzt werden wir wirklich glückliche Witwen.

Oh, ich höre sie schon! Sie stehen auf der Treppe. Sie sind alle gekommen. Sie wollen dir alle noch etwas sagen. Jede von uns möchte sich gerne richtig von dir verabschieden. Wir haben ausgelost, wer dich töten darf. Immerhin, ich hatte die Ehre, dir die Handschellen anzulegen.

Greta war dafür, dich einfach zu vergiften. Sie hatte sogar verschiedene Gerichte probegekocht, damit du nicht schmeckst, was dich töten sollte. Aber das erschien uns dann doch zu auffällig. Nein, keine Angst, das große Essen war zwar deine letzte Mahlzeit, aber nichts davon war tödlich. Ich habe jeden Gang genossen. Ich hoffe, du auch.

Kims Vorschlag hat uns schließlich allen am besten gefallen. Und sie darf es auch erledigen. Wir kennen doch alle deine Vorliebe für Fesselspiele. Diesmal wird die Schlinge um deinen Hals etwas zu fest zugezogen werden. Bis man dich hier findet, sind wir wieder in alle Himmelsrichtungen zerstreut.

Michael und ich fliegen morgen nach Mallorca. Ich will ihm meine Finca zeigen. Michael wird mich nicht heiraten. Er wird mich adoptieren. Und du wirst uns nie wieder stören.

Gute Reise, Liebling. Hoffentlich braucht man da, wo du jetzt hinkommst, ein paar stramme Rammler wie dich. Falls nicht, hast du schlechte Karten.«

Arno Strobel

Wittener Geschmortes à la Roburit

Professor Dr. Julius Mörsdorf hatte es sich bei einem Glas Rotwein im Wohnzimmer seines Häuschens im Wittener Parkweg gemütlich gemacht und warf einen zufriedenen Blick durch das große Glasschiebeelement auf die beleuchtete Terrasse und die samtene Dunkelheit dahinter. Der vielleicht hundert Meter breite Baumgürtel, der an sein Grundstück anschloss und tagsüber den direkten Blick auf den Hammerteich verhinderte, schälte sich vage als schwarze Wand aus der düsteren Umgebung heraus.

Mörsdorf hielt das Glas gegen das Licht der Stehlampe und erfreute sich am herrlichen Purpur des Inhaltes. *Frescobaldi Nipozzano Vecchie Viti Riserva.* Mit geschlossenen Augen und geblähten Nasenflügeln genoss er das wundervolle Bukett, eine Komposition aus Kirschen, Brombeeren und Tabakblättern, bevor er sich einen ersten Schluck gönnte und das Glas wieder abstellte.

Julius Mörsdorf war mit seinem Dasein zufrieden. Sein Lehrstuhl im Fachbereich Psychologie an der Universität Witten/Herdecke erlaubte ihm ein recht sorgenfreies Leben. Zudem hatte er seine größte Leidenschaft zu seinem Beruf machen können. Die Psyche der Menschen hatte ihn schon als Kind fasziniert und war mit zunehmendem Alter neben einigen anderen Dingen zu seinem Lebensinhalt geworden. Eine weitere Leidenschaft, der er sich mit großer Hingabe widmete, war die Beschäftigung mit der Wittener Geschichte, genauer gesagt mit einem bestimmten Ereignis aus der Vergangenheit seiner Heimatstadt.

Es war das Sprengstoffunglück auf dem Werksgelände der Wittener Roburit-Fabrik im Jahr 1906, das Julius Mörsdorf akribisch aufarbeitete. Eine Katastrophe, bei der damals einundvierzig Menschen starben, zweihundert verletzt und über zweitausend obdachlos wurden. Auch Mörsdorfs Familie war von dem Unglück betroffen gewesen, dessen Ursache von offizieller Seite nie geklärt worden war.

Mittlerweile füllten die Aktenordner mit den Fotos, Briefen und Berichten zu dem Ereignis, die der Professor in rund zehn Jahren zusammengetragen und ausgewertet hatte, ein ganzes Zimmer.

Mörsdorf nahm noch einen Schluck und ließ seinen Blick zu dem für vier Personen gedeckten Tisch wandern. Eine weitere seiner Leidenschaften war das Kochen, woraus er ein Jahr zuvor eine Art Event entwickelt hatte, aus dem für die kommenden Jahre eine kleine Tradition werden sollte.

Im Vorjahr hatte er gemeinsam mit zwei Freunden – ebenfalls Spezialisten auf dem Gebiet der Psychiatrie, allerdings auf andere Art als er selbst – zum ersten Mal für jemanden gekocht, dessen Familie genau wie seine von der fürchterlichen Explosion betroffen gewesen war. Danach hatte er sich vorgenommen, zukünftig in jedem Jahr zur Würdigung des Jahrestags des Unglücks am 28. November zu einem besonderen Festmahl einzuladen. So konnte er zwei seiner größten Leidenschaften miteinander kombinieren. In diesem Jahr war der Auserwählte sogar Student der Universität.

Mörsdorf experimentierte gerne im kulinarischen Bereich. Unter seinen Freunden – besagten zwei Freunden – genoss er den Ruf, ein Spezialist für ausgefallene Gerichte zu sein.

Er warf einen Blick auf seine Uhr. Neunzehn Uhr fünfundzwanzig. Seine Gäste mussten jeden Moment eintreffen.

Matthias und Walter – seine Freunde – würden den jungen Mann mitbringen.

Mörsdorf erhob sich und spürte das leichte Kribbeln auf der Stirn, mit dem sich bei ihm stets eine innere Erregung bemerkbar machte. Gerade, als er nach seinem Weinglas gegriffen hatte, um es in die Küche zu bringen, klingelte es an der Tür.

»Ah«, machte er, stellte das Glas wieder ab und verließ das Wohnzimmer. Matthias und Walter lachten Mörsdorf gut gelaunt an, als er ihnen öffnete. Der junge Mann in ihrer Mitte wirkte ein wenig blass und schüchtern, weshalb der Professor sich ihm als Erstem zuwandte.

»Guten Abend Herr Krämer! Ich freue mich, dass Sie es einrichten konnten, heute Abend mein Gast zu sein. Sie dürfen meine Einladung durchaus als eine Ehre ansehen, die nur wenigen zuteilwird.« Mit einem kurzen, zufriedenen Nicken zu Matthias und Walter machte Mörsdorf eine einladende Geste. »Aber erst einmal – hereinspaziert.«

Als der Student nicht gleich reagierte, legte Walter ihm eine Hand auf die Schulter. »Nun los, Krämer, nur keine Scheu. Professor Mörsdorf beißt nicht«, woraufhin sich ein breites Grinsen auf Matthias' Gesicht legte.

Mörsdorf ging voraus ins Wohnzimmer und deutete auf die bequeme Couch. »Bitte, Krämer, nehmen Sie Platz. Matthias und Walter werden sich zu Ihnen gesellen, während ich in der Küche eben den Garzustand des Fleisches überprüfe und die Gläser hole. Sie trinken doch Rotwein, oder?« Ohne auf eine Reaktion des jungen Mannes zu warten, wandte der Professor sich ab und sagte im Hinausgehen: »Ein ganz hervorragender Italiener, würdig, uns auf ein köstliches Mahl einzustimmen.«

In der Küche öffnete Mörsdorf die Klappe des Backofens

und ließ den ersten Schwall heißer Luft entweichen, bevor er sich vorbeugte und den köstlichen Duft einsog, der ihm aus dem Inneren des Gerätes entgegenschlug. Die Mischung der Gerüche von gegartem Fleisch, heißen Maronen und Äpfeln, der Jahreszeit entsprechend dezent angereichert mit einer Ahnung von Zimt, ließ ihm das Wasser im Mund zusammenlaufen.

Mit drei Weingläsern und der Flasche des angepriesenen Roten kehrte er dann ins Wohnzimmer zurück, wo Krämer zwischen Matthias und Walter auf der Couch saß und ihm entgegenblickte.

Nachdem er die Gläser abgestellt und zwei Finger hoch mit Wein gefüllt hatte, setzte Mörsdorf sich den dreien gegenüber in seinen Lieblingssessel und nickte Krämer zu.

»Bevor wir uns dem Essen widmen, möchte ich Ihnen ein wenig von meinem Interesse für das Unglück vor über einhundert Jahren berichten und wie ich überhaupt dazu gekommen bin.«

Walter neigte sich ein Stück zu Krämer hin und sagte verschwörerisch: »Das ist der Preis, den man für das Essen zahlen muss. Sie sollten unseren Gastgeber jetzt nicht unterbrechen, das mag er gar nicht.«

Alle außer dem Studenten lachten. Der Professor stellte fest, dass der junge Mann wohl keinen Sinn für Walters Art von Humor zu haben schien. Aber das war jetzt nicht relevant. Mörsdorf schloss die Augen und reiste gedanklich in die Vergangenheit, zu den Ereignissen jenes Tages, der schon über zehn Jahre her war und die der Auslöser für die Hingabe gewesen waren, mit der Mörsdorf sich seitdem der Katastrophe widmete.

»Ich bin damals aus Köln zurückgekommen, wo ich als Oberarzt in einer psychiatrischen Klinik angestellt war.

Meine Mutter war gerade verstorben und ich hatte mich dazu entschlossen, mich wieder in meiner Heimatstadt niederzulassen. Glücklicherweise bekam ich einen Lehrstuhl an der Universität, wie Sie ja wissen. Ich war erst ein paar Tage zuvor wieder hier in mein Elternhaus gezogen und noch dabei, den Nachlass meiner Mutter zu erkunden, als ...«

... er gerade aus dem Badezimmer kommt, in dem noch immer die Sachen seiner Mutter herumstehen, fällt sein Blick auf die große Luke in der Decke. Er hält inne und gibt sich den Erinnerungen an seine Kindheit hin, wo es kaum etwas Aufregenderes gegeben hatte, als ab und an auf den Dachboden zu steigen und in den alten Sachen herumzukramen.

Es ist Jahrzehnte her, seit er zum letzten Mal dort oben gewesen ist. Ohne Zögern greift er nach dem in der Ecke lehnenden Holzstock, in dessen Ende ein gebogener Haken eingedreht ist, angelt nach der Öse der Luke und zieht sie herunter. Nachdem er die zweiteilige Leiter aufgeklappt hat und so weit hochgestiegen ist, dass er über den Rand des Speicherbodens blicken kann, betrachtet er das Bild, das sich ihm bietet.

Die Nachmittagssonne drückt sich durch die beiden kleinen Dachluken und legt ihr honigfarbenes Licht über das Durcheinander aus staubigen Kisten und alten, mit Tüchern behangenen Kommoden und Truhen, die wie eine Herde grasender Urzeittiere über den Dachboden verteilt stehen.

Mit vier weiteren Schritten ist er oben, verharrt einen Moment neben der Luke und geht dann geradewegs zu der Kiste, die ihm am nächsten ist. Er fühlt sich dabei wieder wie der kleine Junge von damals.

Als er den Pappdeckel aufklappt, breitet sich der Staub um ihn herum aus wie ein Schwarm winziger Fliegen.

Der Karton ist bis zum Rand gefüllt mit Hemden, Blusen

und Jacken, uralt und modrig riechend. Angeekelt klappt er den Deckel wieder zu und widmet sich der nächsten Kiste, die vollgestopft ist mit unmodernen Frauenschuhen, teils noch wie neu, teils ausgetreten und vergammelt.

Der Inhalt der kleinen Kommode daneben weckt sein Interesse. Obenauf liegt ein hölzernes Wappen, das ein in eine rote und eine silberne Hälfte geteiltes Schild zeigt, in dessen oberer, roter Hälfte zwei abgekehrte, doppelschwänzige, silberne Löwen zu sehen sind. Das Wittener Wappen.

Er nimmt es heraus und legt es zur Seite. Sein Blick fällt auf eine verzierte Blechschachtel, die darunter zum Vorschein gekommen ist. Mit spitzen Fingern öffnet er den Deckel und wirft einen Blick hinein.

Auf einem zusammengefalteten Dokument, das aus mehreren Seiten zu bestehen scheint, liegt ein Taschenmesser, wie er bisher noch keines gesehen hat. Der Griff schimmert silbrig und zeigt ein Relief. Erst als er das Messer dicht vor seine Augen hält, erkennt er, dass es mehrere Gebäude zeigt, die wie eine Fabrikanlage aussehen. Nachdem er das Messer von allen Seiten begutachtet hat, entfaltet er das Dokument und beginnt, die eng zusammenstehenden, handgeschriebenen Zeilen zu lesen. Nach ein paar Sätzen klappt sein Unterkiefer herab, am Ende der dritten Seite weiß Julius Mörsdorf nicht nur, dass er eine Aufgabe hat, sondern auch, was auf dem Taschenmesser zu sehen ist ...

Mörsdorfs Augen waren während seiner Erzählung unentwegt auf Krämer gerichtet, der wiederum den Professor fragend ansah. »Das Taschenmesser hat meinem Urgroßvater gehört«, fuhr Mörsdorf fort. »Es zeigte eine Ansicht vom Werksgelände der Roburit-Fabrik. Ich habe es später dem Stadtarchiv vermacht. Das Dokument stammte ebenfalls von meinem Urgroßvater. Es handelte sich um einen Brief. Gerichtet war er an Jürgen Eichstätt und Hans-Peter Krämer.«

Die Augen des Studenten weiteten sich kurz.

Mörsdorf machte eine Pause, griff zu seinem Glas und prostete Krämer zu. »Zum Wohl.« Nach einem ausgiebigen Schluck lenkte er seinen Blick wieder auf den jungen Mann.

»Eine spannende Geschichte, nicht wahr? Sie möchten jetzt sicher wissen, was in dem Schreiben gestanden hat, das mein Urgroßvater an Jürgen Eichstätt und Ihren Vorfahren gerichtet hatte. Ich zitiere die wichtigsten Sätze daraus.«

Mörsdorf schloss die Augen. Er hatte den dreiseitigen Brief Hunderte von Malen gelesen und kannte ihn Wort für Wort auswendig: »*Ich habe euch beide auf dem Fabrikgelände gesehen, nachdem man euch entlassen hat. Und ich habe gesehen, wie ihr das Feuer gelegt habt, das zur Katastrophe führte. Wohl, weil ihr euch rächen wolltet. Durch die Explosion der Fabrik sind mein Bruder und mein Vater getötet worden. Weil sich die Druckwelle insbesondere auf Annen ausgedehnt hat, waren dort die Schäden an den Gebäuden weit höher als in Witten selbst, wie ihr wisst. Dort hat auch das Haus meiner Familie und das meines Onkels gestanden. Meine Mutter und meine beiden Schwestern sind von herabstürzenden Deckenteilen erschlagen worden. Während des Essens. Ein Großteil meiner Familie ist ausgelöscht. Beide Häuser sind einsturzgefährdet und können nicht mehr bewohnt werden.*

Wie ihr sicher auch wisst, wird keine Wiederaufbauhilfe gezahlt und die Feuerversicherungen lehnen Entschädigungen ab. Kurzum: Der kleine Teil meiner Familie, der euren Mordanschlag überlebt hat, wozu auch ich gehöre, ist nun obdachlos. Ich könnte euch der Polizei melden, aber dann werdet ihr verurteilt und kommt ins Gefängnis, und meine Familie ist immer noch obdachlos. Also erwarte ich von euch die baldige Zahlung einer Summe von zehntausend Mark im Gegenzug für mein Schweigen über meine Beobachtung. Wie ihr das Geld beschafft, ist eure Sache.«

Mörsdorf öffnete die Augen und blickte auf Krämer, der immer bleicher geworden war. »Mein Urgroßvater hat also Ihren Urgroßvater erpresst, weil er gesehen hat, wie der gemeinsam mit Jürgen Eichstätt das Feuer gelegt hat, das die Katastrophe auslöste. Zugegebenermaßen kein feiner Zug, aber man bedenke die Lage, in der er sich befand. In der Weihnachtszeit des Jahres 1906, rund drei Wochen nach der Katastrophe, hat sich mein Urgroßvater dann angeblich vom Helenenturm gestürzt«, fuhr Mörsdorf fort. »Der gehörte damals noch der Familie Strohn. Das Haus hat zu dieser Zeit leer gestanden, weil die Familie die Weihnachtszeit im Süden verbrachte. Es ist nie geklärt worden, warum mein Urgroßvater sich ausgerechnet auf dieses Privatgrundstück geschlichen haben soll, um sich umzubringen. Auf den Turm soll er gelangt sein, indem er ins Haus eingebrochen ist, um sich den Schlüssel zu besorgen. Sehr seltsam, nicht wahr? Zudem die Polizei schon damals nicht ausschließen konnte, dass bei seinem Sturz vielleicht jemand nachgeholfen hat, denn seine Leiche wies einige für einen solchen Sturz untypische Verletzungen auf.«

Einen Moment sah der Professor den jungen Krämer an, als erwarte er einen Kommentar von ihm, dann erhob er sich und deutete zum gedeckten Tisch. »Aber bitte, gehen wir zu Tisch und begehen den Jahrestag gemeinsam mit einem köstlichen Mahl.«

»Na denn …«, sagte Walter und stand gemeinsam mit dem Studenten auf. Matthias folgte ihnen zum Tisch.

Mörsdorf verschwand in der Küche und kam gleich darauf mit vier kleinen Tellern mit jeweils zwei Portionen von etwas Undefinierbarem zurück. »Mein kleiner Gruß aus der Küche«, erklärte er und verteilte die Teller. »*Feine Filet-Terrine à la Mörsdorf.*«

Nachdem auch er Platz genommen hatte, nickte der Professor Matthias zu. »Bitte, nimm ihm das jetzt ab, damit er das Essen genießen kann.«

Matthias grinste breit und riss Krämer mit einem festen Ruck das breite Klebeband vom Mund. Der Student sog tief die Luft ein und begann dann, wie ein Wasserfall zu reden.

»Herr Professor, ich verstehe das alles nicht. Diese beiden Männer haben mich in ihr Auto gezerrt und mich die ganze Zeit über mit einer Waffe bedroht. Dann kommen wir ...«

Mörsdorf hob die Hand und sah zu Walter. »Er hat recht, das schickt sich nicht zu Tisch. Steck die Pistole jetzt bitte ein.«

Krämer sah kurz zu Walter und wandte sich dann mit wachsender Panik in der Stimme wieder an Mörsdorf. »Die Geschichte, die Sie da erzählt haben, ist wirklich schrecklich. Ich bin fassungslos und kann gar nicht glauben, dass mein Urgroßvater so etwas Furchtbares getan haben soll, aber ich weiß trotzdem nicht, was Sie von mir wollen.«

Mörsdorf hob verwundert die Brauen und deutete auf Krämers Teller mit dem Amuse-Gueule. »Ich dachte, das sei offensichtlich. Ich habe Sie zum Essen eingeladen. Und was Ihren Vorfahren angeht ... Glauben Sie mir, ich habe Jahre darauf verwendet, jedes kleinste Detail der damaligen Katastrophe zu recherchieren. Ich habe alles erreichbare Material über die Belegschaft der Wittener Roburit-Fabrik zusammengetragen, bis aus den Tausenden von Puzzlesteinchen ein Bild geworden ist. Ihr Urgroßvater ist damals zusammen mit Eichstätt gefeuert worden, weil sie beim versuchten Diebstahl von Roburit erwischt worden sind. Man hat nie erfahren, was sie mit dem Sprengstoff wollten. Zwei Tage später sind sie von mehreren Leuten auf dem Fabrikgelände gesehen worden, obwohl es für sie keinen Grund mehr gab, dort aufzutauchen, und sie außerdem auch Hausverbot hatten. Nein, ich habe keinen Zweifel daran, dass das, was mein Urgroßvater beobachtet haben will, der Wahrheit entspricht. Und ich bin mittlerweile auch ziemlich sicher, dass die beiden ihn auf den Helenenturm geschleppt und hinuntergestoßen haben.«

Krämer schwitzte. »Aber aus welchem Grund wollen Sie dann mit mir essen?«, stieß er hervor. »Und was ist das denn für eine seltsame Einladung? Ich wurde entführt und bedroht.«

Der Professor lächelte. »Ach, das waren nur einige Maßnahmen, um sicherzustellen, dass wir Sie hier begrüßen dürfen und Sie die Chance auf diesen einmaligen Genuss nicht verpassen. Aber nun muss ich doch darauf bestehen, dass wir mit dem Essen beginnen. Also: Guten Appetit.«

Krämer wollte noch etwas sagen, doch als Walter wieder die Pistole auf ihn richtete, griff er zitternd nach dem Besteck und begann zu essen.

»Übrigens«, warf Mörsdorf zwischen zwei Bissen ein. »Meine Freunde hier, Walter und Matthias, kommen nicht aus Witten. Sie ... *wohnen* in Köln, von dort kenne ich sie auch. Sie sind eigens für dieses Essen hierhergereist. Ach ja, und natürlich, um Ihnen meine Einladung zu überbringen.«

»Das war keine ...«, setzte Krämer zu einem Protest an, verstummte aber sofort, als Matthias ihm mit der flachen Hand einen Klaps auf den Hinterkopf gab. »Ruhe bei Tisch.«

»Im letzten Jahr durfte ich übrigens Marco Eichstätt als meinen Gast zum Essen begrüßen«, erklärte der Professor im Plauderton.

»Kenn ich nicht«, murmelte Krämer und sah sofort ängstlich zu Matthias hinüber.

»Nein, das würde mich auch wundern. Er gehört zu einem Zweig der Familie Eichstätt, den es nach Oberhausen verschlagen hat. Walter und Matthias waren so nett, ihn dort abzuholen.«

Walter nickte. »War ein bisschen komplizierter. Er wollte nicht mit und wurde handgreiflich, da mussten wir ihn ein bisschen schlafen legen. Der Kerl hat bestimmt hundert Kilo gewogen und war ganz schön sperrig.«

»Jedenfalls habe ich mir vorgenommen, jedes Jahr einen direkten Nachfahren der Familien Krämer und Eichstätt zum Essen einzuladen und ihnen meine Gastfreundschaft angedeihen zu lassen.«

Krämer würgte den letzten Bissen hinunter. »Gastfreundschaft? Was heißt das?«

Mörsdorf zeigte ein verschmitztes Lächeln. »Warten Sie es ab.«

Er sammelte die Teller ein und machte sich auf den Weg in die Küche. »Erst kommen wir zum Höhepunkt des Abends, dem Hauptgang.«

Als er zurückkam, trug er eine Servierplatte wie ein kostbares Gut vor sich her und sagte mit feierlicher Miene, noch bevor er den Tisch erreicht hatte: »Voilà. Meine Eigenkreation. *Wittener Geschmortes à la Roburit*. Duftet das nicht herrlich?«

Während Walter sich die Hände rieb und Matthias die Serviette entfaltete und auf seinen Oberschenkeln ausbreitete, sah Krämer nur stumm und mit bleichem Gesicht Mörsdorf dabei zu, wie er die Platte auf dem Tisch absetzte und Platz nahm.

»Bitte«, wandte sich der Professor an Krämer. »Sie als mein Gast dürfen zuerst zulangen.«

Zögernd griff der junge Mann nach der großen Serviergabel,

die neben der Platte lag, und nahm sich ein Stück des Bratens, der in einer dunklen Soße schwamm und tatsächlich sehr verführerisch nach Maronen und Zimt duftete.

Nachdem sich alle bedient hatten, wünschte Mörsdorf erneut einen guten Appetit und sie begannen zu essen.

»Fantastisch«, lobte Matthias und verdrehte genussvoll die Augen. »Du bist ein Genie.«

»Ach, du Schmeichler.« Der Professor winkte ab und wandte sich an Krämer. »Schmeckt es Ihnen auch?«

»Ja, schon«, erwiderte er leise.

Eine Antwort, die Mörsdorf gefiel. »Na sehen Sie. Und Sie dürfen sich darauf freuen, auch im nächsten Jahr wieder dabei zu sein.«

»Was? Aber ich dachte, Sie wollten ...«

»Dann wieder einen Eichstätt-Spross einladen? Das tue ich auch. Dennoch werden Sie dabei sein. So wie jetzt der liebe Marco.«

»Was?« Krämers Blick irrte durch den Raum. »Wo ... ist er?«

Mörsdorf tauschte einen wissenden Blick mit Matthias und Walter aus und deutete dann wortlos auf den Teller des Studenten. Krämers Augen folgten dem Blick. Als er wieder aufsah, war er blass.

Als Walter und Matthias den reglosen Körper eine halbe Stunde später die Treppe in den Keller hinunterschleppten, um ihn in den Raum mit der großen Gefriertruhe zu bringen, sagte Mörsdorf: »Ihr müsst nach dem Essen aber gleich zurück in die Klinik, sonst verliert ihr noch euren Patientenstatus als Freigänger. Wäre doch schade, wenn ihr im nächsten Jahr nicht kommen könntet. Ich denke ... es gibt dann Gulasch vom jungen Krämer.«

Krischan Koch

Hagener Zwiebackleichen

Laszig arbeitet sich vorsichtig Stufe für Stufe die baufällige Treppe hinauf. Der Lichtkegel seiner Taschenlampe tanzt nervös über den maroden Beton. Es ist noch fast dunkel an diesem verregneten Novembermorgen. Er atmet schwer, obwohl er langsam geht. An den Stufen hängen Stahlkanten heraus. Laszig muss aufpassen, nicht zu stolpern. In der großen Halle, in der früher die Bänder der Zwiebackproduktion liefen, kommt ihm eine Taube entgegengeflogen.

Von der Decke baumeln angerostete Rohre herunter. Neben dem Stahlträger und an den Wänden suhlt sich ein Stillleben aus Bauschutt, durchweichten Pappkartons, angeschimmelten Klamotten und einem ausrangierten Fernseher. Aus den alten Schalterkästen für die Gaszufuhr der Öfen winden sich Kabel heraus. In den hohen Fenstern hängen zerborstene Scheiben, die mit Graffiti besprayt sind.

»Erst vollsprühen und dann zerdeppern, dat bringt doch nix«, brummelt Laszig seinen Lieblingssatz vor sich hin. Durch die eingeworfenen Scheiben weht Regen herein. Alles ist grau in grau. Der eingestaubte Müll, der abgeblätterte Anstrich der Wände, die gesamte Szenerie hat jede Farbe verloren. Selbst aus den Graffiti scheint alles Neon herausgewaschen.

In laufende Maschinen greifen verboten! Die Schrift auf dem verrosteten Schild an der Wand ist noch zu entziffern, aber die Maschinen laufen hier schon lange nicht mehr.

Laszig hasst die Patrouillen durch das alte Brandt-Werk. Aber er ist froh, dass er wenigstens diesen Job beim Wachdienst bekommen hat, als sie hier vor fünfzehn Jahren den

Laden dichtgemacht haben. Die damaligen Kollegen sitzen jetzt schon morgens in *Erichs Eck* und trinken Eversbusch Doppel-Wachholder.

»Wachholder, mit zwei H, ganz wichtig!«, da kennt Laszig kein Pardon. Am Nachmittag kommt er manchmal dazu. Dann sind die arbeitslosen Kollegen meist schwer in Schwung und schimpfen auf die Firma Brandt und die große PR-Aktion im letzten Jahr, das Casting eines neuen Kindes für das Bild auf der Zwiebackpackung unter der Schirmherrschaft von Nena. »Wie viele Luftballons waren dat noch gleich?« Die von dem ehemaligen Pförtner Manfred Orzesseck mit schwerer Zunge aufgeworfene Frage hatte die Kneipenrunde einen ganzen Nachmittag lang beschäftigt. »Blöde Nena!« Laszig hatte nur abgewinkt. »Aber egal, dat bringt doch nix.«

Während er hinter dem Lichtkegel seiner Taschenlampe her durch Fliesenscherben, Schutt und über kleine Fallgruben tappt, hört er in seinem Kopf das Rattern der Fließbänder von einst. Er sieht die Arbeiterinnen mit den weißen Hauben und den kurzärmeligen Kitteln. Egon, das Faktotum sitzt über der Halle in seinem Kabuff. »Egon! E-e-egon!«, schallte das Rufen durch die Halle, wenn eines der Bänder für den Zwieback stehen geblieben war. Dann musste Egon die Lektüre seiner erotischen Hefte kurz unterbrechen und herunterkommen, um das Band wieder in Gang zu setzen.

Die Bilder, die Geräusche und Stimmen von damals mischen sich mit dem Rascheln unter einem Haufen alter Plastiktüten, gefolgt von einem schrillen Quieken. Dann sieht Laszig das fette Vieh mit dem langen, geriffelten Schwanz von einem Müllhaufen zum anderen huschen.

»Scheiß Ratten!« Er verfolgt das Tier mit der Taschenlampe. Und plötzlich wischt ein strahlend grelles Orange durch den Lichtkegel. Es sieht aus wie ein Stück Textil, das aus der verschlossenen Tür des alten Zwiebackofens heraushängt. Ein Tuch, ein Band oder eine Krawatte? Es ist die einzige Farbe in diesem grauen Morgen. Ein leuchtendes Orange, das gleiche Orange wie auf der Zwiebackpackung.

»Mahlzeit, Moschinski.« Die Hausbotin rauscht mit ihrem Aktenwagen in den neonbeleuchteten Raum der Hagener Mordkommission. »Schon irgendwat Neues in Sachen Zwiebackerpresser?«

»Was hab ich mit Erpressung zu tun? Wir sind die Mordkommission«, mault Moschinski und rührt schlecht gelaunt in einem tiefen Teller, in dem eine aufgeweichte Zwiebackscheibe in warmer Milch dümpelt.

»Oh, wieder wat mittem Magen.« Sie blickt den Kommissar mitfühlend an. »Essen Sie deshalb Ihre Zwiebackleichen zum Frühstück?«

Der chronisch magenkranke Kommissar reagiert nicht. Die Botin deponiert zwei Aktenordner auf dem Tisch und wirft im Hinausgehen noch einmal einen kurzen abschätzigen Blick auf Moschinskis zweites Frühstück.

Eine Regendusche prasselt gegen das Fenster mit Blick auf den Waldfriedhof, wo die meisten von Moschinskis Fällen ihre letzte Ruhe finden. Der Kommissar widmet sich wieder ganz seiner Milchsuppe. Er nimmt einen zweiten Zwieback aus der Packung. Er muss das blonde Kind auf der Tüte nur sehen, schon hat er wieder dieses dumpfe Grummeln im Magen, diese seltsame Mischung aus Leere und Völlegefühl verbunden mit einer schleichenden Übelkeit, die sich allmählich im ganzen Körper ausbreitet. Moschinski hat sich sein halbes Leben lang von Zwieback ernährt. Schon als Kind hatte er nach endlosen Nächten über der Kloschüssel am nächsten Tag die schlappen Zwiebackleichen widerwillig in sich hineingelöffelt. Der Zwiebackjunge mit den rosigen Wangen und der blonden Haartolle war sein ständiger Begleiter. Sein Anblick ist für ihn unweigerlich mit Magenleiden verbunden. Jetzt grinst der Wonneproppen, der von brennenden Bauchkrämpfen und quälender Übelkeit sicher nichts weiß, ihn schon wieder hämisch an. Moschinski hasst ihn regelrecht. Auch dieses mitleidig hämische »Mahlzeit, Moschinski« kann er nicht mehr hören.

Gestern hatte er das Tagesgericht in der Kantine nicht vertragen. Vom Paprika in dem Zigeunergulasch hat er den ganzen Tag aufstoßen müssen. Doch Moschinskis aktuelle Übelkeit hat noch einen anderen Grund. Während er die zweite Zwiebackscheibe in der Milchsuppe versenkt, stiert er auf die neben dem Teller liegende Zeitung. *Vergifteter Zwieback* steht in großen Buchstaben auf der Titelseite. *Die Spur führt nach Hagen*, ist in der Unterzeile zu lesen. Ein unbekannter Erpresser droht, vergifteten Zwieback in den Einzelhandel zu bringen. Er fordert von der Firma Brandt einen in dem Artikel nicht genau benannten sechsstelligen Eurobetrag. Moschinskis Magen krampft sich zusammen. Bei etlichen Stichproben in Supermärkten hat man bislang nichts entdeckt. Glücklicherweise ist Erpressung nicht sein Ressort. Er legt die Zeitung beiseite, zögert kurz und sticht dann mit dem Löffel ein Stück eingeweichten Zwieback ab, als das Klingeln des Telefons die morgendliche Ruhe in der Hagener Mordkommission zerreißt.

Moschinski hebt ab. »Was ist?«

Sekunden später lässt er den Löffel in die Milchsuppe fallen.

»Wo?« Einen Moment lang verschlägt es ihm die Sprache. »Im stillgelegten Brandt-Werk?« Für Moschinski fühlt es sich an wie ein heftiger Schlag in die Magengrube. »In einem der alten Zwiebacköfen?«

Der Zwiebackjunge auf der orangefarbenen Packung grinst ihn höhnisch an.

Der Leiter der Hagener Mordkommission irrt eine Weile auf dem Gelände umher, ehe er den Tatort findet. Dabei hatte er als Schüler damals in den Ferien bei Brandt in der ›Verpackung‹ gejobbt, für sechs Mark die Stunde und zwei Packungen Zwieback die Woche. Große Teile der Gebäude sind kaum wiederzuerkennen. Sie sehen aus wie verwüstet. Aber vieles kommt ihm auch vertraut vor. Es sieht aus, als wären die Mitarbeiter mitten während der Schicht entlassen worden und hätten, wie bei einem Feueralarm, alles stehen und liegengelassen. Auf dem Tisch in der Pförtnerloge liegt noch ein Aktenordner und an der Wand zeigt ein Kalender den Dezember 2002.

Am Tatort in der ehemaligen Produktionshalle haben sich neben dem Wachmann Laszig, der den Toten gefunden hat, auch der Rechtsmediziner, die Kollegen der Spurensicherung und ein Schaulustiger in Jogginghose eingefunden.

»Mahlzeit, Moschinski«, grüßt der Rechtsmediziner.

Der Kommissar nickt nur. Die Kollegen von der Kriminaltechnik sind gerade dabei, den Toten aus dem Zwiebackofen herauszuziehen.

»Wat hat der überhaupt in dem Ofen zu suchen?« Laszig ist die ganze Sache ein Rätsel.

»Zwei Mal gebacken, oder wat?«, ruft der Schaulustige in Anspielung auf das zweifache Backverfahren bei der Zwiebackproduktion.

»Ach wat, die Öfen laufen doch seit fünfzehn Jahren nich mehr.« Laszig schüttelt den Kopf. »Ist doch inzwischen alles Schrott hier.«

»Weiß ich doch!« Der Typ in der Trainingshose winkt ab.

»Bringt doch alles nix!«, schiebt Laszig zur Bestätigung hinterher.

»Was machen Sie hier eigentlich?«, knurrt Moschinski ihn an. Er muss aufstoßen. Statt Paprika kommt jetzt warme Milch und Zwieback.

»Ja wat denn, ich bin für die Öfen zuständig.« Der Wachmann setzt eine wichtige Miene auf. Der Kommissar sieht ihn fragend an. »Will sagen, ich *war* zwanzig Jahre für die Öfen zuständig. Und ich hab ihn hier gefunden.«

»Kennen Sie den Mann?«

»Dat is Manni Kreuz. Hat früher auch hier gearbeitet.« Laszig tut so, als sei es die selbstverständlichste Sache der Welt, dass sein ehemaliger Arbeitskollege hier tot im Zwiebackofen liegt.

»Und was macht der hier in dem alten Ofen?«

»Woher soll ich dat wissen? Vorgestern saß er noch in *Erichs Eck* am Tresen und hat Doppel-Wachholder getrunken.«

»Ist ihm wohl nich bekommen«, funkt die Jogginghose dazwischen und stößt einen kurzen Lacher aus.

Der Rechtsmediziner wirft ihm einen strafenden Blick zu.

»Können Sie schon was sagen, Doktor?«, mault Moschinski, der keine besondere Lust auf einen neuen Mordfall hat.

»Im Augenblick kann ich noch nicht mal sagen, ob überhaupt eine Fremdeinwirkung vorliegt.« Der Doktor hat nicht unbedingt bessere Laune. »Sieht bis jetzt eher nach einem ganz normalen Herztod aus.«

»Im Zwiebackofen würd ich auch 'n Herzkasper kriegen«, kommentiert der Schaulustige, dem nur bei dem Gedanken daran in seiner Jogginghose warm wird.

»Aber der ist doch nicht lebendig da in den Ofen reingekrabbelt, um dann eine Herzattacke zu bekommen.« Alle sehen Moschinski an. »Den hat doch jemand da reingelegt.«

»Jedenfalls keine äußeren Verletzungen«, bemerkt der Rechtsmediziner, während die Kollegen den Toten in einem Zinksarg verstauen. »Möglicherweise eine Vergiftung.«

Moschinski muss gleich wieder aufstoßen. Er kramt seine Magentabletten aus der Jackentasche und drückt ein Dragee aus der Folie. »Vergiftung?«

»Nach der Obduktion wissen wir mehr.« Der Doc packt seinen Koffer und verlässt zusammen mit den Spusi-Leuten und dem Zinksarg die Halle. Laszig und der Schaulustige machen Anstalten, ihnen zu folgen.

»Moment, ich hab noch ein paar Fragen.« Der Kommissar zerkaut die Tablette und wendet sich an den Wachmann. »Hat der Tote ... Manfred Kreuz in letzter Zeit irgendwie Ärger gehabt?«

»Ärger?!« Da muss Laszig nicht lange überlegen. »Na klar, mit der Firma Brandt! Dat is zwar fünfzehn Jahre her, dass die nach drüben gegangen sind, aber wir sind alle immer noch stinksauer. Die alte Frau Brandt hätte dat nich gemacht.«

Der Typ in der Trainingshose nickt zustimmend. »Betty Brandt würde sich im Grabe umdrehen.«

»Wer sind Sie eigentlich?« Moschinski sieht den Mann prüfend an. »Was machen Sie hier? Kennen Sie den Toten ebenfalls?«

»Wieso? Ich war auffem Weg zu Erich. Da hab ich gesehen, dass hier wat los is. Normalerweise is bei Brandt ja nix mehr.« Er zieht sich unternehmungslustig die Jogginghose hoch.

»Gehören Sie beide und der Tote ... Herr Kreuz, zu dieser Kneipenrunde in ...«

»*Erichs Eck*«, antworten Wachmann und Trainingshose im Chor. »Wir sind der harte Kern von den Ehemaligen. An den Bändern und in der Verpackung waren ja hauptsächlich

Frauen und Studenten, aber wir haben dafür gesorgt, dat der Laden läuft. Wir beide, Brocker, Willy Koslowski und er hier, Manni.« Laszig zeigt durch die große Halle Richtung Treppenhaus, in dem die Träger der Rechtsmedizin gerade mit dem Zinksarg verschwinden.

»Wat hat der Manni Kreuz immer gesagt? ›Familie Brandt wird sich noch wundern!‹«

»Wie hat er das gemeint?«

»Weiß ich doch nich.« Laszig zuckt mit den Achseln. »Dat war so Gerede nach dem siebten Wachholder.«

»Hat er sonst noch etwas gesagt? Das kann alles wichtig sein.«

»Er meinte wohl, dass er demnächst zu Geld kommt.« Der Exmitarbeiter von Brandt zupft aufgeregt an seiner Jogginghose.

Laszig winkt ab. »Dat bringt doch alles nix.«

»Er hat doch hinten am Tisch bei dem Spielautomaten immer mit Bernie zusammengesessen. Den kennen Sie auch bestimmt. Unser Star.« Der Typ muss grinsen. Der Kommissar sieht ihn fragend an. »Von der Zwiebackpackung, dat blonde Kind.«

Moschinski muss sofort sauer aufstoßen.

Klodt ist in Panik. Er weiß gar nicht, wo er mit dem Aufräumen in seinem Keller anfangen soll. Es ist schlimm genug, was passiert ist. Wenn er könnte, würde er alles ungeschehen machen. Wenigstens will er die Aktion jetzt stoppen. Nervös sammelt er die Zeitungsschnipsel mit den ausgeschnittenen Buchstaben und Zahlen zusammen. Klodt lässt seinen Blick über die endlos wirkende Reihe von Zwiebackpackungen in dem Kellerregal streifen. Die Pakete und vor allem die angesetzte Lösung des Giftes, das Manni Kreuz irgendwoher organisiert hat und dessen Namen er sich nicht merken konnte, muss schnellstens verschwinden. Ihm dürfen jetzt keine Fehler mehr unterlaufen. Klodt versucht, sich zu konzentrieren.

Er nimmt eine Zwiebackpackung aus dem Regal. Sobald er diese neue Verpackung nur sieht, überkommt ihn die Wut. Was hat dieses blöde Balg auf seiner Packung zu suchen. Über fünfunddreißig Jahre war sein Bild unter dem Firmenlogo mit der stilisierten Schreibschrift zu sehen. Er war das Brandt-Kind, nicht diese blöde grinsende Kita-Truppe, die Nena neulich in der aufgeblasenen Castingshow vor der Lokalpresse präsentiert hat. Nena aus Hagen-Haspe. Pah! Die hat doch mit Hagen-Haspe schon lange nichts mehr zu tun, die soll bitte schön in ihrem hippen Berlin bleiben. Die Zwiebackesser wollen diese neuen Kinder nicht. Sie wollen den Zwieback mit seinem Bild. Da ist sich Klodt ganz sicher.

Nach der Schule, also nachdem das mit dem Abitur nichts geworden war, hatte er eine Anstellung im Büro bei Brandt gefunden. Und selbst nachdem sie das Werk in Haspe dichtgemacht hatten, hat er immer noch regelmäßig seine Bildtantiemen bekommen. Er ist auf das Geld angewiesen. Aber in Wahrheit geht es um mehr. Er ist das Gesicht von Brandt gewesen, all die Jahrzehnte lang. Achtzigmillionen Mal ist sein Bild über den Ladentisch gegangen. Dagegen konnten alle blöden Film- und Schlagerstars einpacken. Brandt war sein Leben. Er ist immer stolz darauf gewesen, auch wenn sie sich über ihn lustig machten. In der Schule nannten sie ihn »Zwieback«. Aber die Mädchen in der Disco fanden es »echt süß«, wenn seine Freunde ihn als das Brandt-Baby outeten. Er hat sich später sogar Visitenkarten mit dem Zwiebackmotiv drucken lassen. Die Leute fanden das toll. Und das sollte jetzt alles vorbei sein? Seit fünfzehn Jahren ist er arbeitslos und jetzt ist er auch noch von der Packung verschwunden. Klodt wird wieder richtig sauer. Aber er muss sich zusammenreißen. Er muss sehen, wie er halbwegs glimpflich aus der ganzen Sache herauskommt.

Er wirft die Zwiebackpakete und die Schnapsflasche in einen großen Plastikmüllsack. Als eine Packung danebenfällt, tritt er dem neuen Zwiebackkind in seine blöde grinsende Visage. Er tobt mit dem Staubsauger durch den Keller und schrubbt die Regale.

Er darf keine Spuren hinterlassen. Es ist einfach ein Fehler gewesen, das Gift in der Steinflasche des Wacholder-Schnapses anzusetzen. Er hätte daran denken müssen, dass sein Freund Manni Kreuz sich ausschließlich von Pils, Wacholder und Frikadellen aus *Erichs Eck* ernährt. Manni hatte das Gift besorgt. »Da steckt das Gute drin«, hatte er mit breitem Grinsen den alten Werbespruch von Brandt zitiert und die Symptome aufgezählt: Übelkeit, Juckreiz und Schwindel. Und dann musste er in seinem Suff tragischerweise wohl zu der Flasche in dem Labor gegriffen haben. Seine Wut auf Brandt und seine Vorliebe für Eversbusch Doppel-Wachholder waren ihm zum Verhängnis geworden.

Ein weiterer Fehler ist es gewesen, den vergifteten Zwieback gleich in die Geschäfte zu bringen. Was, wenn die Dosierung nicht stimmte? Der Zwieback soll den Leuten nur auf den Magen schlagen, sie nicht umbringen. Klodt muss weiteres Unglück verhindern. Er muss die Packungen schnellstens aus den Läden zurückholen.

Am nächsten Morgen liegen die Ergebnisse der Rechtsmedizin vor. Moschinski geht es deswegen nicht unbedingt besser. Ganz im Gegenteil. Bei der Obduktion des Toten hat man neben den Resten etlicher Frikadellen und bedenklich erhöhten Leberwerten eine tödliche Dosis des Giftes Maitotoxin nachgewiesen.

»Bei geringer Dosis sind die Symptome wie bei einer Fischvergiftung, außerdem Juckreiz und die Umkehrung der Heiß-Kalt-Empfindung.« Der Doc macht ein wichtiges Gesicht. »Aber hier haben wir eine extrem hohe Dosierung mit garantiert tödlicher Wirkung. Da wollte einer auf Nummer sicher gehen.«

Der Befund trifft Moschinski gleich wieder wie ein Schlag in den Magen. Der Appetit auf Zwieback ist ihm inzwischen total vergangen. Er spürt erneut diese leichte Übelkeit. Draußen in dem nasskalten Wetter wird ihm heiß, und in dem überhitzten Schankraum von *Erichs Eck* läuft ihm ein kalter Schauer über den Rücken. Sehr seltsam. Was hatte der Doktor eben gesagt? Umkehr der Heiß-Kalt-Empfindung.

»Chef, ich glaube, die beiden Fälle hängen zusammen«, hat sein Blitzmerker von Assistent gemeint. Aber da hat Moschinski längst schon Kontakt zu den Kollegen vom KK Dreizehn, Raub und Erpressung, aufgenommen. Der oder die Zwieback-Erpresser haben eine Geldforderung von einer Viertelmillion gestellt. Die Übergabemodalitäten haben sie noch nicht mitgeteilt. Aber sie behaupten, mehrere vergiftete Zwiebackpackungen in Hagener Supermärkten deponiert zu haben. In sämtlichen Läden sind jetzt die Videokameras auf die Regale mit den Backwaren ausgerichtet. Fast die gesamte Hagener Polizei ist im Einsatz. In den meisten Läden sind verdeckte Ermittler in Rewe- und Edeka-Kitteln vor Ort.

Der Tote in der Zwiebackfabrik war einer der Erpresser, da ist sich Moschinski sicher. Aber dieser Manni Kreuz war nicht allein. Es gibt einen Komplizen, und der gehört zur

Stammbelegschaft in *Erichs Eck*. Auch das hat Moschinski im Gefühl.

»Mahlzeit, Herr Mo...schinski?« Am Tresen hockt die Stammbesetzung beim zweiten oder vielleicht auch beim dritten Frühstück. Wirt Erich reicht Pils und Wacholder zur Frikadelle. »Spezialrezept«, verkündet der Typ in Jogginghose. »Müssen Sie unbedingt probieren.«

Moschinski muss aufstoßen und lässt eine der Buletten in einem Plastiktütchen für Beweismittel und das wiederum in seiner Jackentasche verschwinden.

Neben Laszig und der Trainingshose sind der ehemalige Pförtner Orzesseck, Schichtleiter Karnhof aus der ›Verpackung‹ und Werkselektriker Koslowski anwesend. Angesichts des Todes ihres Kumpels ist die Stimmung gedrückt. Warum Bernie, das ehemalige Zwiebackkind heute Morgen in *Erichs Eck* fehlt, können die Kollegen von der Stammbesatzung auch nicht sagen. Bei dem Thema Brandt-Zwieback wird die Runde munter. Sie lästern über die neuen Brandt-Kinder auf der Packung und schimpfen über die aktuelle Produktpalette mit Mini-, Müsli- und Genusszwieback.

»Zwieback mit Kokosraspel drauf? Dat bringt doch nix.« Laszig beißt in eine Frikadelle.

Die angeregte Diskussion über die neuesten Zwieback-Trends wird durch das Klingeln von Moschinskis Handy unterbrochen. Die Kollegen haben in einem Supermarkt in Hagen-Mitte einen Verdächtigen vor dem Backwarenregal gesichtet.

»Der Mann hat Zwieback herausgenommen!«

»Ihr solltet doch darauf achten, wer Zwieback hineinstellt«, raunzt der Kommissar.

»Zwölf Packungen Zwieback! Er hat zwölf Packungen rausgenommen!«

Moschinski muss dem Kollegen recht geben, dass das verdächtig ist. »Kein Zugriff, sondern unauffällig observieren!«, raunt er in sein Telefon. »Mal sehen, was er vorhat.«

Wenig später fährt der Mann auf einem Fahrrad beim nächsten Supermarkt in der Nähe der Volme-Galerie vor. Zwei Zivilbeamte sind ihm gefolgt und haben ihren Standort weitergemeldet, sodass auch der Leiter der Mordkommission umgehend vor Ort ist. Im Büro des Filialleiters starrt Moschinski atemlos auf das Videobild des Mannes vor dem Regal mit Salzgebäck, Knäckebrot und verschiedenen Zwiebacksorten. Das Regal ist dem Kommissar vollkommen vertraut. Hier in diesem Supermarkt kauft er selbst regelmäßig seinen Zwieback. Ihm wird plötzlich kalt, obwohl in dem Raum eine Affenhitze herrscht. Wegen der tief ins Gesicht gezogenen Wollmütze ist der Mann kaum zu erkennen. Jetzt steht er direkt vor dem Zwieback. Hektisch, aber mit sicherem Griff nimmt er eine Packung aus dem Regal. Er sieht sich um und wendet sich dabei nichtsahnend der Kamera zu.

Moschinski kennt den Typ nicht, trotzdem ist er ihm irgendwie vertraut. Wie hypnotisiert stiert der Kommissar auf den Bildschirm. In seinen Magenwänden spürt er ein brennendes Loch. Jetzt ist ihm heiß und kalt zugleich. Ihm wird schwindelig. Wie im Fieberrausch schieben sich plötzlich das Videobild des Mannes mit der Mütze und das ihm so vertraute Porträt des blonden Kindes auf der Zwiebackpackung übereinander und werden zu einem Gesicht. Ganz kurz nur. Dann verschwindet alles in tiefer Dunkelheit. Aus weiter Ferne meint er eine hallende Stimme zu hören: »Maaaahlzeit, Moschinskiii.«

Anmerkung:

Im Jahre 2002 verlegte die Firma Brandt ihre Produktionsstätten für Zwieback vom langjährigen Stammsitz in Hagen in das thüringische Ohrdruf. Rund fünfhundert Mitarbeiter verloren ihren Arbeitsplatz. Die Firma Brandt und auch die brachliegenden Fabrikgebäude gibt es tatsächlich. Aber die Geschichte um Wachmann Laszig, Kommissar Moschinski und das Zwieback-Kind ist frei erfunden. Mögliche Ähnlichkeiten mit einem der echten Zwieback-Kinder sind rein zufällig. ›Eversbusch Doppel-Wachholder‹ ist in Maßen genossen ein bekömmlicher Schnaps. Und dass der Verzehr von Zwieback zwangsläufig zum Tod führt, stimmt natürlich auch nicht

Alex Beer

Mordsglas aus Wickede

Wickede (Ruhr), 18. Oktober 1908
Die Dämmerung überzog den Horizont mit einem orangefarbenen Schimmer, während Caroline Rust am flachen Ufer der Ruhr entlangspazierte. Weiden flankierten den Fluss, der langsam in Richtung Westen strömte, hohes Gras raschelte im Morgenwind. Eine Teichfledermaus flatterte auf dem Weg zurück in ihr Quartier nah am Gesicht der jungen Frau vorbei.

Leider war es in Wickede nicht so friedlich wie hier draußen in der Aue. Spannungen herrschten im Ort, Feindseligkeit gärte unter der Oberfläche und würde sich bald entladen. Einzig das Wann und das Wie waren noch offen.

Die alteingesessenen Bewohner der Gemeinde und die zugewanderten Arbeiter der Glashütte waren einander spinnefeind.

Die sogenannten Hüttner lebten in einer Wohnkolonie neben der Fabrik und blieben meist unter sich. Die mehrheitlich protestantischen Glasarbeiter unterstellten den katholischen Einheimischen nämlich Intoleranz und Borniertheit. Diese wiederum hielten die Zugezogenen für fragwürdige Existenzen, deren Leben von Sittenlosigkeit und Trunksucht bestimmt wurden.

Caroline Rust, die aus einer der alteingesessenen Wickeder Familien stammte, seufzte. Im vergangenen Monat hatte sie auf der Hüstener Kirmes einen der Glasmacher kennengelernt, einen hübschen Kerl namens Joseph, der ihr gut gefiel. Wie gerne hätte sie sich von ihm den Hof machen lassen, doch das würden weder ihre noch seine Leute dulden. Ihre Romanze war zum Scheitern verurteilt, noch bevor sie überhaupt begonnen hatte. Trotzdem kriegte sie ihn nicht aus dem Kopf und streifte darum manchmal an der Ruhr entlang, in der vagen Hoffnung, ihm zu begegnen. Er würde oft im Morgengrauen hier angeln, hatte er erzählt, Brassen und Aale, bevor die beschwerliche Arbeit begann.

Nur einen Blick wollte sie auf ihn werfen, nur ein paar Worte mit ihm wechseln ...

Als sie hinter sich Schritte vernahm, machte ihr Herz einen Hüpfer. Endlich. Sie hielt inne, lächelte und drehte sich langsam um.

Gluthitze und dicker schwarzer Rauch drangen aus den Öffnungen des Schmelzofens. Männer, deren nackte Oberkörper vor Schweiß glänzten, tauchten Eisenrohre, sogenannte Pfeifen, in die Schmelze und holten glühend heiße Glasklumpen daraus hervor. Diese wurden unter Drehen und Schwenken zu tropfenförmigen Gebilden aufgeblasen und anschließend mithilfe von Zangen und Scheren in die gewünschte Form gebracht. Halbwüchsige Jungen, die sogenannten Eintragbuben, schleppten die Gläser anschließend auf langen Gabeln zur Weiterverarbeitung in die Kühlöfen.

Die Gesichter der Anwesenden waren von Anstrengung und Erschöpfung gezeichnet, während sie wortlos ihre Tätigkeit verrichteten.

»Emil!«, ertönte plötzlich eine Frauenstimme, und ein kalter Luftzug durchströmte die Glashütte. »Wo ist Emil?«

Lina Wenzel, eine der Einbinderinnen, die nebenan die fertigen Waren in Stroh wickelten und für den Versand bereit machten, kam hereingerannt und sah sich hektisch um.

»Ich bin hier.« Ein breitschultriger Mann, der sich zum Schutz vor dem Qualm ein Tuch vor den Mund gebunden hatte, trat von der hölzernen Arbeitsbühne, die rund um den Ofen errichtet war. »Was ist los?«

»Du ...« Lina Wenzel rang nach Atem. »Du musst mitkommen. Es ist ...«, ihre Stimme brach, »... schrecklich. Ganz schrecklich.«

»Beruhige dich erst einmal.« Emil Wittig, seines Zeichens Glasbläsermeister, fasste Lina an den Schultern und beugte sich zu ihr hinunter, bis er ihr ins Gesicht sehen konnte. Er wartete, bis sie sich halbwegs gefangen hatte. »Und jetzt ganz langsam von vorn.«

»Unten in der Aue ...«, setzte Lina an, während sich immer mehr Arbeiter um sie scharten. »Direkt am Fluss, dort wo man so gut fischen kann, da liegt eine Leiche.«

Raunen erklang, sofort erfüllte Anspannung die Glashütte.

»Wer? Wer ist es?«, traute sich endlich einer der Eintragbuben zu fragen.

»Eine von drüben ... eine von den Alteingesessenen.«

Stille machte sich breit. Nur das Prasseln der Flammen und das Pfeifen der Abzugsluft waren noch zu hören.

Es war Wittig, der als Erster die Sprache wiederfand. »Kümmere dich um das Feuer«, wies er den Schürer an. »Der Rest von euch sieht zu, dass die Produktion weiterläuft. Alle bis auf dich.« Er zeigte auf den Eintragbuben. »Du läufst zur Polizei und gibst dem Wachtmeister Bescheid.«

Ohne ein weiteres Wort zu verlieren, verließ Wittig das Gebäude und hastete über das Firmengelände, vorbei an dem Gemengebunker, den Kühlöfen und den Lagerhallen. Mit starrem Blick überquerte er die Gleise der Ruhrtalbahn und eilte am Pochwerk vorbei, bis zu der schmalen Schotterfläche, die den Glasarbeitern manchmal als Angelplatz diente.

Er konnte die Tote bereits aus der Ferne sehen. Sie trug ein blassgrünes Kleid und lag auf dem Bauch, den einen Arm ausgestreckt, den anderen unter der Stirn abgewinkelt, so als würde sie sich einfach nur ein bisschen am Ufer ausruhen. Sie wirkte friedlich, einzig das dunkelrote Blut, das ihr das blonde Haar am Hinterkopf verklebte, passte nicht ins Bild.

»Das ist Caroline Rust«, murmelte jemand hinter Wittig.

Er drehte sich um und blickte in die Gesichter der halben Belegschaft. »Ich hatte doch gesagt …«

Joseph Czech drängte sich an ihm vorbei, ging neben der Leiche in die Hocke und betrachtete die junge Frau mit wehmütigem Blick. »Sie war so ein nettes Mädel, ganz anders als der Rest von denen. Bei der Kirmes in Hüsten haben wir lange geredet und sogar getanzt.« Er strich ihr über die Stirn.

»Wir sollten sie nicht anfassen.« Wittig zog ihn hoch und schob ihn sacht zur Seite.

»Die werden uns die Schuld geben«, sagte der Glasmüller, dessen Aufgabe es war, die Quarzgesteine zu zermahlen. »Sie werden sagen, wir seien's gewesen.«

»So wie es aussieht, haben sie auch allen Grund, es auf uns zu schieben.« Wittig zeigte auf Caroline Rusts Kleid, an dem eine feinkörnige Masse klebte. »Das ist Glassatz, und wenn ich mich nicht täusche, ist das genau die Mischung, die wir verwenden.«

Czech setzte seine Brille auf und beugte sich noch einmal zur Toten hinunter, um eine Spur der körnigen Masse zwischen den Fingerkuppen zu zerreiben und daran zu riechen. »Quarzsand, Soda, Kalk, Pottasche …«, murmelte er. »Dazu die neue Geheimzutat. Ja, das ist eindeutig unser Gemenge.« Er wischte sich sorgfältig die Finger ab.

»Sie hatte also mit jemandem aus der Glashütte Kontakt.« Wittig musterte die Anwesenden mit einem kritischen Blick.

»Einer von uns?«, empörten sich diese. »Das kann nicht sein. Das ist unmöglich.«

Wittig kniete sich neben Czech und inspizierte die Wunde, die im Schädel der Toten klaffte. »Jemand hat sie mit großer Wucht niedergeschlagen«, erklärte er. »Ich kann Knochenstücke erkennen und ...«, er wurde blass, »Reste von Ruß und Glas.« Er erhob sich und sondierte das umliegende Gelände. Abrupt hielt er inne. Mit einem Taschentuch umfasste er einen länglichen Gegenstand und zog ihn vorsichtig aus dem nahen Ufergras – eine Glasbläserpfeife. »Es sieht danach aus, als sei sie damit getötet worden.«

Niemand sprach ein Wort. Ungläubig musterten sie erst einander, dann richteten sich alle Blicke auf Czech.

»Ihr glaubt doch wohl nicht etwa, dass ich es war?«, rief der. »Ich hab sie sehr gemocht, warum hätte ich ihr etwas antun sollen?«

»Du warst der Einzige, der Umgang mit ihr hatte.«

»Ja, und zwar einen guten, was man von euch nicht behaupten kann.«

»Was willst du damit sagen?«

»Nun, sie war jung und schön und wohlhabend.«

»Halt!«, ging Wittig dazwischen, bevor ein handfester Streit ausbrechen konnte. »Gegenseitige Verdächtigungen nutzen uns nichts. Im Gegenteil. Wir müssen einen kühlen Kopf bewahren und herausfinden, was geschehen ist. Am besten noch, bevor die Polizei kommt und die Tat uns in die Schuhe schieben kann.«

Er überlegte. Die Glashütte hatte derzeit fünfundsechzig Beschäftigte. Jeder von ihnen hätte sich die Pfeife nehmen und Caroline Rust damit erschlagen können. Er sah die Frauen und Männer an, die sich um die Tote versammelt hatten – war es tatsächlich möglich, dass sich unter ihnen ein Mörder befand?

Die heilige Messe war zu Ende und die alteingesessene Wickeder Bevölkerung strömte aus der St. Antonius-Kirche. Hände wurden geschüttelt, die Predigt gelobt und gerade, als alle in Richtung des Wirtshauses aufbrechen wollten, kam ein Mädchen angerannt.

»Die Hüttner ...« Sie hielt sich die Seite und schnaufte. »Die Hüttner haben die Rustsche totg'macht.«

»Herr im Himmel«, rief eine Frau und schlug die Hand vor den Mund. »Datt Caroline! Darum war die ned beim Gottesdienst. Diese Düüwel! Diese verdammten Düüwel!«

»Ruhe!«, rief Hermann Langer, der Wirt des *Goldenen Adlers*, und wandte sich an das Mädchen. »Woher weißt du das?«

»Gehört hab ich's. Einer von den Hüttnerbuben war auf der Polizeiwache und das Fenster war offen.«

»Hömma, du erzählst jetzt ganz genau, was du gehört hast«, forderte Langer. »Lass nichts aus, und erfinde nichts dazu. Verstanden?«

Das Mädchen nickte ernst. »Datt Fräulein Rust liegt mausetot in der Ruhraue. In der Nähe vom Pochwerk, wo die Hüttner manchmal Fische fangen. Wachtmeister Neuhaus ist schon auf'm Weg dorthin.«

»Ich hab gezz die Faxen dicke!«, schrie Oswald Schmitz, der Bäcker. »Ett is an der Zeit, diesen Sündenpfuhl auszuräuchern. Die Hüttnerschweine müssen fort.«

Zustimmendes Gemurmel erklang, erst leise wie ein feines Lüftchen, dann schwoll es an und wurde zum Orkan, laut und bedrohlich.

»Wo' vie mo kieken«, versuchte Langer, die Menge zu beruhigen, doch es war zu spät.

»Die kennen keinen Anstand«, schrie der feiste Schmitz mit hochrotem Gesicht. »Die laufen halb nackt herum wie die Hottentotten, zechen wie die Löcher und jetzt haben sie datt Caroline totg'macht. Die müssen raus aus Wickede.«

»Zur Hölle sollen sie fahren«, schrie eine Frau.

»Wachtmeister Neuhaus wird sich darum kümmern«, versuchte Langer noch einmal, seine Mitbürger zur Räson zu bringen.

»Ich sage, wir kümmern uns selbst darum, woll?«, brüllte Schmitz.

Langer wollte noch etwas sagen, doch seine Worte gingen im lauten Grölen der Menge unter.

Wachtmeister Neuhaus war ein lang gedienter Ordnungshüter mit einem guten Auge für Details. Es dauerte nicht lange, bis er bei der Untersuchung der Toten am Flussufer den Glassatz auf der Kleidung und die Ablagerungen in der Kopfwunde bemerkte. Er kam zum selben Schluss wie Wittig: »Bei der Tatwaffe handelt es sich eindeutig um die Pfeife. Der Mörder hat sie offenbar abgewischt, ich kann nirgendwo Fingerabdrücke erkennen.«

Neuhaus musterte die umstehenden Hüttner. Er hatte zwar schon versucht, die Frauen und Männer zu verscheuchen, war jedoch ohne Erfolg geblieben. »Wer hat sich in der Nacht um das Feuer gekümmert?«

»Ich.« Ein hagerer Kerl mit eingefallenen Wangen trat aus der Menge. »Ich hatte Schicht bis um sieben, dann kam die Ablöse.«

»Und? Ist dir irgendetwas Ungewöhnliches aufgefallen?«

Der Nachtschürer schüttelte den Kopf. »Nein, ich war aber ein paar Mal draußen, um frische Luft zu schnappen. In der Zeit hätte sich jeder eine Pfeife nehmen können.«

Neuhaus seufzte. »Der Mörder wusste offenbar, was er tat. Es war also keine Tat im Affekt.« Er wandte sich wieder an die Gruppe. »Wenn einer von euch einen Verdacht hat, dann rückt jetzt raus mit der Sprache.«

»Also die Lina ...«, druckste Joseph Czech herum.

»Was ist mit mir?« Die Einbinderin stemmte die Hände in die Hüften und starrte ihn an.

»Du warst eifersüchtig, weil ich beim Kirtag mit der Caroline getanzt hab. Glaubst, ich hab das nicht gemerkt?«

Lina Wenzel lief rot an.

»Und außerdem«, sprach Czech weiter, »hab ich dich heute Morgen hier unten am Fluss gesehen. Was hattest du denn da verloren?«

»Nachschauen wollt ich, wo du dich herumtreibst. Ich hab mitgekriegt, wie du dich in der Nacht aus deiner Hütte geschlichen hast.«

»Aha«, rief der Schürer. »Interessant.«

Jetzt war es an Czech zu erröten. »Ich wollt bloß nachschauen, ob in den Kaninchenschlingen was drin ist.«

»Oder nach der Caroline schauen?«, fragte Lina scharf. »Die war die letzten Tage immer mal morgens am Ufer ... hat wohl auf einen zum Poussieren gewartet.«

»Wie auch immer«, unterbrach Wachtmeister Neuhaus und zeigte auf Joseph Czech und Lina Wenzel. »Sie beide müssen mit zur Wache kommen.«

Doch ehe er sich mit den Verdächtigen in Bewegung setzen konnte, übertönte eine schrille Stimme ihre Unschuldsbeteuerungen.

»Die Wickeder rücken an!« Einer der Eintragbuben kam angerannt. »Sie haben Mistgabeln«, keuchte er. »Und Holzprügel. Der Herr sei uns gnädig.«

»*Driête!*« Wachtmeister Neuhaus wurde ganz blass, weil aus der Ferne schon das Schreien des Mobs erklang.

»Holt Waffen«, brüllte der Schürer.

»Am besten, ihr verschwindet«, schlug Neuhaus hektisch vor. »Ich allein kann sie nicht aufhalten. Haut ab, nur so verhindern wir ein Blutbad.«

Der Glasmüller nickte. »Packt das Wichtigste zusammen«, wies er die anderen an. »Das alles hier ist es nicht wert zu sterben. Gehen wir halt nach Jena. *Pfeiffer und Söhne* wollen uns doch eh schon lange abwerben. Das letzte Angebot von denen war gar nicht so übel.«

»Ihr habt mit *Pfeiffer und Söhne* gesprochen?« Emil Wittig stieg die Zornesröte ins Gesicht. »Die versuchen doch seit Monaten, uns zu ruinieren.«

Aber darauf hieß es bloß: »Wir haben gerade andere Sorgen.«

In der Tat – schon erreichten die Leute aus Wickede das Ruhrufer.

Mit allen möglichen Mordwerkzeugen ausgestattet, versperrten sie den Hüttnern den Weg. »Wir wollen Gerechtigkeit für Caroline Rust«, skandierten sie.

Der Schürer bückte sich, hob einen Stein auf und zeigte auf Gastwirt Langer und Bäcker Schmitz, die an vorderster Front standen.

»Sieh sie dir bloß an, die feinen Herren«, sagte er zu dem Aschenbrenner, der neben ihm stand und sein Klappmesser gezückt hatte. »Die tragen edle Anzüge und sogar Handschuhe. Mit diesen Weichlingen werden wir locker fertig.« Er nahm Schmitz ins Visier und holte zum Wurf aus.

»Halt«, schrie Wittig und stellte sich zwischen die Fronten. »Keine Gewalt! Es gibt einen anderen Weg!« Seine Gestalt straffte sich. »Ich werde den Mörder überführen und ihn Wachtmeister Neuhaus übergeben.«

»Sie wissen also, wer es war?«, rief Langer.

»Es gibt immerhin zwei Verdächtige«, erklärte Wittig und hob die Hände.

»Liefern Sie den Mörder aus«, verlangte Schmitz und reckte seinen Holzprügel in die Luft. »Sonst ...«

»Nach dem Mittagessen weiß ich, wer es war«, versicherte Wittig.

»Warum nicht jetzt gleich?«

Wittig sah sich um, betrachtete sowohl seine Hüttner als auch die alteingesessenen Wickeder. Trotz mancher Unterschiede waren sie am Ende doch alle nur Menschen.

»Noch nie waren wir gemeinsam an einem Ort versammelt«, setzte er an. »Es ist tragisch, dass ausgerechnet ein Mord uns zusammenführt, doch ich beschwöre euch: Lasst uns das Beste daraus machen. Caroline Rusts Tod soll nicht umsonst gewesen sein.«

Auf beiden Seiten wurde wild durcheinandergesprochen.

»Jetzt hört ihm gefälligst zu!« Wachtmeister Neuhaus hob seine Pistole und gab einen Schuss in die Luft ab. Schlagartig kehrte Ruhe ein. »Ich habe zwar keine Ahnung, was Sie vorhaben«, sagte er zu Wittig. »Aber ich vertraue Ihnen.«

Wittig nickte ihm dankbar zu. »Holt alle Tische, Stühle und Bänke, die ihr habt«, wandte er sich an die Hüttner. »Stellt sie in den Schürraum und dann besorgt Pumpernickel, Käse, Wurst und Bier. Lasst uns zusammen essen und alle Vorurteile aus dem Weg räumen.«

Sämtliche Anwesenden starrten ihn mit offenen Mündern an. »Aber ...«

»Ihr habt gehört, was er gesagt hat«, rief Neuhaus. »Worauf wartet ihr?« Er drehte sich zu Wittig. »Ich hoffe, Sie wissen, was Sie tun.«

»Das hoffe ich auch.«

Zögerlich gingen die ersten Hüttner an den Wickedern vorbei, liefen zu ihren Baracken und trugen alles zusammen, was Wittig verlangt hatte.

»Nun ist es an Ihnen, meine Damen, meine Herren«, richtete Wittig das Wort an die Alteingesessenen. »Wenn Sie mir bitte folgen wollen.«

»Die wollen uns sicher vergiften«, murmelte Schmitz, was ihm einen missbilligenden Blick von Neuhaus einbrachte.

»Lasst uns wenigstens anhören, was sie zu sagen haben«, meinte Langer und führte seine Leute über die Gleise und in den Schürraum, wo die Hüttner eine lange Tafel aufbauten.

Zögerlich nahmen sie Platz, behielten aber ihre Waffen fest in den Händen.

Wittig stellte sich ans Kopfende des Tisches und wies die Eintragbuben an, Teller für die Wurst und das Brot aufzutragen und Bier auszuschenken. »Sie, werte Wickeder, halten uns für unstet, weil wir oft die Anstellung wechseln. Doch in Wahrheit haben wir meist keine andere Wahl. Ressourcen versiegen, Werke gehen bankrott oder wir werden durch billigere Arbeiter ersetzt. Und was die Sittenlosigkeit und die Trinkfreude anbelangt ... Sie werden gleich verstehen, warum wir unsere Arbeit nur leicht bekleidet verrichten und oft großen Durst haben. Und wie Sie sicher wissen, gibt es dagegen nichts Besseres als ein gutes Bier.« Er hob seinen Krug.

Die Alteingesessenen starrten ihn an. Niemand sagte ein Wort. Niemand erwiderte seine Geste.

»Trotz der vielen Unterschiede sind wir doch alle nur Menschen«, sprach Wittig weiter. »Väter, Mütter, Brüder und Schwestern.«

»Und Totmacher!«, schrie Schmitz.

»Dazu komme ich gleich.«

Langsam fing die Hitze des Glasofens an, Wirkung zu zeigen. Die Gesichter der Gäste begannen, vor Schweiß zu glänzen.

»Machen's endlich hinne!« Schmitz lockerte seine Krawatte. »Wer sind die beiden Verdächtigen? Bringen Sie sie vor!«

Wittig warf einen Blick auf Lina Wenzel, deren Augen vor Angst geweitet waren, und Joseph Czech, der die Tür fixierte. »Gleich«, sagte er. »Erst wollen wir essen und auf den Frieden trinken, der hoffentlich bald zwischen uns einkehren wird. Bedient euch!« Er nickte dem Schürer zu, woraufhin dieser noch mehr einheizte.

Das Mahl ging weiter und die Alteingesessenen fingen an, ihre Jacken auszuziehen und die Hüte abzunehmen. Einige griffen nach den Krügen und tranken zögerlich ein paar Schlucke kühles Bier.

»Wir haben Caroline Rust vor ungefähr zwei Stunden tot in der Ruhraue entdeckt. Sie wurde mit einer Glasbläserpfeife erschlagen und auf ihrem Kleid fanden sich Spuren des Glassatzes, der für unsere Hütte so typisch ist«, erklärte Wittig.

Inzwischen hatte der Schürer den Ofen auf Betriebstemperatur gebracht. Unter den Achseln der Gäste bildeten sich Schweißflecken und die ersten Hemden wurden aufgeknöpft.

»Worauf warten Sie denn noch?« Schmitz zog seine Handschuhe aus. »Machen Sie endlich!«

»Mir wird das langsam zu dumm.« Langer zog eine Taschenuhr aus seiner Weste und warf einen Blick darauf. »Datt is gliek clock twölwe. Sie bringen mich noch um mein Sonntagsgeschäft. Übergeben Sie jetzt endlich den Mörder an den Wachtmeister.«

Zustimmendes Gemurmel ertönte, während man sich mit feuchten Taschentüchern über Glatzen wischte und Rufe nach mehr Bier laut wurden.

»Eine hübsche Uhr haben Sie da«, kommentierte Wittig Langers Zeitmesser. »Das ist eine echte *Walch* aus Jena, woll? Goldgehäuse, Sprungdeckel, handgefertigt mit Glas von *Pfeiffer und Söhne*.«

»Na und?«

»Muss einen ganz schönen Batzen gekostet haben, das gute Stück.«

»Das geht Sie nichts an.« Langer verschränkte die Arme vor der Brust. Schweiß durchweichte den Kragen seines Hemdes.

»Ziehen Sie doch die Handschuhe aus«, schlug Wittig vor. »Ihnen muss furchtbar heiß sein.«

»Das ist nicht Ihr Problem.«

»Doch, das ist es. Mein Problem, unser aller Problem. Sie haben nämlich Caroline Rust auf dem Gewissen.«

»Was?« Langer schlug auf den Tisch. »Vertellen S' doch kein dumm Tüüch! Wollen Sie von Ihrem Pack ablenken und die Schuld auf einen von uns schieben?« Erregt wandte er sich an Schmitz. »Komm! Wir gehen! Mach hinne!«

Doch Schmitz blieb sitzen. »Ich habe mich tatsächlich schon gefragt, wie du dir diese Uhr hast leisten können. Und nicht nur die ... Die Renovierung deines Wirtshauses muss ein Vermögen gekostet haben. Die Geschäfte laufen zwar gut, aber so gut dann auch wieder nicht.«

Langer starrte ihn zornig an. »Sag mal, bist du jetzt völlig meschugge? Eben wolltest du noch die Glashütte abfackeln und jetzt stellst du dich plötzlich auf die Seite von dieser Brut?« Langer stand auf und marschierte zur Tür, doch Wachtmeister Neuhaus versperrte ihm den Weg.

»Was soll das? Lassen Sie mich raus.«

»Ziehen Sie Ihre Handschuhe aus«, verlangte der Wachtmeister.

»Einen Dreck werde ich.«

»Zieh sie aus«, forderte auch Schmitz.

Stille machte sich breit, nur noch das leise Prasseln des Feuers im Ofen erfüllte den Raum.

»*Pfeiffer und Söhne* versuchen schon lange, uns auszuschalten«, erklärte Wittig. »Wahrscheinlich weil unser neues Glas so begehrt ist. Niemand sonst schafft eine so brillante violette Färbung wie wir in Wickede.«

Wie gebannt starrten alle ihn an.

»Seit wir die tote Caroline gefunden haben, habe ich mich gefragt, was das Motiv für den Mord an dieser jungen Frau gewesen sein könnte. Wir sind hier ein bunter Haufen, wahrlich nicht unfehlbar, aber sind wir Mörder? Wegen ein bisschen Eifersucht? Wegen ein paar Münzen? Ich kenne jeden einzelnen Mann, jede Frau hier persönlich und würde für jeden von ihnen die Hand ins Feuer legen. Apropos Hand …« Er nickte Neuhaus zu, woraufhin dieser Langer mit vorgehaltener Pistole zwang, seine Handschuhe auszuziehen.

»Oha«, entfuhr es ihm.

Die Haut an Langers Händen war gerötet, schuppig und von wässrigen Bläschen überzogen.

»So dachte ich's mir!« Wittigs Miene hellte sich auf. Die Anspannung der vergangenen Stunden löste sich und endlich trat das für ihn so typische Lächeln zurück auf seine Lippen. »Was wir da sehen ist Nickelkrätze«, sagte er. »Verursacht vom Nickeloxid, das wir seit Kurzem unserem Gemisch hinzufügen, um dem Glas diesen wunderbaren Violettton zu verleihen. Leider reagiert die Haut stark darauf, weshalb wir es niemals mit bloßen Händen anfassen würden. Aber das konnten Sie ja nicht wissen, als Sie zusammen mit der Pfeife eine Handvoll davon aus der Hütte gestohlen und es auf Fräulein Rust gestreut haben, um den Verdacht auf uns zu lenken.«

Langer wich zurück. »Das ist eine ungeheure ...«

»Wie viel bekommen Sie von *Pfeiffer und Söhne*, um uns zu diffamieren?«

»Nichts ... Ich habe ...«, stammelte Langer.

»Dass die Konkurrenz tatsächlich über Leichen gehen würde, hätte ich nicht gedacht«, murmelte Wittig.

»Kommen Sie.« Neuhaus legte Langer Handschellen an und zog ihn nach draußen. »Wir verschwinden besser.«

Er schob Langer hinaus. Die Tür fiel ins Schloss.

»Auf den Frieden«, rief Wittig und erhob seinen Bierkrug.

Dieses Mal wurde sein Trinkspruch erwidert.

Anmerkung:

Tatsächlich war die Glashütte in Wickede an der Ruhr (1889 - 1915) weltberühmt. So wurde dort zum Beispiel die erste Glaskuppel des Pariser Eiffelturms hergestellt.

Kristin Lukas

Gefährliches Nachspiel in Kamen

Die Spitze des blauen Plastikkugelschreibers löst eine Blutwurstscheibe von der Wange und legt das Gesicht eines blonden jungen Mannes frei. Zumindest so gut es geht. Denn die Nase des Burschen steckt so tief im Kartoffelbrei, dass auch seine Lippen und seine Stirn im westfälischen Nationalgericht verschwunden sind.

»Der weilt jetzt mehr im Himmel als auf der Erde«, raunt der alte Kommissar seiner jüngeren Kollegin zu. Ungeachtet ihrer verdrehten Augen ergänzt er: »Passender hätte der Typ seine Henkersmahlzeit nicht wählen können.«

Die Worte hallen in der leeren Mensa des Sportkomplexes nach. Der Raum ist für die Bewirtung ganzer Mannschaften ausgelegt. Jetzt beugen sich die zwei Kriminalpolizisten zu beiden Seiten des Burschen hinab, der einen Jogginganzug und weiße Tennissocken in Badeschlappen trägt. Die Haare sind bis über die Ohren abrasiert, ein Tattoo rankt bis zum Halsansatz hinauf. Die Lippen des Mannes sind leicht geöffnet. Erbrochenes mischt sich mit den Resten des Kartoffelbreis. Erste Totenflecken sind hellrot.

»Vergiftet«, ruft der betagte Beamte wie ein zerstreuter Mathematiklehrer und ungeachtet der Tatsache, dass er kein Rechtsmediziner ist.

Der ist zwar, ebenso wie die Spurensicherung, verständigt, aber noch nicht eingetroffen.

Ein Routineeinsatz, ganz in der Nähe des Tatorts, hat dem alten Kommissar und seiner jungen Kollegin einen Vorsprung verschafft. »Ein Toter«, meldete die Einsatzleitstelle über Funk, »in der Kantine des *SportCentrums*. Anrufer ist vor Ort ...«

»Guten Tag«, durchbricht jetzt eine Stimme die Gedanken des Kommissars. Der Direktor des *SportCentrums Kamen-Kaiserau* hat sich in Turnschuhen und somit auf leisen Sohlen genähert. »Markus Driller. Leiter der Institution!« Seine Augen blitzen hinter der randlosen Brille auf. »Und wer sind Sie?«

Der ältere Polizeibeamte zerrt seinen Polizeiausweis hervor. Seine jüngere Kollegin, ebenfalls in Zivil, sucht nach ihrem in der Handtasche.

»Schreck und Mackenroth«, schießt es aus dem Mund ihres Kollegen hervor. Dann ergänzt er: »Also ich bin der Schreck und das«, sein Ausweis wedelt in Richtung seiner Kollegin, »ist die Mackenroth. Mordkommission. Haben Sie uns gerufen?«

»Was wissen Sie bis jetzt? Wie ist der Ermittlungsstand?« Die Fragen des Direktors sind schneidig. Er wahrt auch in dieser Situation seine Führungsrolle.

Schreck kratzt sich hinterm Ohr. Derweil ist Mackenroth in ihrer Handtasche fündig geworden. Doch als sie merkt, dass ihr Polizeiausweis mittlerweile nicht mehr gebraucht wird, schiebt sie ihn unauffällig zurück.

»Nun«, antwortet der kauzige Beamte zögerlich. »Ich denke, ursächlich waren womöglich Ihre Kochkünste.«

»Unsere Kochkünste? Wie darf ich das verstehen?« Der Direktor legt die Stirn in Falten. »Wir sind ein tadelloses Haus mit internationalem Ruf. Die deutsche Nationalmannschaft trainiert hier. Auch die spanische war zu Gast. Und die brasilianische. Und nie hat es Beschwerden über die Verköstigung gegeben.«

Schreck schenkt dem Einwand keine Beachtung und fragt

stattdessen in onkelhaftem Ton: »Erzählen Sie erst mal. Was ist heute mit dem da passiert?« Der Kommissar hebt eine Hand, als wollte er zur Unterstützung seiner Aufforderung dem toten Fußballer am Tisch kameradschaftlich auf die Schulter klopfen. Erst wenige Millimeter, bevor seine Finger das Ziel erreichen, besinnt er sich eines Besseren.

Der Direktor nimmt die Brille ab, um sie direkt wieder aufzusetzen. Ihm fällt es jetzt sichtlich schwer, Haltung zu bewahren. »Es muss um kurz nach zwölf gewesen sein. Die U23-Junioren vom BVB trainieren im Moment bei uns. Ich war in meinem Büro und hörte einen Tumult. Schreie, wildes Gerenne, ein Tohuwabohu. Ich bin also dem Lärm bis zur Mensa gefolgt. Es herrschte Aufruhr. Ich drängte mich durch die Masse, bis ich zu diesem Tisch kam. Ferdinand saß hier, so, wie Sie ihn sehen. Tot. Zweifellos. Natürlich habe ich den Raum sofort gesichert und ...«

»Ferdinand?«, bemerkt Kommissar Schreck spitz und zückt seinen Notizblock.

»Fuchs«, vervollständigt der Direktor. »Seit der U19 Spieler beim BVB.«

»Und vorher?«, will Mackenroth wissen. Ihre Frage kommt mit solch einer Dynamik, dass ihr Pferdeschwanz wippt.

Die beiden Herren wenden sich überrascht der bis jetzt stillen Polizistin zu.

Der Direktor zögert einen Moment, als würde er in den Tiefen seines Gedächtnisses graben: »Auf Schalke.«

»Oha«, ruft Schreck aus. »Das ...«

Jede weitere Kommentierung des Vereinswechsels wird durch die krachend aufschwingenden Flügeltüren unterbrochen. Mit schnellen Schritten nähern sich ein halbes Dutzend Beamte, bepackt mit Koffern, Lampen und Werkzeugen. Die Kollegen der Mordkommission, die zur Sicherung von Beweismitteln hereileilen.

Schreck sagt: »Kommen Sie, zeigen Sie uns mal die Küche. Die Kriminaltechnik kann uns jetzt ganz und gar nicht gebrauchen.« Und auf dem Flur fragt er: »Der Ferdinand Fuchs – wie war der denn so?«

»Da fragen Sie am besten den Lipinski«, weicht der Direktor aus.

»Wer ist Herr Lipinski?«, hakt Kommissarin Mackenroth nach.

»Der Koch.«

»Und der Koch steht in enger Beziehung zu einem Ihrer jungen Gäste?«, mischt sich der Kommissar wieder ein. Seine hochgezogenen Augenbrauen zeigen Erstaunen.

»Nein, nein. Er war sein Nachbar.«

»Was nun? Koch oder Nachbar?«

»Beides«, stöhnt der Direktor. »Der Ferdinand ... der Fuchs war doch einer von uns. Seine Eltern leben in der Hindenburgkolonie. Die alte Zechensiedlung, gleich ums Eck beim alten Förderturm.«

Als der Direktor die Tür zur Küche öffnet, prallt er gegen einen groß gewachsenen, stattlichen Mann. Der Direktor, der in der Konfrontation mit dieser muskulöseren Reinkarnation von Schimanski eindeutig den Kürzeren zieht, sammelt sich.

»Ah, Lippi. Wir wollen gerade zu dir.«

»Bestimmt wegen dem Ferdi«, schlussfolgert der Koch und mustert mit stahlblauen Augen die beiden Polizisten. Trotz der delikaten Situation versprüht der dunkelhaarige Mann Charme.

»Ja. Die Herrschaften von der Polizei möchten etwas über Ferdinand erfahren. Du hast ihn doch von klein auf gekannt.«

Der Kommissar schiebt sich an dem Direktor vorbei. »Schreck mein Name. Bevor wir in die Vergangenheit schweifen, ein paar Fragen zu Ihrer Küche. Wer war heute hier?«

Lipinski zählt die Namen des Küchenpersonals auf. Eine Handvoll Festangestellte und die studentischen Hilfskräfte taten Dienst nach Plan. Kein Fremder, versichert er, habe sich in die Küche verirrt.

»Und das Servicepersonal?«, hakt der Kommissar nach.

»Gibt es nicht. Die Jungs holen sich ihr Essen selbst.« Der Koch zeigt auf eine Durchreiche.

»Mh«, brummt der alte Kommissar unzufrieden. »Sie und der Ferdi waren also Nachbarn? Was macht ein Koch denn in einer Zechensiedlung?«

»Meine Familie stammt aus Oberschlesien und hat im Bergbau malocht. Ich selber war Vorsitzender der Betriebsgewerkschaft. Bis zum Ende. Bis am 31. Dezember 1993 die Förderbänder stillstanden. Gekämpft habe ich, auch später noch, als die Gewerkschaften im ganzen Ruhrgebiet auf die Straßen gegangen sind.« In Lipinskis Worten klingen Stolz und Wehmut mit.

»Aber der Ferdi, der war damals noch nicht geboren?« Der Kommissar holt den Gewerkschafter aus seinen Erinnerungen.

»Nein, der kam erst später auf die Welt. Im Dezember 1997.«

»Im glorreichen Jahr des Ruhrgebiets«, erinnert sich Schreck erfreut. »Als Dortmund, Schalke und Bochum ihre größten Erfolge feierten. Als aus den verfeindeten Ruhrgebiets-Klubs ein einziger Fußballschmelztiegel wurde.«

»Nicht nur das. Die Berchleute waren da auch am Start.« Lipinski schluckt das harte G und in seiner Betonung schwingt tief sitzender Pathos für seine alten Kumpel mit. »Hundert

Kilometer lang war die Menschenkette, von Neukirchen im Westen bis nach Lünen im Nordosten des Reviers. Und auf Schalke, auch wenn das nicht mein Verein ist, haben sie die Kumpel gratis ins Stadion gelassen. In voller Montur, mit Grubenlampe. Kicker und Kumpel, Seit' an Seit'.«

»Arbeit und Fußball waren auch damals schon keine Brüder mehr«, verkündet der Kommissar nüchtern. »Und das zwischen den Klubs war nicht mehr als ein kurzer Burgfrieden.«

Lipinski ist anzusehen, wie sehr ihn die Verschmähung der einstigen Solidarität schmerzt. Er scheint kurz davor, wie sein charismatisches Tatort-Double auf den Küchentisch zu hauen. Doch er besinnt sich und schluckt den Angriff auf sein industrielles Herz.

Kommissarin Mackenroth bemerkt die Spannungen zwischen den beiden Männern durchaus und zieht das Gespräch an sich: »Also, der Ferdinand, der wohnte immer noch bei Ihnen in der Bergmannssiedlung?« Wegen Lipinskis attraktiver Erscheinung fällt ihr Lächeln am Ende des Satzes deutlich freundlicher aus als sonst. Das wiederum steigert die Auskunftsbereitschaft des Kochs.

»Ach wo! Der Ferdi, der hat natürlich im schicken Kaiserviertel gewohnt. Der ist ... war doch das neue Wunderkind. Der neue Lars Ricken.«

Lipinskis blaue Augen blitzen auf und ein aufmüpfiger Blick gleitet zum Kommissar. Ein letzter trotziger Verweis auf die Idole aus dem glorreichen Jahr 1997.

»Soso, das neue Wunderkind«, wiederholt Schreck hingegen völlig ungerührt. »Dann sollten wir vielleicht einmal ein Wort mit dem Trainer wechseln.«

Auf dem Weg von der Sportschule zum Sporthotel stoppt Kommissar Schreck plötzlich vor einem überdimensionalen, begehbaren Fußball aus Metall. »Was ist denn das?«

Ohne eine Antwort abzuwarten, betritt er das Fußball-Denkmal und dreht sich im Inneren.

»Wir dürfen jetzt nur nicht den Sand in den Kopf stecken!«, liest er laut ein eingraviertes Zitat von Lothar Matthäus vor. »Na ja«, brummelt er laut, »in diesem Fall wohl eher nicht in den Kartoffelbrei.«

»Herr Schreck!«, ermahnt Frau Mackenroth hörbar gereizt. Der Kommissar zieht schuldbewusst den Kopf ein und folgt ihr mit schnellen Schritten ins Hotel.

Das blasse Gesicht des schmalwüchsigen Trainers wird noch bleicher, als das Trio sein Zimmer betritt. Hastig springt er vom Sessel auf und stammelt: »Wie ... was ... ist passiert?«

»Vergiftet«, ruft der Kommissar wie ein Marktschreier.

Der Trainer zuckt zusammen. Die Kommissarin verdreht die Augen. Direktor Driller weiß nicht, wie ihm geschieht.

»Ist das schon mal vorgekommen?«, fragt der Kommissar derweil unverdrossen weiter.

»Was?« Die Augen des Trainers werden groß.

»Wurde schon mal ein Anschlag auf Ihr Team oder einzelne Spieler verübt?«, konkretisiert der Kommissar. »Ich meine, seit Ihr Verein an der Börse ist, stehen ja auch finanzielle Interessen dahinter. Das hat ja schon einmal einen Gauner auf die Idee gebracht. Ich sag nur: Bombe und Mannschaftsbus.« Schreck hebt vielsagend den Zeigefinger.

»Ah, nein«, stammelt der Trainer. »Bis jetzt ist niemandem aus dem Team etwas passiert. Und überhaupt, wir sind die U23, nicht die erste Mannschaft. Da sinkt nicht gleich die Aktie, wenn einer ausfällt.«

»Da ist was dran«, brummt der Polizeibeamte. »Wie lange trainieren Sie den Ferdi denn schon?«

»Seit zwei Jahren. Seit er bei uns ist ... äh ... war.«

»Gab es bei dem Vereinswechsel keinen Ärger? Das letzte Mal, dass sich Schalke und Dortmund in den Armen lagen, ist schließlich zwanzig Jahre her.«

»Kennen Sie denn nicht seine Geschichte?«, fragt der Trainer fast entrüstet.

»Welche Geschichte?«, kommt es nun von Frau Mackenroth.

»Ferdinand hatte gerade frisch seinen Führerschein, da ist er mit dem Auto verunglückt. Ihm ist fast nichts passiert. Aber seinem Freund, dem Max. Dem fehlt seitdem ein Bein.«

»Und was hat das mit dem Vereinswechsel zu tun?«, fragt Schreck ungeduldig.

»Max war auch Fußballer. Beim BVB. Sie waren die besten Freunde, trotz der rivalisierenden Klubs. Nachdem Max das Bein amputiert worden ist, wechselte Ferdi zu den Dortmundern.«

»Dann konnte der sich ja gleich den Ruhrpott-Schal umlegen«, kommentiert der Kommissar. Im nächsten Moment fährt seine flache Hand durch die Luft, als wolle er eine Linie am Horizont nachzeichnen. »Die Erde, die uns glücklich macht.« Seine Stimme trieft vor Theatralik.

»Herr Schreck«, mahnt Frau Mackenroth so gedehnt, als würden sich in seinem Namen gleich ein Dutzend e aneinanderreihen.

»Ja, das wissen Sie natürlich nicht mit Ihren jungen Jahren«, schüttelt Schreck den Kopf. »Das war damals so. Das war die Inschrift auf dem Schal. Pure Identifikation mit dem Fußball und der Region.«

»Sollten wir jetzt nicht besser die Mannschaft befragen?«, drängt seine Kollegin. »Wegen weiterer Motive und so?«

»Ja, ja, sicher«, stimmt der Kommissar gedankenverloren zu. »Nur eins noch, der Max, der Einbeinige, wo wohnt der?«

»Max kommt auch hier aus Kamen«, antwortet der Trainer. »Aus dem Negerdorf.«

Schreck weitet erschrocken die Augen. Entschuldigend fügt der Trainer hinzu: »Sagt man hier im Volksmund so. Eine alte Bergwerkssiedlung.«

Die Mannschaft des toten Ferdinands hat sich in der *Player's Lounge* versammelt. Die eine Hälfte aufgeregt gestikulierend, die andere schweigend in ihre Smartphones vertieft. Als sich die beiden Kommissare und der Trainer nähern, verstummen die Gespräche.

»Wer war denn von euch mit dem Ferdinand befreundet?«, beginnt Schreck, nachdem er sich vor der Leinwand der Lounge aufgebaut hat.

Doch von den Jugendlichen kommt keine Reaktion.

»Na«, ruft er aus. »Nicht so schüchtern. Wer war besonders eng mit dem Ferdi? Das gibt es doch immer. Kumpels unter sich.«

Weiter betretenes Schweigen. Blicke zum Boden. Handygefummel.

Der Kommissar bläst die Backen auf. »Dann müssen wir euch eben alle einzeln verhören.«

Da regt sich in der letzten Reihe ein hoch aufgeschossener Spieler: »Der war doch gar keiner von uns. Der war doch Schalker.«

Der Kriminalbeamte schaut zum Trainer, der zuckt jedoch nur die Achseln.

»Gut«, sagt der Kommissar, »dann mal anders: Wer von euch stand denn vor und hinter dem Ferdinand in der Kantine in der Essenschlange?«

Abermals meldet sich der Sprössling aus der letzten Reihe. »Hier muss man sich nicht anstellen. Jeder Spieler bekommt sein eigenes Tablett. Wegen den Allergien oder den Nahrungsergänzungsmitteln.«

Der Kommissar vergewissert sich mit einem Blick beim Trainer, bevor er zu seiner nächsten Frage ansetzt: »Hatte Ferdinand Streit mit jemandem? Gab es Schwierigkeiten? Konflikte?«

Die Mannschaft bleibt still.

»Was ist mit einer Freundin? Hatte er eine? Gab es da Theater?«

Wieder ernten die Polizisten nur müdes Schulterzucken. Der Kommissar wendet sich frustriert an den Trainer: »Das führt hier zu nichts. Geben Sie uns eine Liste mit allen Personalien. Jeder Einzelne kommt zu uns aufs Präsidium.«

Dann richtet er den Zeigefinger auf seine Kollegin. »Und wir beide, wir statten jetzt den Eltern einen Besuch ab.«

Mackenroth steuert den Wagen über die Seseke und biegt dann auf der Lünener Straße rechts in Richtung Zechengelände ab.

Derweil trommelt Schreck auf dem Armaturenbrett: »*Schwarze Füße, gelbe Zähne – BVB. Schwarze Füße, gelbe Zähne – BVB.*«

»Ergreifen Sie etwa Partei?«, entrüstet sich Mackenroth.

»Kennen Sie das nicht? Die Fangesänge. Gibt es auch andersrum: *Wir füllen unser Schwimmbad mit dem Blut vom S04.* Der BVB und Schalke sind sich spinnefeind. Ein Fan hat mal gesagt: ›Wenn ich ein Kind kriege und das wird Schalker, dann kommt es ins Heim.‹«

»Aber einen Jungen zu vergiften«, kontert seine Kollegin, »das ist doch eine ganz andere Liga.«

»Liga hin, Fußball her, dem hübschen Koch traue ich auch nicht über den Weg. Ihm nicht und seiner rührseligen Verklärung von Ferdinands Geburtsjahr. In Kamen gilt längst wieder die strikte Trennung. Schauen Sie sich doch die Wimpel in den Fenstern an. Aus der damaligen Vereinigung ist eine innige Feindschaft geworden. Lüdenscheid-Nord und Herne-West sind erbitterte Gegner.«

Frau Mackenroth zieht die Stirn kraus: »Was hat das denn jetzt mit Lüdenscheid zu tun?«

Doch der Kommissar kommt nicht mehr dazu, ihr die Spitznamen der Vereine zu erklären. Er zeigt auf eine Einbahnstraße gegenüber des Technoparks. »Die Barbarastraße entlang, da hinten irgendwo muss es sein.«

Die Mutter des Jungen sitzt zusammengekauert auf dem Sofa. Der Vater steht vor der Terrassentür und stiert in den Garten. Die Polizisten haben alles gesagt, was zu sagen war. Fassungslosigkeit. Dann Fragen, auf die die Beamten keine Antwort geben konnten. Inzwischen ist die erste Ungläubigkeit einer tiefen Trauer gewichen. Der Kommissar gesellt sich zu Herrn Fuchs. Der Rasen hinter dem Haus ist akkurat geschnitten. Die Beete zieren rote Geranien unter einer blau-weißen Fahne. Der ehemalige Ziegenstall des Siedlungsgartens ist zu einem Abstellraum umfunktioniert worden, die Grünfläche von einem mannshohen Bretterzaun umsäumt. Auch der in Blau-Weiß.

»Wer hätte Ihrem Sohn etwas Böses gewollt?«, bohrt Schreck. »Ich meine, hatte er Feinde?«

»Feinde«, stößt der Vater abschätzig aus. »Ferdinand hatte Talent. Hat man dann nicht immer Feinde?«

»Also ein bisschen mehr als Neid müsste schon im Spiel sein«, gibt der Kommissar zu bedenken.

Der Vater schüttelt den Kopf. »Ich habe immer gesagt, er soll nicht zu den Borussen gehen. Das bringt nur Unglück.«

Der Kommissar klopft dem Vater aufmunternd auf die Schulter. Ein kurzer Blickwechsel mit seiner Kollegin reicht, um den Aufbruch anzukündigen.

Gerade als sie aus dem Siedlungshäuschen treten, humpelt nebenan ein junger Bursche auf Krücken zum Nachbarhaus. Mackenroth reagiert als Erste: »Hallo, sind Sie vielleicht der Max?«

Verdutzt blickt der Junge auf. »Ja, schon. Max Lipinski.«

»Lipinski!«, kommt es zugleich aus beiden Mündern.

Jetzt ist der Bursche noch verwirrter und nickt hastig.

»Und Ihr Vater«, fragt Mackenroth weiter, »der arbeitet als Koch in der Sportschule?«

Wieder ein verunsichertes, aber zustimmendes Nicken.

»Und wohnen Sie nicht im Negerdorf?«, will die Kommissarin zur letzten Kontrolle wissen.

»Wir sind hier im Negerdorf. Oder Hindenburgkolonie. Ganz wie Sie wollen«, erklärt der Einbeinige jetzt selbstsicherer.

»Vielleicht haben Sie recht«, raunt Frau Mackenroth ihrem Kollegen zu. »Vielleicht herrscht hier mehr Ruhrpott-Rivalität, als ich mir vorstellen kann.«

»Können wir kurz reinkommen?«, fragt Herr Schreck.

»Ja, schon.« Max dreht den Schlüssel im Schloss und macht eine einladende Handbewegung in den Flur des Zechenhauses. »Mein Vater ist in der Sportschule. Meine Mutter wohnt seit Jahren nicht mehr bei uns.«

Die Polizisten folgen dem Jungen auf seinen Krücken ins Haus. Im Flur zischt der Kommissar seiner Kollegin ins Ohr: »Ich sag's Ihnen ja, der Koch rächt sich für den Krüppel.«

Frau Mackenroth hebt rasch den Zeigefinger zum Mund. Max hat von Schrecks gefühllosem Kommentar zum Glück nichts mitbekommen.

Das Wohnzimmerfenster gibt wieder den Blick auf den Bretterzaun frei. Diesmal in schwarz-gelber Manier. Der Kommissar greift nach einem Bilderrahmen auf der Fensterbank. Vater und Sohn Lipinski posieren in Badeshorts.

Mackenroth fragt: »Sie wissen, was im *SportCentrum* passiert ist?«

Der Junge nickt bedrückt.

»Sie waren mit Ferdinand gut befreundet, nicht?«

»Wir waren die besten Freunde«, stößt Max entschieden hervor.

»Eine Freundschaft, die so groß war, dass er wegen Ihnen den Verein gewechselt hat«, sagt die Kommissarin.

Max zuckt unschlüssig die Schultern.

»So war's doch, oder?«, fragt Schreck von der Seite. »Wegen Ihnen ist der doch zum BVB gegangen. Wegen Ihnen und dem Stumpf.«

Mackenroth zuckt bei dem letzten Wort zusammen, doch Max starrt unbeirrt vor sich hin.

»Also?«, lockt der Kommissar.

Zögerlich offenbart Max: »Das war nicht nur wegen mir.«

»Wegen wem dann?«

»Na, wegen seinen beiden Vätern, dem echten und dem anderen.«

»Was für zwei Väter?«

»Als wir nach dem Unfall im Krankenhaus lagen, da haben sie festgestellt, dass wir miteinander verwandt sind. Da haben wir dann nachgeforscht. 1997. Das Jahr der grenzenlosen Verbrüderung. Die hat wohl auch manche Zäune hier in Kamen niedergerissen.« Sein Blick gleitet vielsagend in den Garten.

Die Polizisten liefern sich einen aufschlussreichen Blickwechsel und Mackenroth erkundigt sich: »Hat Ferdinands Vater davon gewusst? Also der Herr Fuchs?«

Max schüttelt den Kopf. »Nein, das wollte Ferdinand nicht. Aber er konnte auch nicht mehr länger bei den Schalkern spielen. Er wollte zu uns. Mit dem Wechsel zum BVB gehörte er ja schließlich zur Familie.«

Die Kommissarin will gerade die nächste Frage stellen, als ihr Handy klingelt. »Mackenroth«, meldet sie sich und lauscht mit bestürzter Miene, was der Anrufer zu sagen hat.

Nachdem sie auflegt hat, wendet sie sich gefasst an ihren Kollegen: »Schreck, wir haben einen weiteren Todesfall. Ein Mädchen. Eher eine junge Frau, Jeanette Meier. Sie ist vom Zechenturm gesprungen, nicht weit von hier.«

»Hier direkt ums Eck?«, fragt Schreck entgeistert.

»Ja, auf der anderen Seite der Lünener Straße. Und ich denke, es gibt eine Verbindung zu unserem Fall. Sie hat ein Foto von sich und Ferdi in der Hand gehabt, auf der Rückseite stand: *Wir haben uns geliebt.*«

Ein Schluchzen dringt zu den beiden herüber, Max hat die Hände vor das Gesicht geschlagen.

»Kannst du uns etwas dazu sagen?«, fragt Mackenroth. »Hast du das Mädchen gekannt?«

Max nickt. »Jeanette. Ferdinands Freundin. Ihre Eltern wohnen ganz in der Nähe. Sie studiert Chemie in Dortmund und ... sie jobbt als studentische Küchenhilfe in der Kantine des *SportCentrums*.«

»Aber warum?«, fragt Schreck erzürnt. »Warum diese Romeo- und Julia-Geschichte des Ruhrgebiets?«

»Sie war schwanger«, flüstert Max.

»Aber das ist doch kein Grund«, sagt Schreck.

»Nein. Natürlich nicht«, sagt Max. »Aber das Kind war krank. Und bei der Untersuchung stellte sich heraus ... Jeanette und Ferdi ... die beiden ... sie konnte das wohl nicht ertragen ...« Max blickt die Kommissare eindringlich an.

»Ah, verstehe!«, poltert Schreck von der Seite und ergreift den Bilderrahmen mit dem Foto von Lipinski und seinem Sohn. »Dieser Bergbau-Casanova! Unsere Julia ist seine Tochter. Sie hat erst ihren Romeo vergiftet und sich dann selbst das Leben genommen. Diese unsägliche Vereinigung des Ruhrgebiets! Zum Glück gab es das nur einmal 1997.«

Sven Stricker

Bönen sehen und sterben

Gleis 2. Das Erste, was Malzacher sieht, als er den Fuß auf Böner Boden setzt, ist der Fahrkartenautomat, der nur halb auf seinem Sockel thront. Nach vorne geschoben ist er in akuter Gefahr herabzustürzen. Selbst so ein Automat führt ein Leben auf der Kippe, denkt Malzacher. Es fehlt nur ein kleiner Stoß, vielleicht reicht sogar ein beiläufiges Antippen. Malzacher streckt die Hand aus, er ist in Versuchung, für einen Moment zumindest, aber es ist nur ein flüchtiger Gedanke, ein Anflug von Anarchie, dann ermahnt er sich. Malzacher will nicht auffallen. Er darf nicht auffallen.

Er hat eine Aufgabe, ein Ziel. Er schultert die prall gefüllte Reisetasche, macht sich an den Abstieg in die Unterführung zu Gleis 1, zum Ausgang. Kein Aufzug, keine Rolltreppe, nicht einmal eine Rampe, es ist einfach nur eine baufällige Treppe, die in die Tiefe führt. Was für ein Mist, denkt Malzacher. Wenn du in Bönen als Rollstuhlfahrer auf Gleis 2 willst, musst du von Gleis 1 nach Hamm fahren und von dort wieder zurück.

Er horcht in sich hinein. Das Magengeschwür, der Bluthochdruck. Er neigt zu Depressionen. Schenke ihm den schönsten Strauß Blumen, der je gebunden wurde, und Malzacher wird auf die abgeschnittenen Stiele zeigen und anmerken, dass die Blumen tot sind. Und dass nichts Totes schön sein kann. So ist er. So ist Malzacher. Ein großer, kräftiger Mann von zweiundvierzig Jahren mit breiten Schultern, angeklebtem Schnurrbart und einem beeindruckenden Weltekel.

Er verlässt den Bahnhof, einen unscheinbaren, unsinnlichen Bau, und steht vor einer heruntergelassenen Bahnschranke. Er blickt auf die Uhr. Er hat nicht viel Zeit.

»Erstes Mal in Bönen?«, fragt ein alter Mann in Cord, gestützt auf seinen Stock. Er ist nicht der einzig Wartende an dieser Schranke. Malzacher betrachtet ein Paar im Trainingsanzug, Partnerlook, es sieht nicht schön aus; da sind eine Frau in einer Burka und ein korpulenter Mann mit Schnurrbart in Gummistiefeln, vielleicht ein Landwirt. Ein paar Teenager spielen mit ihren Handys, einer drückt sich seelenruhig einen Pickel aus, es ist fast unmöglich, wegzuschauen. Aus einem Lieferwagen dröhnt türkische Popmusik.

Der Mann in Cord ignoriert Malzachers Ignoranz. Er verkörpert die Geduld des Alteingesessenen. »Zu Besuch?«, fragt er, ein wenig lauter als zuvor.

»Erstes Mal«, sagt Malzacher knapp und reibt sich mit der flachen Hand hinterm Ohr.

»Merkt man«, sagt der alte Mann. »Die Unruhe. Sie wollen, dass alles schnell geht. Sie kommen aus der Stadt.«

Malzacher nickt. Er hofft, der alte Mann ist jetzt still. Aber der alte Mann schweigt nicht, er redet. Vielleicht steht er nur an dieser Schranke, um zu reden. Tagein, tagaus.

»Ich sag das jedem, wenn du nach Bönen kommst, bring Zeit mit. Wir verbringen an der Schranke die Hälfte unseres Lebens. Gut, das ist vielleicht etwas übertrieben. Aber nur etwas. Ich hab hier sogar Freunde kennengelernt, gute Freunde. Leider ist gerade keiner da.«

»Ja, leider«, sagt Malzacher und fragt sich, warum die Schranke überhaupt unten ist. Sein Regionalexpress ist längst weitergefahren, ein anderer Zug ist nicht in Sicht.

»Was wollen Sie denn hier bei uns?«, fragt der alte Mann. »Will nicht neugierig sein, aber so viel haben wir jetzt ja auch nicht ... Ich meine, gut, wir haben schon einiges, die alte Mühle zum Beispiel, gleich die Straße hoch, und sogar Salafisten. Darf man ja nicht laut sagen, aber für mich sind das Salafisten da mit ihrer Moschee. Wir haben Salafisten und Nazis und welche gegen Nazis. Wir haben alles.«

»Salafisten«, wiederholt Malzacher, mäßig interessiert.

»Ja sicher. In Flierich steht ein sehr, sehr großer, blauer Stuhl. Auf einer Wiese. Warum, weiß ich nicht. Kunst ist das. Ah, das Industriegebiet. Sie wollen bestimmt ins Industriegebiet. Wollen Sie ins Industriegebiet? Da haben sie Ende der Neunziger einen ganzen Stadtteil umgesiedelt, um das bauen zu können. Strukturwandel, ne? Ist halt nah an der A2. Wollen Sie zu KiK? Sie sehen nicht aus, als wollten Sie zu KiK.«

»Wie sieht man denn aus, wenn man zu KiK will?«

»Nicht so wie Sie.«

»Ich will nicht zu KiK.«

»Die von Woolworth sind nicht mehr da.« Der alte Mann spricht die Firma deutsch aus und macht eine wegwerfende Handbewegung. »Haben einfach alles stehen und liegen gelassen. Bürogebäude und Hallen, die verfallen jetzt so vor sich hin. Können Sie sich das vorstellen, da sind Leute eingebrochen und haben die Metallteile rausgeholt.«

»Ach?«

»Mafia ist das. Und andere sind da rein, nur um auf den Boden zu scheißen.«

»Wer sagt denn, dass das nicht dieselben waren?«

»Was?«

»Wer sagt, dass die nicht zuerst die Metallteile rausgeholt haben und dann da auf den Boden gemacht haben?«

»Weiß ich nicht. Wer klaut denn erst was und macht dann da hin?«

»Na ja, wer klaut denn nichts und macht einfach nur so?

Da kann man ja auch 'ne Toilette nehmen. Irgendwo. Dafür muss man ja nicht einbrechen.«

Sie schweigen. Endlich. Aber nur kurz.

»Haben Sie Hunger?«, fragt der alte Mann. »Hier die Bahnhofsstraße rauf gibt es was zu essen. Sie haben die Wahl zwischen Döner, Döner und Döner.«

Malzacher lacht. Immerhin. »Ich hab keinen Hunger«, sagt er. »Ich muss zum Förderturm.«

Der Mann in Cord zeigt mit dem ausgestreckten Finger die Gleise entlang. »Warum stehen Sie denn dann hier an?«, sagt er. »Müssen Sie doch gar nicht. Da können Sie auch in die andere Richtung. Am besten mit dem Taxi. Da gibt es dann noch mal 'ne Schranke, aber bis Sie da sind, ist die bestimmt wieder oben.«

Malzacher steht vor dem Förderturm und kommt sich mit einem Mal ganz klein vor. Der alte Mann hat recht gehabt, die Schranke an der ehemaligen Zeche war oben gewesen, der Taxifahrer hatte allerdings kurz davor noch mal Gas gegeben, als befürchtete er, sie könne sich jeden Moment – und eventuell für immer – wieder schließen.

Malzacher weiß nicht viel über das Gelände, auf dem einst eine ganze Schachtanlage stand. Jetzt ist nur noch der Förderturm übrig, von Wiesen umgeben, er ragt in die Höhe wie ein mahnender Zeigefinger. Wie hoch mag er sein, überlegt Malzacher. Vielleicht siebzig Meter, vielleicht sechzig. Ein schnörkelloser, gerader Bau, roter Backstein, er sieht einen Balkon in großer Höhe. An den Glastüren vor ihm pinnen Veranstaltungshinweise. Der Turm wird genutzt. Kulturell. Schlau ist das. Sinnvoll.

Malzacher wartet. Stellt die Reisetasche ab. Schultert sie wieder. Räuspert sich. Spielt mit seinem Handy.

Es dauert nur wenige Minuten, da fährt ein Pkw auf den leeren, übergroßen Parkplatz vor dem Turm, tastend, abwartend. Es ist ein Mercedes, großes Kaliber, schwarz und einschüchternd. Die Scheiben sind dunkel. Malzacher wendet sich dem Wagen zu, verschränkt die Arme vor der Brust. Der Mercedes kommt vor ihm zum Stehen, der Motor erstirbt.

Der Mann, der aussteigt, ist deutlich kleiner als Malzacher. Er ist etwa sechzig, grau meliert, trägt einen schwarzen Anzug, dazu eine bunt geblümte Krawatte.

»Schulze-Wiesenbrück«, sagt der Mann, er hat eine tiefe, befehlsgewohnte Stimme. »Sie sind Herr Greiner?«

Malzacher streckt dem Mann die Hand entgegen. »Schön, dass das geklappt hat«, sagt er.

Schulze-Wiesenbrück zeigt auf den Förderturm. »Jetzt bin ich ja mal gespannt, warum Sie sich unbedingt hier mit mir treffen wollen.«

»Aus symbolischen Gründen«, sagt Malzacher und zeigt auf die Glastür. »Gibt es einen Weg hinein?«

»Natürlich«, sagt Schulze-Wiesenbrück. »Ich bin im Förderverein. Da hat man einen Schlüssel.« Er zieht lässig einen Bund aus der ausgebeulten Hosentasche, greift zielsicher nach einem der vielen Schlüssel und schließt auf. Malzacher schlägt Kälte entgegen. Seine Schritte hallen.

»Selbsttragende Stahlkonstruktion«, sagt Schulze-Wiesenbrück und macht eine raumgreifende Geste, als hätte er persönlich den Turm erbaut. »Die Außenfassade ist nur vorgehängt, um den Turm luftdicht gegenüber der Außenatmosphäre zu machen.«

»Aha«, sagt Malzacher. Sein äußerstes Mittel, um Interesse zu heucheln.

»1981 hat man den ganzen Laden dichtgemacht. Schließung

der Zeche Königsborn. Ist alles nach und nach abgerissen worden. Aber der Turm steht. Und wir machen dolle Sachen damit. Da müssen Sie mal abends kommen. Lichtinstallation, aber vom Allerfeinsten. Das finden Sie im ganzen Ruhrgebiet nicht. Also jedenfalls nicht so.«

»Aha«, sagt Malzacher und atmet geschichtliche Luft ein.

»Mal nach oben?«, fragt Schulze-Wiesenbrück, er zeigt auf einen Fahrstuhl zur Linken.

Sie quetschen sich in den engen Aufzug, der Mann drückt den obersten Knopf. Malzacher kämpft gegen leichte Panik. Was, wenn sie abstürzen? So wie der Fahrkartenautomat am Bahnhof? Obwohl, der ist ja gar nicht abgestürzt. Noch nicht. Es geht nach oben, ruckelig, Schulze-Wiesenbrück riecht nach Flieder. Endlose Sekunden später öffnet sich die Tür wieder.

»Fünfundfünfzig-Meter-Ebene«, sagt Schulze-Wiesenbrück. Zwei riesige, runde Spindeln ruhen angerostet in der Mitte des Raumes, darüber hängt ein schwerer Haken von der Decke. Zwischen den Steinwänden tobt der Wind. »Die Fördermaschine«, sagt Schulze-Wiesenbrück. »Der Haken gehört zu dem Kran darüber. Vierzig Tonnen wiegt der.«

»Aha«, wiederholt Malzacher und ist gedanklich ganz bei seiner Aufgabe. Es sieht hier oben so aus, wie man es ihm erzählt hat.

Schulze-Wiesenbrück macht raumgreifende Schritte, tritt auf einen schmalen Balkon, Malzacher folgt ihm. Die Aussicht ist atemberaubend, das Kamener Kreuz, andere Zechen in großer Entfernung, sogar ein diesiger Hauch von Dortmund. Der Wind ist eisig, der Frühling noch nicht in Bönen angekommen.

»Fallen Sie nicht runter«, sagt Schulze-Wiesenbrück. Malzacher blickt nach unten, das Geländer ist nicht allzu hoch.

Er sieht den schwarzen Mercedes als einsamen Punkt auf dem Parkplatz und erwägt kurzfristig eine Planänderung.

Doch nein, er muss sich an die Vereinbarung halten. Es ist wichtig, alles genau so durchzuführen wie abgemacht. Er weiß nicht genau, warum es wichtig ist, aber die Bezahlung ist gut, da stellt man keine unnötigen Fragen.

»Es geht um eine Erbschaft, ja?«, sagt Schulze-Wiesenbrück. »Zugunsten des Turms? Sie sehen ja, was wir hier machen. Veranstaltungen, Installationen, auf jeder Ebene erfahren Sie mehr über die Geschichte des Kohleabbaus. Haben Sie das Banner gesehen? Sieht ein bisschen aus wie von Keith Haring, was? Vierzig mal zwei Meter. Ein Schülerprojekt. Das sind die Körperumrisse der Teilnehmer. 2007 ist das entstanden, das Thema war Freundschaft. Man kann hier übrigens sogar heiraten.«

Malzacher nickt und fröstelt. Er zieht sich ins Innere zurück und betrachtet den Haken über der Fördermaschine. Es würde Kraft erfordern, aber es würde gehen. Schulze-Wiesenbrück folgt ihm. Er wird langsam ungeduldig. »Und Sie, Herr Greiner, sind der Vollstrecker, oder wie?«, fragt er. »Wessen Vermögen ist es denn überhaupt? Und um welche Summe handelt es sich?«

»Ich bin der Vollstrecker«, sagt Malzacher, genau sein Humor, nimmt die Reisetasche vom Rücken und öffnet den Reißverschluss. »Aber von Vermögen würde ich nicht sprechen.«

Er seufzt. Augen auf bei der Berufswahl, denkt er. Hätte er sich damals nur nicht in diese Ivanka verliebt und stattdessen sein Studium zu Ende gebracht. Dann müsste er nicht tun, was er jetzt tun muss.

Er zieht eine Beretta aus seiner Tasche und richtet sie auf Schulze-Wiesenbrück, eine Beretta mit Schalldämpfer. Schalldämpfer oder auch Mündungssignaturreduzierer, wer hat sich diesen Begriff bloß ausgedacht, denkt er. Mündungssignaturreduzierer. Jemand, der nicht wollte, dass man ihn benutzt, den Mündungssignaturreduzierer.

Schulze-Wiesenbrück erstarrt.

Das kennt Malzacher. Es ist die häufigste Reaktion. Sinnloses Erstarren. Die andere Reaktion ist Panik, Flehen, Weinen, aber dazu muss man handlungsschnell sein. Die meisten Menschen erstarren, Kaninchen vor der Schlange, es braucht eine Weile, bis das Gehirn die mögliche Konsequenz einer geladenen Waffe erfasst hat, da sollte man Verständnis haben und vor allem Geduld. Malzacher ist kein geduldiger Mensch, da hatte der alte Mann an der Schranke tatsächlich recht.

»Warum?«, fragt Schulze-Wiesenbrück nur und hebt die Arme, wahrscheinlich hat er das im Film gesehen. Er klingt heiser, seiner kraftvollen Stimme beraubt, spontane Psychosomatik, denkt Malzacher, auch das ist verständlich.

»Der Strukturwandel«, sagt er. »Ende der Neunziger haben Sie einen ganzen Stadtteil umgesiedelt. Für das Industriegebiet.«

»Aber doch nicht ich persönlich«, sagt Schulze-Wiesenbrück entsetzt. Die Förderanlage befindet sich in seinem Rücken.

»Sie und Ihre Firma«, sagt Malzacher. »Unter anderem den Bauernhof einer Familie namens Botterbusch, erinnern Sie sich?«

»Nein«, sagt Schulze-Wiesenbrück. Er ist jetzt so blass wie seine Frisur. Selbst die Blumen auf seiner Krawatte scheinen an Farbe verloren zu haben.

Malzacher seufzt. Er hasst diesen Teil des Jobs. Das ewige Erklären. Warum tut er das eigentlich? Andere erledigen einfach ihre Aufgabe und fertig. Er ist eben doch irgendwie ein Menschenfreund, er findet, ein jeder hat ein Recht darauf, den Grund seines Ablebens zu erfahren, wenn er sonst schon nichts kapiert hat. »Da haben Sie den kompletten Bauernhof abgerissen«, sagt er. »Und woanders wieder aufgebaut. In einem anderen Stadtteil. Dabei wollten die gar nicht weg, die Leute. Die wollten dableiben.«

»Ach ja?«, krächzt Schulze-Wiesenbrück und lässt die Arme ein wenig sinken. Malzacher zuckt mit der Beretta, die Arme heben sich wieder.

»Aber da hinten, direkt an der A2, das war doch gar kein Zustand«, sagt Schulze-Wiesenbrück. »Laut war das. Dreckig. Das ist doch jetzt viel besser für die.«

»Findet die Familie Botterbusch nicht«, sagt Malzacher. »Da ist gerade der Vater abgetreten. An gebrochenem Herzen. Sagen die Kinder. Nur drei Jahre nach seiner Frau. Die war am Ende Alkoholikerin. Und die Großmutter, die ist gleich nach dem Umzug gestorben. Selbstmord. Die restliche Familie hat sich über fast zwanzig Jahre gequält. Und pleite sind die auch gegangen. Blöd, was?«

»Das tut mir leid«, sagt Schulze-Wiesenbrück. Es klingt glaubhaft.

»Sie hingegen sind sehr reich geworden«, sagt Malzacher und kramt in seiner Manteltasche nach einem Schokoriegel. »Durch die Umsiedlung.« Er wird fündig, öffnet die Verpackung geübt mit den Zähnen und drückt den Riegel heraus. »Schoki?«

»Was?«

»Schokolade? Noch mal schön was Süßes?«

»Nein.«

»Würde ich essen. Ist das Letzte, was Sie schmecken werden.«

»Ist das sicher?«

»Ja, klar.«

»Dann nehme ich die Hälfte.«

Malzacher bricht den Riegel durch und reicht Schulze-Wiesenbrück die Hälfte hinüber. Der beißt so vorsichtig hinein, als hätte er Angst um seine Füllungen.

»Das ist bitter«, sagt er. »Ich hätte mir was mit mehr Substanz gewünscht.«

»Das verstehe ich«, sagt Malzacher. »Aber ein komplettes Menü passt leider nicht in meine Jackentasche.«

»Hören Sie«, sagt Schulze-Wiesenbrück. »Ich kann die noch entschädigen, die Familie. Nachträglich. So unter der Hand … Also, am Geld soll es nicht liegen.«

»Zwanzig Jahre Quälerei«, sagt Malzacher. Der Schokoriegel klebt am Gaumen. »Die sind fertig, die wollen kein Geld mehr. Die wollen Rache.«

»Aber warum denn ich?«

»Sie waren wohl sehr nachdrücklich, damals. Als es hieß, die Botterbuschs geben den Hof nicht frei für den Abriss. Da haben Sie nachgeholfen.«

»Das war alles sauber … «

»Finden die Botterbusch-Kinder aber nicht.« Malzacher seufzt erneut. »Hören Sie, ich will auch gar nicht argumentieren, ich mach hier einfach nur meinen Job. Sie wollen ja bestimmt auch, dass es schnell geht.«

»Ich will gar nicht, dass das geht.«

»Ja, aber wenn Sie es wollten, dann wollten Sie, dass es schnell geht.« Malzacher bückt sich und beginnt, in seiner prall gefüllten Tasche zu kramen.

»Ich habe zwei Kinder«, sagt Schulze-Wiesenbrück.

»Das will ich gar nicht wissen«, sagt Malzacher. »Ich hab ja auch Gefühle.«

»Sieben und neun«, sagt Schulze-Wiesenbrück.

»Ich dachte, zwei?«

»Sieben und neun Jahre sind die alt.«

»Ach so.«

»Die lieben ihren Vater. Und ich liebe sie.«

Malzacher zieht ein schmales, stabiles Hanfseil aus seiner Tasche. »So«, sagt er. »Jetzt kommt der komplizierte Teil.« Er zeigt mit der Pistole auf den offenen Balkon. »Da drauf! Aber nicht springen.«

»Was macht das denn für einen Unterschied?«, fragt Schulze-Wiesenbrück. Es klingt ein wenig jammerig.

»Einen großen.«

Malzacher fuchtelt erneut, der Mann mit der scheußlichen Krawatte betritt den Balkon, rückwärts, die Hände immer noch erhoben.

»Stehen bleiben«, ruft Malzacher. »So, dass ich Sie sehen kann.«

Schulze-Wiesenbrück bleibt stehen. Malzacher legt die Beretta neben sich auf den Boden und knüpft aus dem Seil eine Schlinge, ein Auge immer auf den Geschäftsmann gerichtet. Dieser steht auf dem Balkon, die Haare vom Wind zerzaust und schaut Malzacher entsetzt zu. Eigentlich mag Malzacher kein Publikum. Nicht einmal, wenn es an der Inszenierung beteiligt ist. Er steht auf, die Beretta in der linken Hand, und fixiert den Haken über der stillgelegten Förderanlage. Er benötigt drei Anläufe, dann hat er die Schlinge wie ein Lasso darüber geworfen.

»Herkommen«, ruft er und tritt drei Schritte zurück.

Schulze-Wiesenbrück schüttelt den Kopf. »Ich will nicht aufgehängt werden. Nicht an dem Haken. Lieber springe ich.«

»Ja, aber wenn Sie springen, ist Ende«, sagt Malzacher.

»Wenn Sie nicht springen, können Sie immer noch auf einen Twist hoffen.«

»Auf einen was?«

»Einen Twist. Eine Wendung. Etwas Unvorhergesehenes, das Sie rettet. Wenn Sie springen, gibt es da nichts mehr. Dann sind Sie einfach so tot.«

Schulze-Wiesenbrück versteht. Er wirft einen letzten, fast sehnsüchtigen Blick auf die Balkonbrüstung und kommt zu Malzacher zurück. Der reicht ihm das Seil. »Bitte.«

Schulze-Wiesenbrück schließt die Augen und legt sich das Seil um den Hals.

»Und jetzt stellen Sie sich unter den Haken«, sagt Malzacher. Er tritt selbst auf das Stahlgitter, das den Blick auf die Stockwerke darunter frei gibt. »Was ist das denn?«, fragt er. Wenn man nach unten schaut, sieht man weiße Origami-Vögel, zwischen den Stockwerken an Schnüren aufgehängt.

»Kraniche«, sagt Schulze-Wiesenbrück leise. »Jeder Kranich symbolisiert einen auf dieser Anlage verstorbenen Kumpel.«

»Dann brauchen wir ja bald einen neuen Kranich«, sagt Malzacher. Er mag eigentlich keinen Zynismus, so wollte er nie werden. Er zieht an dem Seil, es strafft sich.

»Nur der Fahrer«, sagt Schulze-Wiesenbrück atemlos.

»Was?«

»Ich bin nur der Fahrer. Der Fahrer von Herrn Schulze-Wiesenbrück.«

Malzacher lässt die Waffe sinken. Ganz kurz nur, dann richtet er sie wieder auf den Mann. »Quatsch!«

»Doch«, sagt der Mann, der vielleicht doch nicht Schulze-Wiesenbrück ist. »Herr Schulze-Wiesenbrück sitzt im Fond des Wagens. Unten.«

»Quatsch!«, brüllt Malzacher und betrachtet die hässliche, geschmacklose Krawatte seines Gegenübers.

»Er hat gesagt, was ist das für ein komischer Vogel mit seiner angeblichen Erbschaft und warum findet man da nichts im Internet? Gehen Sie vor, Jablonski, und schauen Sie sich das erst mal an. Das hat er gesagt.«

»Jablonski?«, fragt Malzacher.

»So heiße ich«, sagt der Mann, der ganz gewiss nicht Schulze-Wiesenbrück ist. »Jaroslav Jablonski. Wir sehen uns ein wenig ähnlich, der Herr Schulze-Wiesenbrück und ich. Ich weiß das, ich höre das andauernd.«

Scheiße, denkt Malzacher, warum muss das Foto, das er hat, auch so unscharf sein? Oder sind es vielleicht sogar seine Augen? Vielleicht doch mal über eine Brille nachdenken.

»Warum haben Sie das denn nicht gleich gesagt?« Er fuchtelt unwirsch mit seiner Beretta. »Das kostet doch alles Zeit. Und Nerven.«

Jablonski reckt das Kinn. Das Hanfseil schneidet unangenehm ein. »Weil ich gedacht hab, der kommt bestimmt gleich, der Herr Schulze-Wiesenbrück. Und hilft mir. Aber der ist nicht gekommen ... Vielleicht ist er längst abgehauen.«

»Tja«, sagt Malzacher. »Scheiße. Und jetzt?«

»Bitte bringen Sie mich nicht um«, sagt Jablonski. »Ich bin nur der Fahrer. Und ich hab zwei Kinder.«

»Ja, ich weiß«, sagt Malzacher nervös. »Sieben und neun. Nehmen Sie die Schlinge ab, ich muss überlegen.«

Jablonski nimmt sich das Seil vom Hals, atmet durch. Ganz vorsichtig, er will den Mann, Greiner oder wie auch immer, nicht unnötig reizen. »Ich kann ihn holen«, sagt er.

»Was? Wen?«

»Schulze-Wiesenbrück. Ich kann ihn holen. Und dann gehe ich einfach und Sie machen das, was Sie halt so machen.«

»Sie sind Zeuge, ich kann Sie nicht laufen lassen.«

»Eins nach dem anderen, okay?«, sagt Jablonski. »Eins nach dem anderen.«

Malzacher ist überfordert. »Wie wollen Sie ihn holen? Mit dem Handy? Ich lasse Sie nicht telefonieren.«

Jablonski schüttelt den Kopf. »Vom Balkon«, sagt er. »Ich winke ihm. Ich winke ihn hoch.«

Malzacher überlegt, da ist das Magengeschwür, da ist er wieder, dieser Weltekel. Kann er nicht einfach wieder wegfahren, von Gleis 1, und so tun, als hätte er Bönen nie gesehen?

»Na los«, sagt er.

Jablonski greift sich an den schmerzenden Hals, das Seil hat gerieben, und schleppt sich auf den Balkon. »Scheiße«, ruft er nach kaum mehr als einer Sekunde. »Er ist weg.«

»Was?« Malzacher klingt panisch.

»Der Mercedes. Er ist weg.«

Malzacher stürzt auf den Balkon. Er ist kurz vor dem absoluten Kontrollverlust. Dieser Tag ist ein Mittwoch, ein ganz normaler Mittwoch, und er läuft unfassbar schief. Er beugt sich über die Brüstung, neben ihm der Chauffeur namens Jablonski. Unten ist ein kleiner, schwarzer Punkt zu erkennen. »Da ist er doch«, sagt er. »Der Mercedes.«

»Ach, richtig«, sagt Jablonski, es klingt ein wenig zu trocken, zu abgeklärt. Malzacher will etwas sagen, aber das Nächste, was aus seinem Mund dringt, ist ein halblauter Schrei, eine panische, akustische Mischung aus Erschrecken und Entsetzen, dann gibt er sich einen Ruck, nein, es wird ihm ein Ruck gegeben, er fliegt, tatsächlich, er fliegt, es geht rasend schnell, erst der Kopf, dann der Oberkörper, schließlich die Beine, es geht bergab, im Sturzflug, fünfundfünfzig Meter und ein paar Zerquetschte, ha, Zerquetschte, Malzacher reißt sich im Flug den falschen Schnurrbart herunter, dafür reicht die Zeit noch, er denkt, dass er einen weiteren

Fehler gemacht hat, als er dem alten Mann an der Bahnschranke von seinem Ziel erzählt hat, da wäre noch ein Zeuge zu beseitigen gewesen, was für ein überflüssiger Gedanke, das Einzige, was hier gerade beseitigt wird, ist er selbst, dann kommt auch schon der Aufprall und er ist schneller tot, als Körper und Geist es überhaupt zur Kenntnis nehmen können.

Oben beugt sich der Mann mit der Blümchenkrawatte über das Geländer, kräuselt die Lippen und zieht sein Mobiltelefon aus der Innentasche seines Jacketts. »Amateur«, murmelt er und wählt die Nummer der Böner Polizeidienststelle. Es ist noch keine siebzehn Uhr, also ist sie besetzt.

»Hier ist Schulze-Wiesenbrück«, sagt er. »Ich habe gerade einen Mordanschlag vereitelt. Auf mich selbst. Am Förderturm. Schlimme Sache. Notarzt muss nicht, Leichenwagen wäre praktisch. Ich warte hier auf Sie.«

Er legt auf und geht nach innen, da sind der Haken, die Fördermaschine und die Origami-Kraniche. Er nimmt die geschmacklose Krawatte ab, betrachtet sie angewidert, steckt sie achtlos in die rechte Hosentasche und steigt auf den Tränenblech-Stufen nach unten, Stockwerk um Stockwerk, Meter um Meter. Als er unten ankommt, ist er völlig mit sich im Reinen.

Elisabeth Herrmann

Die Gelsenkirchener Rose

Würde er es wagen? Das Publikum im Gelsenkirchener *Musiktheater* hielt den Atem an. Über sehnsuchtsvolle Geigenklänge legte sich die zarte Aufforderung zum Tanz. Auf der Bühne fanden das träumende Mädchen und der Geist der Rose zueinander zu einem filigranen, scheuen Pas de deux. Ein umeinander Schweben, ein Werben und Zögern, ein Auf und Ab von Hingabe und Verzückung.

Katja Fontaine verkörperte in zerbrechlicher Anmut die junge Debütantin, Sergej Konovalev den wilden, ungezähmten Geist. Seine Sprünge schienen die Schwerkraft zu verhöhnen, seine kraftvolle Eleganz verlieh der leidenschaftlichen Musik von Carl Maria von Weber eine Sinnlichkeit, die wie eine Woge in den Zuschauerraum brandete.

Und dann ... eine letzte Pirouette. Das Mädchen sank zurück in den Traum. Zur Linken auf der Bühne ein großes Fenster. Nijinsky hatte den Sprung gewagt – hindurch. Nurejew auch. Eine titanische Anstrengung, ein fast übermenschlicher Akt. Würde Konovalev es ihnen gleichtun?

Der Tänzer drehte sich noch einmal zu der Angebeteten um, die wie hingegossen in ihrem Sessel lag. Dann fixierte er die hohe, rechteckige Öffnung, den in der Dunkelheit dahinter wehenden Vorhang. Ein letzter Blick auf die schlafende Schönheit. Eine Verbeugung, der hingehauchte Kuss auf die Stirn. Drei, vier weit ausholende Schritte, der Körper spannte sich und leichtfüßig wie ein Faun sprang Konovalev ...

Der dumpfe Aufprall seines Körpers hinter der Fensteröffnung ging unter in einem einzigen Begeisterungsschrei. Paul Lewandowski wurde von seiner Frau hochgerissen und fand sich in einer jubelnden Menge wieder. Rosen flogen in den Orchestergraben und auf die Bühne. Füße trampelten, Menschen schrien sich heiser. Der Vorhang fiel. »Bravo!«, rief Doris Lewandowski. »Bravo! Bravissimo!«

Je länger die Zuschauer klatschten und je länger sich der Vorhang nicht wieder hob, damit die Künstler den Applaus entgegennehmen konnten, desto größer wurde Lewandowskis Unbehagen. Hier stimmte etwas nicht.

Er lenkte seine Aufmerksamkeit auf das Lichtspiel unter der Decke, einem aus geschickt verlegten Glasfasern gestalteten Sternenhimmel, der jetzt langsam heller wurde. Der Effekt überzeugte Lewandowski bei Weitem nicht so wie das Aufglimmen tausender Handydisplays in der Veltins-Arena, wenn Schalke ein Heimspiel hatte. Aber das lag auch daran, dass in Lewandowskis Kulturverständnis der Revierfußball deutlich vor den musikalischen Meisterleistungen oder den tänzerischen Glanzauftritten des Gelsenkirchener Opernhauses, des *Musiktheaters im Revier*, rangierten. Allenfalls das pralle Volkstheater im Wanne-Eickeler *Mondpalast* konnte ihn ähnlich stark begeistern wie die Ballspielkünste seiner Heimmannschaft.

Während um ihn herum noch der Applaus toste, verstärkte sich bei Lewandowski das ungute Gefühl, dass etwas nicht so war, wie es sonst bei Ballettaufführungen war. Er wünschte sich, dass der Vorhang endlich wieder aufging, damit die jungen Damen und Herren, die sich im vorderen Parkett drängten, ihre Blumen loswerden konnten. Und vor allem wünschte er sich, den Abend gleich mit Doris bei einem Glas guten Weines und einem korrekt gezapften Sieben-Minuten-Pils zu beschließen.

Endlich bewegte sich der Vorhang. Ein Mann trat hervor, Leibesfülle und Alter verrieten, dass er nicht als Tänzer an der Aufführung beteiligt gewesen war. Aber er hatte immerhin die Autorität, mit einer Handbewegung um Ruhe zu bitten.

»Ist ein Arzt im Saal?« Sein rundes Gesicht glänzte hochrot.

Ein raschelndes Gewisper breitete sich aus. Ein Arzt? Paul Lewandowski spürte, wie sich seine Nackenhaare aufrichteten.

»Hier!«, rief Doris und wies auf ihn. »Hier, mein Mann!« Dann knuffte sie ihn in die Seite. »Los! Rente heißt nicht Ruhestand!«

Dr. Paul Lewandowski hatte solche Situationen zwar nicht oft, aber doch oft genug erlebt, um sie zu hassen. Einmal hatte er in der Veltins-Arena eine Oberbauch-Kompression anwenden müssen, den sogenannten Heimlich-Handgriff, um eine Frau vor dem Ersticken zu bewahren, die sich beim Torjubel an ihrer Bratwurst verschluckt hatte. Dazu kamen diverse kleine Einsätze auf Abiturfeiern oder Nachbarschaftsfesten, bei denen er mit Pflaster und Jodtinktur als medizinischer Ersthelfer tätig geworden war. Doch dies hier war eine andere Situation, das spürte er, als er sich, gefolgt von Doris, nach vorn drängelte, vorbei an enttäuschten Blumenmädchen und jungen Männern, die auf ein Lächeln der Fontaine gehofft hatten. Rechts neben der Bühne ging eine Tür auf.

»Hier entlang!«, rief ein Bühnenarbeiter in dunklem Overall und Headset.

»Was ist denn passiert?«

»Irgendwas mit Konovalev.«

Lewandowski folgte dem Mann. *Irgendwas mit* musste erst mal reichen. Es ging durch Gänge und um Ecken, dann mit eiligen Schritten durchs Foyer mit den berühmten großflächigen blauen Schwammreliefs von Yves Klein ... Von dort aus ging es durch eine weitere Tür und ein paar Treppen hinauf zur Hinterbühne, wo der Dicke sie schon erwartete.

»Da hinten«, keuchte er. »Um Himmels willen, ogottogott!«

Hypertonisch, diagnostizierte Lewandowski ad hoc und wechselte einen knappen Blick mit Doris. Sie gehörte zu der Generation, in der Arzthelferinnen nicht studierten, sondern den Arzt heirateten. Jahrelang hatte sie seine Praxis geführt, kannte seine Patienten, ihre Gebrechen, und oft dachte er, was für eine verdammt gute Medizinerin an ihr verloren gegangen war.

»Hier entlang!« Der Hypertoniker wedelte mit der Hand und im Vorüberhasten warf Lewandowski einen Blick auf die Bühne. Die Fontaine stand an dem Fensterrahmen und sah fassungslos auf das, was sich dahinter befand. Eine Garderobiere eilte heran, um sie in einen seidenen Morgenmantel zu hüllen und in die Arme zu nehmen.

Dann sah Lewandowski, was passiert war. Konovalev lag auf einer doppelbettgroßen, hohen Matte, die wohl seine Landung nach dem Sprung durch das Fenster hatte abmildern sollen. Die schönen Gliedmaßen seltsam verrenkt, das Gesicht von seinen blonden Locken verborgen. Lewandowski kniete sich hin, um den Puls zu nehmen, und entdeckte das Blut unter dem leblosen Körper.

»Kein Puls«, raunte er Doris zu und wendete den Tänzer behutsam. In seiner Brust steckte ein Messer. »Tot!«

Doris zog scharf die Luft ein und dann gellte ein grauenvoller Schrei über die Hinterbühne. Katja Fontaine klammerte sich an die andere Seite des Fensterrahmens und konnte nur mühsam von ihrer Garderobiere davon abgehalten werden, auch noch zu springen.

»Sergej!«, schrie sie und kletterte durch das Fenster. »Sergej!« Dann wurde sie offenbar von einer Schwäche ergriffen und sank wieder in die Arme ihrer Garderobiere.

Lewandowski erhob sich und wandte sich an den Hypertoniker. »Eine natürliche Todesursache schließe ich aus. Verständigen Sie die Polizei.«

Noch während der Mann mit seinem Handy hantierte, kam ein schlanker, älterer Herr mit einem Bademantel heran. »Darf ich?«

Bevor Lewandowski es verhindern konnte, war Konovalev mit weißem Frottee bedeckt. »Er kann doch nicht so hier herumliegen ... vor aller Augen.«

Lewandowski bemerkte die Tränen in den Augen des Mannes. »Sie sind ...«

»Alain Desforges. Ich bin ... ich war ...«

Tänzer, dachte Lewandowski, schon klar. Vielleicht nicht mehr aktiv, aber der Körperhaltung nach zu urteilen auch noch lange nicht im Ruhestand. Desforges schluchzte auf und verschwand.

»Warten Sie!« Lewandowski bückte sich und hob ein zusammengefaltetes Papier auf, das aus der Bademanteltasche gefallen sein musste. Es war ein Notenblatt, allerdings ohne Noten, sondern bedeckt mit Zeichen. Automatisch reichte er das Blatt Doris, wie er in all den Praxisjahren Laborbefunde, EKGs und unterschriebene Rezepte an sie weitergegeben hatte. Sie sicherte den Zettel umgehend in ihrer Handtasche.

Der Hypertoniker hatte sein Telefonat beendet. »Die Polizei wird gleich hier sein. Ich soll Sie bitten, sich zur Verfügung zu halten!« Dann wandte er sich mit sorgenvollem Gesicht an die Garderobiere der Fontaine, eine schmale, überschlanke Frau, deren einstige Schönheit von harter Arbeit und nahem Alter verschattet wurde. »Frau Dimitroff, bitte bringen Sie Madame Fontaine zurück in ihre Garderobe.«

Lewandowski half, *Madame* zu stützen, hatte aber den Verdacht, dass ihre Schwäche eher ihrer Neigung zur Theatralik als einem echten Kreislaufproblemen geschuldet war. Trotzdem riet er: »Sie sollte sich hinlegen. Und die Beine hoch lagern.«

»Ich sorge dafür.« Der Griff, mit der die Dimitroff ihm die Tänzerin aus den Armen wand, war erstaunlich kräftig. »Madame. Madame!«

Abgang.

»Sie finden mich ...«, rief Lewandowski ihnen hinterher, »... im Notfall ...« Er sah Doris fragend an.

»In der Kantine?«, schlug sie vor.

So fanden sich die Lewandowskis auch noch zwei Stunden später nicht in ihrem Lieblingsrestaurant *Bella Italia* auf der Bismarckstraße, ganz in der Nähe des Kulturparks und Theaters *Zeche Consol,* wo Paul ursprünglich einen späten Tisch reserviert hatte, um den Abend ausklingen zu lassen. Das Viertel, in dem heute gefühlt dreihundert Ethnien aus aller Herren Länder hausten, war nicht wirklich die beste Adresse in Gelsenkirchen, aber das Lokal hatte sich einen immer noch anhaltenden Ruf erworben, weil hier Bordon und Lincoln, die großen Brasilianer von Schalke 04, und andere Stars regelmäßig eingekehrt waren.

Stattdessen wartete Lewandowski mit Dutzenden Künstlern und Theaterangestellten in der Kantine des *Musiktheaters* darauf, von der Polizei befragt zu werden. Die uniformierten Beamten, die kurz nach dem Anruf des Hypertonikers eingetroffen waren, hatten zuerst den Tatort abgesperrt und dann alle Anwesenden in die Kantine verfrachtet, wo sich ihre Kollegen vom Kriminaldauerdienst und der Mordkommission weiter mit ihnen beschäftigen würden.

Ein freundlicher und einladender Raum war die Kantine. Gleich am Eingang hatten die Betreiber eine Lounge-Ecke abgeteilt, in der noch ein Sofa frei war. Die langen Tische waren bis auf den letzten Platz besetzt. Eine Schlange stand vor der Kasse. Das ganze Theater schien sich einzufinden, um Konovalevs grausames Dahinscheiden zu diskutieren.

In der Luft lag noch ein würziger Geruch nach ...

»Borschtsch!«, rief Doris entzückt aus. »Bestimmt zu Konovalevs Ehren. Meinst du, es wäre pietätlos, nach einer Portion zu fragen?«

Lewandowski hatte diesen blutroten Eintopf nie gemocht, sagte aber um des lieben Friedens willen: »Das kannst du gern – aber bring mir nur ein belegtes Brötchen mit.«

Doris holte ihre Geldbörse aus der Handtasche und machte sich auf den Weg. Lewandowski erinnerte sich an den Zettel aus Konovalevs Bademantel und grub ihn aus den Tiefen von Doris' Handtasche. Das seltsame Notenblatt gab ihm Rätsel auf. Er drehte und wendete es, wurde aber nicht schlau daraus.

»Das ist eine Choreologie.«

Lewandowski sah hoch. Ihm gegenüber saß ein elfenhaft zartes Wesen. Eine Tänzerin, wie ihre bandagierten Füße verrieten.

»Eine Tanznotation.«

»Verstehe«, sagte Lewandowski. Eigentlich ganz logisch, dass Tänzer eine Art Gedächtnisstütze brauchten. All die Sprünge, Pirouetten – ihm war schon beim Zusehen schwindelig geworden. Und da ihnen wohl kaum eine Tanz-Souffleuse ihre nächsten Schritte im Bühnengraben vormachen konnte, trugen sie vielleicht immer so einen Spickzettel mit sich herum.

»Darf ich?«, fragte die Tänzerin.

Ohne zu zögern, reichte er ihr das Blatt. Die junge Frau beugte sich darüber, hob die Hand wie ein Dirigent und malte ein paar elegante Bewegungen in die Luft. Dann, ebenso plötzlich, brach sie ab. »Das ist aus *Le Spectre de la Rose*. Eine uralte Choreografie. Konovalev hatte mit ihr seinen Durchbruch, als ganz junger Mann. Woher haben Sie sie?«

»Aus seinem Bademantel«, sagte Lewandowski. »Ich schätze, ich werde das der Polizei übergeben müssen.«

Das Mädchen verstand die unausgesprochene Aufforderung und reichte ihm das Blatt zurück. »Sie müssen wissen, Konovalev war mehr als ein Tänzer. Er hat das Ballett neu erfunden, es geradezu revolutioniert. Ich habe seine Choreologien gelesen wie andere Krimis.« Ein schüchternes Lächeln.

»Dann stammen diese Notizen von ihm?«

»Sollte man meinen!«, sagte die Tänzerin und runzelte die Stirn. »Aber nein. Ich kenne Konovalevs Handschrift. Das hier ist sie nicht. Aber ...« Sie brach ab.

»Sie meinen, jemand anderes hat ihm seine Aufführung notiert?«

Die junge Frau zuckte mit den schmalen Schultern, um die sie einen Pullover gelegt hatte. Wärmen konnte das nicht. »Keine Ahnung. Ich bin ein bisschen erstaunt. Konovalev hat niemanden an seine Arbeit herangelassen. *Le Spectre de la Rose* war sein Ding. Sehen Sie, jeder Tänzer reüssiert in einer anderen Rolle. Die Pawlowa ist als sterbender Schwan bis heute unvergessen. Sergej Polunin hat sich mit Hoziers *Take Me to Church* ein Denkmal gesetzt. Und Konovalevs *Signature Dance* war eben der Geist der Rose.«

Ein kalter Hauch streifte Lewandowskis Nacken. Der Primoballerino – oder wie nannte man eigentlich die Solotänzer? – würde jetzt wohl als Geist durch das Gelsenkirchener *Musiktheater* wandeln, einem der, wie Doris ihm erklärt hatte, europaweit bedeutendsten Theaterbauten der Nachkriegszeit, durch dieses prachtvolle Gesamtkunstwerk des großen Werner Ruhnau, dessen durchgehend gläserne Fassade vom Gedanken des ›Floating Space‹ inspiriert war.

»So, da wären wir!« Doris ließ sich neben ihm aufs Sofa fallen, wobei sie die Meisterleistung vollbrachte, ihren Borschtsch nicht zu verschütten, dafür aber Pauls Schinkenbrötchen auf seinem Schoß landen zu lassen. »Keiner will was essen, nur trinken. Meine Chance.«

Sie tauchte den Löffel in die tiefrote Suppe und kostete. Lewandowski nagte an seinem Schinkenbrötchen und trauerte dem Abend im *Bella Italia* nach. Kerzenschein, Caruso aus den Lautsprechern, perlender Prosecco und, mit ein bisschen Glück, wäre ein berühmter Fußballspieler zu Gast oder sogar der aktuelle Trainer, der ja italienischer Abstammung war, sodass er sich ein Autogramm geben lassen könnte.

»Guten Appetit«, murmelte er.

Doris, ganz Arztgattin, nickte dankend. »Waschischdasch?«, fragte sie mit vollem Mund, als sie das Blatt entdeckte.

»Eine ... Choreologie. Eine Art Notenblatt für Tanz. Mit Konovalevs Geist der Rose.« Ihm fehlten die Worte, es so genau auszudrücken wie die Tänzerin.

Zwei Männer tauchten auf. Kerzengerader Rücken, elegant fließende Bewegungen, Kollegen der kleinen Elfe. Sie setzten sich zu ihr. Tänzer, offenbar war das gesamte Gelsenkirchener Ballett bei der Aufführung gewesen. Natürlich, Konovalev war ein internationaler Star gewesen.

Von Doris wusste Lewandowski, dass Konovalevs Karriere hier angefangen hatte, vor über dreißig Jahren. »Gelsenkirchen hat nicht nur Schalke mit Kuzorra und Libuda hervorgebracht, sondern auch eine gute Ballettcompagnie«, hatte sie ihm erklärt. »Damals war es Schindowski, jetzt Bridget Breiner. Die hat sogar zwei Mal den ›Faust‹, den Deutschen Theaterpreis gewonnen.«

Die beiden Tänzer unterhielten sich währenddessen mit der Elfe über den dramatischen Tod Konovalevs. Und das, was er hinterlassen würde.

»Oben in den Gängen vor den Probesälen hängen noch Fotos«, sagte die Elfe. »Sergej Konovalev als der Geist der Rose, Mitte der Achtzigerjahre.«

»Ich seh ihn noch Borschtsch essen«, sagte nun der eine junge Mann. »Da vorne hat er gesessen.« Kurzes Nicken in Richtung der langen Tische. »Heute Nachmittag. Allein. Es war ...«

Er wurde von einem der Kriminalbeamten unterbrochen, der ihn und die Elfe zur Befragung zu sich winkte. Die beiden folgten dem Polizisten in einen hinteren Raum.

»Tragisch, das alles«, sagte der zweite junge Mann, blond, hellhäutig, mit einem leichten Akzent, der sich nach Nordeuropa anhörte.

Lewandowski dachte über Konovalevs großen Tanz nach, mit dem er die Bühnen der Welt erobert hatte. Dann wandte er sich an den Blonden. »War Konovalev auch, wie sagt man, Choreograf?«

»Ja. Obwohl ... Ich will ja nichts sagen ...« Der junge Mann sah sich um und rückte ein kleines Stück näher an das Arztehepaar. »Aber für meinen persönlichen Geschmack war er ein bisschen, na ja, einseitig.«

Doris hob die Augenbrauen. »Einseitig?«

»Mehr als den Geist der Rose hatte er doch nicht drauf. Manchmal hat er mich an Sänger erinnert, die nur einen Hit haben. One-Hit-Wonder nennt man die.«

Der junge Mann sah auf. Aus der Gruppe der Tänzer kam

eine dunkelhäutige Frau auf ihn zu. Sofort sprang er auf und begrüßte die Schöne enthusiastisch mit Wangenküssen.

»Vier«, zählte Doris. »So machen sie das in Frankreich.«

Lewandowski glaubte, einen Vorwurf zu hören. Er griff ihre Hand. »Lass uns ein paar Schritte gehen.«

»Aber wo willst du denn hin?«

Er lächelte. »Einen Blick in Konovalevs Vergangenheit werfen.«

Die Schilder in den Aufzügen verrieten, dass sich die Probensäle im obersten Stock befanden. Als sich dort die Türen des Lifts öffneten, fanden sie sich in einem langen Flur wieder. An den Wänden hingen gerahmte Fotografien, allesamt Schnappschüsse der Großen und Größten, die am Gelsenkirchener *Musiktheater* gastiert hatten.

Vor einem Bühnenfoto blieb Lewandowski stehen. Die Schwarz-Weiß-Aufnahme zeigte ein Tänzerpaar: »*Sergej Konovalev und Maruscha Dimitroff, Le Spectre de la Rose, 1984*«, las er vor. »Dimitroff? So heißt doch die Garderobiere von Madame Fontaine! Gib mir mal meine Brille.«

Doris fischte sie zielsicher aus ihrer Handtasche und reichte sie ihm, wie sie ihm jahrelang Pinzetten, Skalpelle und andere Instrumente gereicht hatte.

Er setzte die Gläser auf. »Ja, das ist sie! Dasselbe Gesicht! Dieselbe Figur!«

»Nie im Leben.« Doris stellte sich neben ihn und kniff die Augen zusammen. »Aus einer Primaballerina wird doch keine Garderobiere!«

»Vielleicht hat das Leben es mit ihr nicht ganz so gut gemeint wie mit Konovalev? Ich würde gern mal mit ihr reden.«

»Überlass das lieber der Polizei.«

Aber Paul Lewandowski hatte es auf einmal ziemlich eilig,

zurück zum Fahrstuhl zu kommen. »Der Mörder hat Konovalev bei seinem Sprung erdolcht, das erfordert wesentlich weniger Kraft als bei einer direkten Konfrontation. Und Konovalevs Blut muss an der Kleidung des Täters sein.« Er betrat mit Doris den Lift. »Als Garderobiere weiß sie sicher, wie man so etwas entfernt. Oder wenigstens verschwinden lassen kann.«

Er hatte schon den Zeigefinger auf den Knopf *Dritter Stock – Künstlergarderoben*, als Doris den Knopf mit der Aufschrift *Keller* drückte. »Waschmaschinen sind immer im Untergeschoss!«

Ein neonbeleuchteter Flur empfing sie unten, nicht so schön wie die Flure im Rest des Hauses. Lewandowski spürte, wie Doris seine Nähe suchte und sich bei ihm unterhakte.

Eine Tür am Ende des Ganges stand auf. Frau Dimitroff war gerade dabei, eine der drei riesigen Waschmaschinen zu befüllen. Als Lewandowski und Doris eintraten, fuhr sie herum, ein blutbesudeltes T-Shirt in den Händen.

»Gehört das Ihnen?« Mit zwei Schritten war Lewandowski bei ihr, nahm es ihr ab und reichte es weiter an Doris.

»Nein! Nein!«

Die Blicke der Dimitroff flitzten zur Tür. Die fiel mit einem lauten Knall ins Schloss. Alle fuhren zusammen.

Alain Desforges stand wie ein Zerberus im Raum und versperrte den Lewandowskis den Fluchtweg. Von der Trauer, die er vor Kurzem noch über Konovalevs Tod gezeigt hatte, war nichts mehr zu sehen. »Es ist meines.«

Lewandowski nahm allen Mut zusammen. »Dann haben Sie ihn umgebracht?«

»Nein, ich war's«, sagte die Dimitroff.

Desforges kam näher. Seine dunklen Augen schienen zu glühen. »Nein, ich.«

»Langsam!« Lewandowski hob die Hände. »Es gibt nur eine Stichwunde. Sie müssen sich schon entscheiden.«

»Ich«, sagten beide wie aus einem Mund.

Doris tastete wieder nach Lewandowskis Arm. Das T-Shirt ließ sie fallen. »Aber warum denn, um Himmels willen?«

Die Dimitroff sah Desforges an. »Sag du es ihnen.«

Desforges sagte nichts.

Lewandowski holte den Zettel aus der Tasche. »Hat es damit etwas zu tun? Mit einer gestohlenen Choreologie? Der Geist der Rose war die einzige Partie, in der Konovalev glänzte. Mit diesem Tanz verzauberte er die Bühnen der Welt. Es war seine Choreografie, seine einzigartige Interpretation. Aber ... stammt sie wirklich von ihm?« Er wandte sich an die Dimitroff. »Oder ist sie vielleicht von Ihnen geschaffen worden?« Die Dimitroff schlug die Hände vor ihr Gesicht. »Oder von Ihnen?«, fragte er Desforges.

Desforges schnellte vor und wollte das Blatt an sich reißen – doch er hatte die in fast vierzig Jahren eingeübte Choreografie von Eheleuten unterschätzt. Blitzschnell wanderte der Beweis aus Lewandowskis Hand zu Doris' und von dort in ihre Handtasche. Bevor Desforges ihr an die Gurgel gehen konnte, hatte Lewandowski ihn auch schon gepackt. Was ein Fehler war, weil Desforges jetzt ihm an den Hals ging.

»Aufhören!«, schrie die Dimitroff. »Aufhören!«

Schwer atmend ließen die Männer voneinander ab.

»Ich wollte es tun«, stammelte sie. »Es war meine Idee. Er hat uns beide beraubt und betrogen.«

Desforges legte seinen Arm um sie. Er schnaufte, die Frau schluchzte. Beide sahen aus wie geschlagene Krieger, die ihren Kampf schon vor langer Zeit verloren hatten. Sie wischte sich mit einer raschen Bewegung die Tränen aus den Augen.

»1984 waren wir alle jung und standen am Beginn unserer

Karriere. Alain als Choreograf, ich als Tänzerin. Und Sergej als der große Blender und Verführer. Wir hatten eine Affäre, Sergej und ich. Ich wurde schwanger. Als er es erfuhr, ließ er mich fallen.« Sie schluckte. »Er nahm Alains Choreografie und gab sie als seine aus. So eroberte er die Welt. Meine Karriere war beendet. Und Alain stand als Lügner da.«

Desforges nickte. »Der Geist der Rose war mein Lebenswerk.«

Lewandowski überlegte, wie es ihm gelingen könnte, an den beiden vorbei zur Tür zu kommen. Vorsichtig erkundigte er sich: »Wie kam denn dann Ihre Choreologie in seinen Bademantel?«

»Wir drei standen uns heute hier im *Musiktheater* zum ersten Mal nach über dreißig Jahren wieder gegenüber. Ich habe ihn zur Rede gestellt, ihm meine Choreologie der ›Rose‹ gezeigt. Er hat sie mir entrissen und mir ins Gesicht gelacht. ›Es ist meine‹, hat er gesagt. ›Ich bin der Tänzer. Ich hauche diesen Punkten, Linien und Strichen Leben ein. Ich mache sie unsterblich. Du bist vielleicht der Komponist. Aber ich, ich bin das Orchester.‹ Genau so hat er es gesagt!«

»Die Garderoben liegen nah beieinander«, übernahm die Dimitroff. »Ich habe den Streit gehört. Als Alain fort war, bin ich zu ihm.« Es fiel ihr schwer, diesen Teil der Geschichte zu erzählen. »Ich habe ihm ein Foto unserer Tochter gezeigt. Er hat es zerrissen. ›Du hast doch damals mit allen gevögelt‹, hat er mir gesagt. Ich war so wütend. So wütend!«

Sie vergrub ihren Kopf in Desforges Schulter. »Er hat unser Leben zerstört.«

Lewandowski verstand. »Und deshalb musste er sterben.«

»Wir haben das Messer gemeinsam gehalten«, sagte Desforges. »Als wir an der Matte hinter dem Fenster auf ihn gewartet haben, durch das er springen würde. Und gemeinsam haben wir zugestochen. Niemand wird nachweisen können, wer von uns es gewesen ist.«

Der Blick, mit dem Alain Desforges sie musterte, sagte, dass er zu allem entschlossen war. Lewandowski wollte gerade zu ein paar besänftigenden Worten ansetzen, als Doris die Handtasche öffnete und die Choreologie herausholte.

»Hier.« Sie reichte Desforges das Papier, noch bevor Lewandowski sie nach ihrem Geisteszustand fragen konnte. »Nehmen Sie es. Es gehört Ihnen.«

Ungläubig nahm Desforges die Choreologie entgegen.

»Wir sind Ärzte«, fuhr Doris fort. »Wir retten Leben, wir verurteilen nicht. Konovalev ist tot. Damit müssen Sie leben. Wir stehen unter Schweigepflicht. Ob Sie sich stellen oder nicht – von uns wird die Polizei niemals etwas von dem erfahren, was wir hier eben gehört haben.«

Sie sah Desforges und die Dimitroff an, dann zupfte sie ihren Gatten am Ärmel und dirigierte ihn an den beiden vorbei zur Tür. Keiner hielt sie auf.

»Jetzt brauche ich einen Schnaps!«, seufzte Lewandowski.

Es war weit nach Mitternacht und sie standen vor dem *Musiktheater.* Die letzten Gäste bestiegen ihre Taxis. Nur die Polizeifahrzeuge parkten noch vor dem Gebäude mit der eindrucksvollen Fassade – es gab drinnen noch Spuren zu sichern.

»Wer hätte das gedacht?«, murmelte Doris. Sie meinte damit den nordischen Tänzer, der vorhin, nachdem sie wieder in die Kantine zurückgekehrt waren, plötzlich hereingestürmt war.

»Dimitroff und Desforges!«, hatte er gerufen. »Sie haben gestanden! Unten, im Basement. Sie werden gerade verhaftet!« Zehn Minuten später hatte die Polizei sie alle entlassen.

Lewandowski sah auf seine Uhr. »Es ist noch nicht zu spät«, sagte er. »Für ein Glas Wein und einen Schnaps und ein Gespräch über das, was wirklich wichtig ist.« Er winkte nach einem Taxi.

Doris lächelte und hakte sich bei ihm ein.

»Ach«, sagte er, »seit wann bist du eigentlich Ärztin?«

Monika Geier

Fluggans an Sumpfgras in Hamm

Ich war es, die Burkhardt entdeckte. Er trieb im Wasser, am Wehr bei unserer Schule. Das war natürlich gruselig, jetzt im Nachhinein betrachtet, doch in dem Moment kam es mir total passend vor, dass da jemand Rücken nach oben in der Lippe lag. Hier, auf Heessen, an einem Morgen im November. Ich stieg ab. In diesen Ferien war ich jede freie Minute mit Maries Fahrrad unterwegs. Fahren, egal wohin. Zur Not sogar raus Richtung Schule. Nur, das alte Schloss Heessen sah an dem Tag gar nicht aus wie mein Internat. Es ragte steil und gotisch aus dem Nebel, ganz ohne Schulgeräusche. Und dann spuckte es mir noch den toten Burkhardt vor die Füße.

Er schwamm direkt am Wehr, da wo auf der anderen Seite unter der Brücke unser Geheimversteck aus der fünften Klasse ist. Ich erkannte ihn an seinen Klamotten. Er trägt immer so supercooles Tarnfleckzeugs mit aufgedruckten Wiesen aus tausendprozentigem atmungsaktivem Polyester – niemand läuft so rum wie er. Als Erstes dachte ich: O nein, Burkhardt, du doch nicht! Was auch krass war. Als wäre klar gewesen, dass diese Herbstferien ein Menschenopfer fordern würden. Und dass es jetzt eben Burkhardt getroffen hatte. Dann schaltete mein Gehirn um und verleugnete. Er badet, redete ich mir ein.

Ganz vorsichtig legte ich das Fahrrad zu Boden und sah wieder über die Brüstung. Er war immer noch da. Jetzt dachte ich, dass er tauchte. Burkhardt war Jäger, vielleicht suchte er einen verlorenen Köder im Wasser.

Blödsinn.

Dann dachte ich, dass irgendwer einen ganz schlechten Witz gemacht hatte, dass er Burkhard die Jacke geklaut und um einen Sack gewickelt und ins Wasser geworfen hatte, damit Passanten das für eine Leiche hielten. Aber in dem Moment bekam der Sack einen Hinterkopf und einen Nacken und er drehte sich ein wenig, da hatte er auch eine Hand. Und dann stand ich im Wasser, watete, tauchte im Wasser, es ist tief da, auf einmal war ich drin in der Kälte, um ihn rauszuholen, weil ich dachte, dass er da sofort rausmusste. Sofort. Ich triefte und es war saukalt und ich hab es nicht geschafft, weil seine Hand so eisig war und so seltsam fest und weil mich das geekelt hat. Ich hab es nicht geschafft, ihn da rauszuholen. Ich habe es mit Müh und Not geschafft, selbst wieder rauszukommen.

Mein Handy hatte das Bad in der Lippe überlebt, zum Glück, sonst hätte ich völlig durchnässt bei fünf Grad mit dem Fahrrad nach Hamm fahren müssen. Aber jetzt wählte ich endlich den Notruf.

Nach zehn ewigen Minuten traf der Rettungswagen ein. Die Sanitäter gaben mir Decken und lobten meinen Mut. Gleich darauf erschienen viele Polizisten, die reagierten ähnlich, doch sie wurden hellhörig, als sie erfuhren, dass ich Burkhardt gekannt hatte. Dann wollten sie meine Eltern anrufen, die sind im Moment in Rom. Wo ich denn wohnen würde, wenn meine Eltern nicht da wären, fragten die Beamten. Ich sagte, dass ich Schülerin auf Schloss Heessen sei und die Herbstferien bei einer Klassenkameradin verbrachte, die Ganztagsschülerin war und in Hamm lebte: meine Freundin Marie. Der auch das Fahrrad gehörte.

»Und Sie sind ganz allein hier rumgefahren?«, fragte die Beamtin, die hauptsächlich mit mir redete. »Um die Zeit?«

»Ja«, sagte ich. Keine Ahnung, was sie wollte. Es war halb neun. Praktisch Vormittag. Und in Maries Haus hielt ich es nicht aus, dort war die Stimmung furchtbar gedrückt, seit die Gänse verschwunden waren. Das sagte ich auch sofort.

»Gänse?«, wiederholte die Polizistin abweisend.

»Ja, die schwedischen Zwerggänse, die hier in der Lippeaue Rast gemacht haben«, erklärte ich. »Die auf der roten Liste stehen«, setzte ich noch hinzu. »Die so selten sind, dass das Fernsehen gekommen ist. Die in der Zeitung gestanden haben.«

Die Beamtin starrte mich an, als überlegte sie, wie ich, die ich eben noch neben dem toten Burkhardt im eiskalten Wasser gestanden hatte, jetzt an etwas so Unwichtiges wie Gänse denken konnte. Dabei hatten nur die Gänse uns verbunden, Burkhardt und mich.

Dass ich an sie dachte, war völlig logisch. Burkhardt war ehrenamtlicher Helfer bei der Ornithologischen Arbeitsgemeinschaft Hamm und Marie und ich sind in der Schul-AG Vogelschutzgebiet Lippeaue. Und als die schwedischen Zwerggänse hier in der Disselmersch Halt machten, haben selbstverständlich alle mitgeholfen. Leider waren unsere Bemühungen aber umsonst gewesen, wie es schien. Seit drei Tagen hatte niemand mehr die Tiere gesehen. Das alles versuchte ich, der Beamtin zu erzählen, aber sie schüttelte nur den Kopf. Dann sagte sie mir unvermittelt, dass sie eine amtsärztliche Untersuchung von mir bräuchte, und zwar, bevor ich heimgehen und duschen könne. Mit Abstrich. Es klang nicht so, als ob ich eine Wahl hätte.

»Nein«, sagte ich.

Sie starrte mich wieder so an. Dann wurde sie gerufen und musste zum Wehr. Ich saß und wartete.

Schließlich kam Maries Vater, um mich abzuholen. Er war

so freundlich, dass ich anfing zu weinen.

Die Polizistin und ein Kollege näherten sich augenblicklich, als sie ihn sahen.

Die Polizistin nahm Maries Vater beiseite und begann sehr ernst zu sprechen. Daraufhin wirkte er verärgert und rief laut: »Du kennst den Toten, Franziska?«

Ich nickte.

»Hat er dich belästigt?«

Ich schüttelte den Kopf.

»Er ist mindestens seit sechs Stunden tot«, sagte der Polizist zu seiner Kollegin. »Lass gut sein.«

Zu spät. Maries Vater schien an dem Tag leicht reizbar zu sein. Er gestikulierte der Beamtin vor der Nase herum: Wie sie auf die Idee käme, mich mit ihren schmutzigen Gedanken zu behelligen, nachdem ich mutig versucht hätte, einem Menschen in Not zu helfen, andere Jugendliche hätten erst mal ein YouTube-Video von der Leiche gedreht, während ich spontan ins eisige Wasser gesprungen sei, und dafür müsse ich mich auch noch rechtfertigen, obwohl der Tote seit mehreren Stunden tot sei, was bedeute, dass ich zum Zeitpunkt des Unfalls im Bett gelegen habe, und zwar unter seinem Dach und seiner Aufsicht, im Zimmer seiner Tochter Marie, die das selbstverständlich bezeugen könne.

»Es war kein Unfall«, entgegnete die Polizistin.

»Sondern?«

»Burkhardt Hellinghauser hat sich offenbar kurz vor seinem Tod geprügelt. Und zwar hier am Ufer. Er ist nicht angeschwemmt worden. Da hinten auf dem Parkplatz steht sein Auto.«

»Geprügelt?« Maries Vater verschränkte die Arme. »Mit ihr?«

»Das würden wir gerne herausfinden. Franziska ist mit

ihm im Wasser gewesen. Als Gegnerin könnte sie Abwehrverletzungen haben. Sie ist athletisch gebaut.«

»Quatsch!«, rief Maries Vater. Er wandte sich an mich. »Franziska, komm. Du musst ins Warme.«

Wir fuhren. Vielleicht wäre es klug gewesen, mich untersuchen zu lassen. Keine Ahnung. Es kam mir nur in dem Moment wie Schikane vor. Maries Vater fand das ja auch. Und ich hab einfach spontan Nein gesagt, weil ich die Polizistin nicht mochte.

Aber das lernte ich an diesem Tag: Polizisten, die du nicht magst, kommen wieder. Kaum hatte ich geduscht, gegessen und irgendwie dieses innere Zähneklappern in den Griff bekommen, da klingelte es und da standen Polizeibeamte. Man müsse mit mir reden.

Maries Mutter bat sie in die Küche. Mir war immer noch saukalt, so von innen heraus. Und dann drehten sie mich auch noch auf links. Wer ich wäre, was ich hier im Hause Schulte mache, seit wann ich mit Marie befreundet sei, seit wann ich Burkhardt kenne, was ich in der Vogelwarte mache, warum ich in den Ferien in einer schulischen AG arbeite, ob ich öfter mit Burkhardt allein Zeit in der Vogelwarte verbracht hätte, ob er mir Geschenke gemacht und mich eingeladen hätte, was er für ein Mensch sei.

»Er war ein Jäger.« Natürlich jagte er dort in der Vogelwarte nicht, er besaß nur eine mordsmäßige Kameraausrüstung, mit Tarnfleck und allem, damit schoss er Fotos von seltenen Vögeln. Wasserrallen und so. Eigentlich ganz logisch. Auch die Polizisten fanden nichts dabei. Nur Maries Mutter sagte mit hochgezogenen Brauen: »Er war – Jäger?«

Ich nickte.

»Aber – wenn er Jäger war, und ihr sagt, dass die Gänse

fort sind – dann ...? Könnte nicht Burkhardt ...? Und wurde erwischt ...?« Sie verstummte und blickte mich plötzlich erschrocken aus großen Augen an.

Denn falls es wirklich so war und Burkhardt die seltenen, vom Aussterben bedrohten Gänse geschossen hatte und deswegen mit jemandem in Streit geraten war, dann wohnte dieser Jemand vielleicht genau hier in Maries Haus.

Für die Fachwelt war es eine Sensation, dass die schwedische Zwerggans in diesem Jahr in Hamm Station machte. Sie war ein kleiner grauer Vogel, nicht viel größer als eine Stockente, etwas gedrungen im Körperbau, der Schnabel kurz und stupsnasig. Ursprünglich kam sie aus Skandinavien, wo sie die Sommermonate verbrachte, doch im Winter zog sie in den Süden. Ihre Hauptroute führte sie über den Balkan, wo Zugvögel auch heute noch bedenkenlos bejagt werden. Das brachte die Art fast zum Aussterben. Nur aufgrund aufwendiger Zuchtprogramme gab es in Schweden noch eine kleine Population. Dass diese Gänse aus Handaufzucht überhaupt zogen, war schon ein Ding, aber dass sie nicht über den gefährlichen Balkan geflogen waren, sondern nach Hamm, das war für alle Beteiligten eine riesige Erleichterung und großer Grund zur Freude. Ornithologen aus ganz Europa reisten an, unter anderem auch Maries Bruder Nils, der wissenschaftlicher Mitarbeiter an der Uni Rostock und irgendwie weitläufig an dem Projekt beteiligt war. Mit ihm war ein ziemlich finster aussehender Schwede, Morten, gekommen, der auch hier im Haus wohnte. Ich mochte ihn nicht. Marie hingegen fand ihn hinreißend. Sie bekam Absencen, wenn Morten schwedisch lispelte und knurrte, sie liebte es, wie er sein ungewaschenes Haar zurückstrich, und sie war entzückt von dem Temperament, das aus seinen knappen Äußerungen sprach.

Diese animalische Leidenschaft bezog sich aber nur auf das Projekt. Marie hätte schon eine Gans sein müssen, um von Morten wahrgenommen zu werden. Gleichzeitig wirkte er unverschämt geschäftstüchtig: Das magische Bindeglied zwischen Natur und Hochfinanz. Tatsächlich hatte er es ja geschafft, mächtige Investoren für seine Sache zu gewinnen, obwohl er keine Silbe zu viel sprach und vorwiegend mit Tieren lebte. Und nun war Mortens kostbare Gänseschar verschwunden. Das hatte ich ja zuvor schon den Polizisten zu erklären versucht.

Jetzt hörten sie mir zu. Oder: Sie hörten Maries Mutter zu. Die war kein potenzielles Vergewaltigungsopfer wie ich und überhaupt eben erwachsen. Und süß. Wenn sie redete, sammelten sich sofort Leute um sie. Auch jetzt standen plötzlich alle in der Küche: Nils, Marie, Morten gesellten sich zu uns. Wobei die Geschichte mit den Gänsen nicht ganz ungefährlich für Morten war.

Als Rächer der schwedischen Zwerggans fand ich ihn sehr überzeugend. Tatsächlich konnte ich mir niemand anderen so gut als Burkhardts Gegner vorstellen. Und ich fand auch, dass Morten etwas mitgenommen aussah, seinen rechten Arm komisch an den Körper gepresst hielt.

Doch die Polizisten waren weit davon entfernt, ihn zu verdächtigen. Sie hatten genug damit zu tun, die Gänsestory überhaupt ernst zu nehmen. »Also Sie sind von …«, war ihre häufigste Frage. Offenbar brauchten sie alle Titel von Nils (Heessen-Absolvent, Doktor und noch einiges andere an seiner Uni) und sämtliche Sponsoren von Morten (eine lange Liste bis hin zur deutschen Allianz Versicherung), um die beiden einzuordnen. Es ging allein um die Stellung der Jungs. Niemand bezichtigte sie des Totschlags oder gar Mordes. Wobei auch ich, je länger sie redeten, umso mehr Zweifel an meiner Theorie bekam. Denn eigentlich konnte ich nicht glauben, dass Burkhardt aus purem Jux vierzig vom Aussterben bedrohte Gänse schoss.

»Was hätte er mit ihnen gewollt?«, fragte ich seinen Freund Armin. Der war heute Nachmittag der Einzige in der Vogelbeobachtungsstation. Er war erschüttert von der schlimmen Nachricht, die ihn noch nicht erreicht hatte.

»Burkhardt ist tot?«, fragte er flach. Dann ließ er seine Kamera los, taperte zu dem einzigen Stuhl in unserem Unterstand und ließ sich schwer drauffallen. »Das musste ja so kommen«, sagte er.

Armin war der Seniorchef eines Auflugslokals in der Geithe und hatte Burkhardt wahrscheinlich sein Leben lang gekannt. Jetzt sah er mich an. »Dieser Schwede«, stieß er hervor. »Sieht Burkhardt ähnlich, dass er sich mit dem angelegt hat.«

»Ist nicht raus, dass es so war«, sagte ich.

»Du sagst doch, Burkhardt hat sich geprügelt vor seinem Tod?«

»Ja.«

»Na bitte«, sagte Armin.

»Aber was ist mit den Gänsen? Glaubst du, Burkhardt hat die echt geschossen? Allesamt?«

»Blödsinn! Der hätte sich eher vor den Lauf geschmissen, als so eine Gans zu schießen, das weißt du genau!«

Ich nickte.

»Geschossen worden sind die sowieso nicht«, bellte Armin. »Nicht bei uns. Hat keine Schüsse gegeben. Die hätte einer gehört, bei dem Gedränge, das hier neuerdings herrscht.« Er erhob sich ruckhaft und sah dann sehr gebückt aus.

Ich dachte an die Witze, die er mit Burkhardt über die Wildgänse gemacht hatte, dass sie genau die richtige Portionsgröße hatten und dass man sie in seinem Lokal zu einem super Martinsessen verarbeiten könnte. Vierzig Teller! Jeder Gast seine eigene Gans! Fettarm und schmackhaft! Du schießt, ich koche! Übermorgen war der elfte November, also Martinstag. Armin sah nicht aus, als ob er diesen Tag feiern würde. Er packte schwerfällig seine Kamera zusammen und ging.

Und ich stand wieder einmal allein im kalten Nebel.

Was war mit den Gänsen geschehen? Die Disselmersch hier am alten Hellweg wollte es mir nicht verraten. Sie lag stumm, ihr Buschwerk weitete sich zu einem kleinen Teich, rundherum abgestorbenes Röhricht und braunes Gras. Dort, auf einer schwer erreichbaren Insel im Sumpf hatten sich die Gänse aufgehalten. Über ihrer ehemaligen Lagerstatt saß jetzt auf einer wuchtigen Weide ein Rabe. Eigentlich war diese Insel durch den Morast vor ungebetenen Besuchern gut geschützt, trotzdem waren wir von der Vogelwarte zum Abschirmen eingeteilt worden. Also hatten wir stundenlang auf feuchten Feldwegen rumgestanden und Hundebesitzer verscheucht. Nur Nils und Morten durften den Lagerplatz ein Mal ganz kurz aufsuchen, um das Lager der Gänse zu überprüfen und zu filmen. Aber jetzt waren die Tiere fort. Und vielleicht sollte man sie erst mal da suchen, wo sie zuletzt gesehen worden waren.

Ich war klatschnass, ein zweites Mal an diesem Tag, als ich den ehemaligen Lagerplatz der letzten schwedischen Zwerggänse erreichte. Inzwischen dämmerte es. Der Nebel sah sehr düster aus und der Rabe auf der Weide über mir hatte sich verdoppelt. Vier blauschwarze Augen starrten gierig auf mich herab.

Unter den vielsagenden Blicken der Raben dauerte es keine fünf Minuten, bis ich die Gänse fand. Sie lagen aufgeschichtet unter einem halb vermoderten Weidenstamm, der sie optisch perfekt abdeckte. Die kleinen Leichen sahen erbarmungswürdig und unheimlich aus. Ein kalter Tropfen traf mich im Rücken, die Raben waren aufgeflogen. Mein Herz klopfte laut, ich dachte an den langen, schrecklichen Rückweg. Ich glaube, ich weinte auch. Mir war schlecht. Darum warf ich nur einen sehr kurzen Blick auf die zertrampelte Erde der Insel – nahm am Rande meines Blickfeldes etwas leuchtend Blaues wahr – dann machte ich, dass ich davonkam.

Diesmal rief ich keine Ambulanz. Mein Handy war voll Schlamm und funktionierte nicht mehr. Die Beobachtungshütte lag leer und still, es musste schon fast Nacht sein, alles dunkel und kalt, es nieselte. Ich hatte beide Schuhe im saugenden Matsch verloren und war total verdreckt. So stieg ich aufs Fahrrad und fuhr zurück nach Hamm.

An Maries Haus angekommen, wollte ich mich durch die Hintertür reinschleichen. Doch ich wurde entdeckt. Von Marie. Sie saß in der Kälte auf der Holzbank und spielte mit Mortens Zippo-Feuerzeug. »Wo warst du?«, fuhr sie mich an. »Nach dir läuft eine Großfahndung!«

»Eine was?« Meine Zähne klapperten, ich spürte weder Zehen noch Finger. Trotzdem erzählte ich kurz, was ich entdeckt hatte.

Das stimmte Marie nicht freundlicher. »Erst findest du Burkhardt«, sagte sie anklagend. »Und jetzt die Gänse! Das ist strange! Das hat Morten auch gesagt!«

»Wie bitte?«

»Er sagte, dass du ganz schön nah dran bist an diesem – diesen Todesfällen.«

»Das hat Morten gesagt? Zu dir? Persönlich? Hat er dich jetzt endlich bemerkt?«

Sie hob ihr Kinn. »Er wird nichts gegen dich unternehmen. Er fliegt morgen zurück nach Schweden.«

»Er wird nichts ... was? – Er haut ab?«

Ich öffnete die Tür, mit dem Impuls, ihn zu stellen und aufzuhalten.

»Du hättest mir ruhig sagen können, dass Burkhardt dich angemacht hat«, rief Marie mir hinterher. »Ich dachte, wir sind Freundinnen!«

Ich schlich mich ins Bad, vorbei an besorgt geführten Gesprächen im Wohnzimmer und der Küche, dann stellte ich mich in Kleidern unter die Dusche und verstopfte den Abfluss mit Schlamm. Das war mir aber egal, Hauptsache warmes Wasser.

Ich konnte es nicht lange genießen. Schon nach wenigen Minuten klopfte es an der Tür. Dann weiß ich nichts mehr. Ich glaube, ich bin in der Dusche umgefallen und sie haben die Tür aufgebrochen, um mich vorm Ertrinken zu retten.

So muss es gewesen sein, denn als ich aufwachte, lag ich in einem sauberen Bett. Nicht in Maries Zimmer. In einem Raum, den ich nicht kannte. Hoch und weiß, ein Krankenhaus. Ich war allein im Raum. Nein. Im Eck auf dem Besucherstuhl saß Maries Vater. Er sah müde aus.

»Du bist wach«, sagte er zu mir. »Dann kann ich ja jetzt gehen.« Aber er blieb sitzen. Als ob ihm die Kraft zum Aufstehen fehlte.

»Die Gänse sind tot«, sagte ich sofort und erklärte, wie ich sie gefunden hatte.

Maries Vater nickte. »Was ist dort passiert?«, fragte er.

»Ich weiß nicht«, sagte ich. »Aber ich hab da was gesehen.«
»Was?«
»Es war blau. Es hat mich an Morten erinnert.«
»Na ja«, sagte Maries Vater. »Er war ja auch dort. Er hat das Lager gefilmt. Kann man auf YouTube sehen.« Er schaute mir ruhig in die Augen und ich erkannte, dass er nicht wirklich zu müde war, um zu gehen, sondern dass er hier saß, um genau dieses Gespräch mit mir zu führen.

»Aber die Jungs hatten an dem Tag nichts Blaues dabei, was so aussah«, sagte ich, und da fiel mir wieder ein, wo ich dieses Blau schon einmal gesehen hatte: In Mortens Gepäck. Marie hatte sich ständig bei seinen Sachen herumgedrückt, wenn er nicht da war, bei der Gelegenheit hatten wir ein großes Netz aus dickem blauen Kunststoff gefunden. Und da Marie sämtliche im Internet verfügbaren Morten-Videos kannte, hatte sie auch gewusst, was er damit normalerweise tat.

»Damit fängt man Gänse zum Beringen«, sagte ich.

»Ich dachte, ich muss auf Marie aufpassen, solange dieser Angeber im Haus ist«, sagte Maries Vater da wie zu sich selbst. »Aber ich glaube, ich hätte auf Nils aufpassen müssen.«

»Wieso?«, wagte ich zu fragen.

»Gestern Nacht sind die beiden gegen drei Uhr heimgekommen. So wie die Nacht davor. Und davor.« Er schwieg bitter.

Ich nickte. Marie hatte nachts am Fenster gelegen, während ich schlief, und Ähnliches berichtet.

»Sie haben die Gänse getötet«, sprach ich aus.

Maries Vater seufzte schwer. Dann sah er mich ganz fest an. »Bei dir wäre es was anderes«, sagte er leise. »Du kämst mit Notwehr davon.«

Ich verstand zuerst gar nicht, was er da sagte. Dann muss

ich irgendwie reagiert haben, denn ich sah ein Flackern in seinen Augen.

Er stand auf. »Deine Eltern werden jeden Moment hier sein«, sagte er.

»Schön«, sagte ich.

Er ging.

Meine Eltern brachten mir ein Sortiment wundervoller italienischer Mandelkekse, einen Kaktus, über den sie sich sehr amüsierten, und, zum Glück, ein Laptop. Sie sagten, dass sie mich für eine Woche mitnehmen wollten (das sagen sie immer, wenn diese Woche irgendwie in die Schulzeit fällt), sie schimpften auf die Polizei und versprachen, in der Nähe zu bleiben. Dann gingen sie. Ich hoffte, dass sie wirklich noch eine Weile in Hamm bleiben würden, denn diesmal konnte es sein, dass ich sie echt brauchte.

Am nächsten Morgen wurde ich mit einem Schlag hellwach: Die Nacht war lang gewesen, ich hatte recherchiert – und ich hatte eine Theorie.

Eilig sprang ich aus dem Bett. Eine Krankenschwester betrat das Zimmer und stellte mir ein Tablett hin. Ich sagte, dass ich ein Telefon wolle, meine Eltern und die Polizei. Sie sagte, ich sollte erst mal essen. Ich begann zu diskutieren – da kam Marie.

Eigentlich war sie die Letzte, die ich jetzt sehen wollte, aber sie war meine Freundin, auch wenn Morten ihr den Verstand geraubt hatte. Außerdem schwand sein Einfluss bereits: »Er fliegt heute noch nach Schweden«, verkündete sie niedergeschlagen. »Mein Vater hat ihn eben gerade zum Flughafen gebracht.«

»Dein Vater ist auch hier?«, fragte ich.

»Er ist noch einkaufen und kommt nach.« Sie sah aus, als ob sie sich versöhnen wollte.

»Marie«, sagte ich, »Burkhardt hat mich nicht angemacht. Das weißt du. Ich hätte es dir erzählt.«

Sie nickte.

»Und er hat auch den Gänsen nichts getan. Nicht er. Ich hab sie gesehen. Voll krass und gruselig. Wie die da gelegen haben. Jemand hat sie umgebracht und versteckt. Damit man sie nicht sieht.«

»Wer soll das gewesen sein?«

»Jemand mit einem blauen Netz. Ich hab ein Stück davon am Ufer gefunden.«

»Hast du es mitgenommen?«

»Nein«, gab ich zu.

»Dann kannst du es nicht beweisen.«

Ich sah sie an. »Willst du hören, was ich denke?«

Schweigen.

»Weißt du, warum diese Gänse gezogen sind? Von Schweden hierher?«

»Weil es Zugvögel sind?«

»Ja, aber sie waren aus einer Handaufzucht. Ihre Route müssen sie lernen. Und gelernt haben sie von Weißwangengänsen. Morten und seine Kollegen haben in den letzten Jahren einige Zwergganseier in Weißwangengansgelege geschmuggelt. Sodass die jungen Zwerggänse mit ihren Adoptivfamilien in den Süden gezogen sind. Sie haben extra Gruppen ausgesucht, von denen man wusste, dass sie Richtung Niederlande und nicht über die Balkanroute ziehen.«

»Das weiß ich doch!«

»Du weißt aber nix von der Komplikation.«

Marie sah mich an. Ihre Augen waren Schlitze.

»Weil, die schwedischen Zwerggänse, die bei den Weißwangengänsen aufgewachsen sind, zogen zwar in die richtige Richtung, aber sie haben sich anschließend mit Weißwangengänsen gepaart.«

»Na und?«

»Darum war ein Teil der Gänse hybridisiert.«

»Ist das schlimm?«

»Es gefährdet das gesamte Projekt.« Ich klappte mein Laptop auf. »Hier steht, dass sich mehrere solvente Finanzierungspartner vorläufig aus der Förderung zurückgezogen haben, weil die Arterhaltung unter diesen Umständen nicht gewährleistet ist.«

Marie schüttelte den Kopf.

»Es gab mehrere Vergleichsgruppen.« Ich drehte den Laptop um und zeigte ihr meine Quelle, keine von Mortens Heldenseiten, sondern ein nerdiges Ornithologen-Forum mit Leuten, die Usernamen wie *Naturschutz-Michel72* hatten. »Vereinzelt existieren wohl noch unregistrierte Paare, dann gibt es eine Gruppe, die in Gefangenschaft lebt – mit reinem Erbgut – die sind älter, aber unerfahren und in Schweden geblieben. Und dann unsere gut dokumentierte Gruppe, die wie erwartet Richtung Niederlande gezogen ist, aber dann sind die Tiere unterwegs abgebogen und in Hamm gelandet. Inzwischen haben die Leute vom Aufzuchtprojekt überlegt, wie sie diese Gänse vorsichtig isolieren und an der Rückkehr hindern können, denn langfristig können hybridisierte Tiere das Erbgut der gesamten Art verändern. Und das heißt ...«

Marie sprang auf. »Das glaube ich nicht!«, rief sie.

»Dein Bruder und Morten waren das Aufräumkommando«, sagte ich leise. »Öffentlich töten konnten sie die Gänse nicht. Nicht in der Aufzuchtstation. Und auch nicht an den gewohnten Überwinterungsplätzen. Das wäre aufgefallen.

Hier in Hamm dagegen ist alles provisorisch. Nach dem ersten Hype konnte man sie leicht verschwinden lassen.«

Marie sagte kein Wort mehr. Sie zischte mich nur an. Wie eine Gans. Morten hätte sie mit ganz neuen Augen gesehen. Dann stürmte sie aus dem Raum.

Was ich jetzt tun werde? Gute Frage. Dass Nils mit drinhängt, ist natürlich schlimm, aber deswegen werde ich Burkhardts Tod nicht auf mich nehmen, selbst wenn ich straffrei mit Notwehr davonkäme. Die Frage ist nur: Kann ich überhaupt irgendwas tun? Was wird passieren?

Nix, wahrscheinlich. Dass Morten und Nils angeklagt werden, glaub ich nicht. Morten ist weg, Nils ein ehrenwerter Akademiker, seine Familie angesehen. Die Leute werden reden, aber nicht über sie. Burkhardt und ich, wir sind das romantischere Paar, er kann sich nicht mehr wehren und ich bin eine von diesen hippen Internatstussis, die sich hier ihr Abi kaufen und dann sowieso weiterziehen.

Wobei es eigentlich eine interessante Frage ist, wieso die Prügelei ausgerechnet bei uns auf Schloss Heessen stattfand. Es liegt zwar an der Lippe, aber doch mehrere Kilometer vom Lagerplatz und Hinrichtungsort der Gänse entfernt. Was taten Nils und Morten an diesem Ort? Und was konnte Burkhardt dort Verdachterregendes beobachtet haben?

Oh. Ich weiß.

Sie haben etwas versteckt. So muss es gewesen sein. Denn da an der Lippebrücke, auf der Seite, wo das Schleusenwärterhäuschen steht, befindet sich unter dem Auflager unser Geheimversteck.

Es ist ein trockener Hohlraum, der von der Abflussseite des Wehrs zu erreichen ist – nur würde keiner auf die Idee kommen, das zu versuchen. Man wird auch nass dabei. In der fünften Klasse hat Marie mir diesen Raum gezeigt. Ich glaube, sie kannte ihn von Nils. Genau.

Aber was hätten Morten und Nils dort loswerden wollen?
Das blaue Netz.
Natürlich.
Es muss schmutzig gewesen sein, nach der Fangaktion. Wahrscheinlich waren Gänsefedern dran. Und dieses Netz konnte in diesem Zustand nirgendwo bleiben. Nicht zu Hause in Reichweite der neugierigen Marie. Nicht dem Zufall überlassen in irgendeiner Mülltonne. Sie konnten es nicht säubern, ohne aufzufallen, vielleicht hätten sie es verbrennen können. Aber das hätte mehr Aufsehen erregt, als es zu verstecken, und selbst dabei sind Nils und Morten ja wohl erwischt worden.

Hammer. Ich weiß, wo das Netz ist.

Wenn sie jetzt kommen, Maries Vater, die Polizisten, und mich fragen, wenn sie wieder Burkhardt benutzen und diesen besserwisserischen Mitleidsblick aufsetzen, wenn sie versuchen, mich zum Opfer zu machen und mir das Leben zu versauen – dann hab ich hoffentlich dieses Netz.

Ule Hansen

Kunigunde beschwert sich nicht mehr über den Regen in Lüdenscheid

Am Vorabend der Feier zum 750. Jubiläum der Stadtgründung von Lüdenscheid sind bislang verschollene Dokumente aufgetaucht, die ein neues Licht auf die Verleihung der Stadtrechte in 1268 werfen. Obwohl einige Historiker, vor allem die, die von der Familie der Gräfin Kunigunde abstammen, die Echtheit dieser Dokumente anzweifeln, wollen wir sie den Lüdenscheidern zu diesem denkwürdigen Zeitpunkt nicht vorenthalten.

Henker Lünsch hatte soeben seine 19.999ste Mahlzeit beendet, als Graf Engelbert I. von der Mark ihn zu sich rufen ließ.

Das Essen war schmackhaft, sättigend und unterm Strich preiswert gewesen und hatte zur Gänze aus geröstetem Brot mit Butter – denn ein Mahlzeit ohne Butter ist keine Mahlzeit – bestanden. Henker Lünsch mochte Brot, und das am liebsten geröstet. Dass die Mahlzeit seine 19.999ste war, wusste er, weil er zu seinem dreizehnten Geburtstag von seinem Vater eine Rechnung für alle bisher verspeisten Mahlzeiten vorgelegt bekommen hatte und seither jede weitere selbst notierte, in der Regel zwei am Tag.

Graf Engelbert I. wartete schon in seinem Verwaltungsgebäude am Kirchplatz, Sitz des Hogräfen Himmen, der das Dorf Lüdenscheid im Namen des Grafen verwaltete. Normalerweise residierte Engelbert in der Burg Mark, dem Traditionssitz der Familie, etwa zwei Tagesritte entfernt. Er war wohl gerade erst angekommen, denn er trug noch einen

Reisemantel und befand sich mitten in einer Mahlzeit, die er vermutlich nicht bezifferte, als Henker Lünsch die riesige, verrauchte Küche betrat. Der Graf hatte Tränen in den Augen, während er sich mannhaft durch eine Scheibe Schweinebraten mit einem Spiegelei oben drauf und gerösteten Steckrüben unten drunter arbeitete. Es roch lecker, aber für Lünschs Geschmack fehlte etwas, er konnte nicht recht sagen, was.

»Du fragst dich bestimmt, warum ich Tränen in den Augen habe«, sagte Graf Engelbert I.

»Ihr weint sicher um Eure geliebte Gattin Kunigunde«, vermutete Henker Lünsch, dessen Auffassungsgabe weit über seinen gesellschaftlichen Stand hinausging. Schließlich lag die schöne Gräfin – was sie sonst nie tat – reglos ausgestreckt vor Graf Engelbert auf dem großen, abgewetzten Küchentisch. Sie war offenbar tot.

»So ist es«, sagte Graf Engelbert I. und stieß das Messer in den Braten. »Sie ist heute Nacht gestorben und es war Mord. Nie hätte meine Kunigunde Selbstmord begangen, sie hat Selbstmörder verachtet, und an einen Unfall wird im derzeitigen politischen Klima keiner glauben. Wegen besagten politischen Klimas fürchte ich, man könne mich des Mordes bezichtigen. Du wirst daher mit der Aufgabe betraut, den Mörder zu finden und mich zu entlasten, Lünsch. Kannst du das?«

Der Henker räusperte sich. Wie alle glücklichen Untertanen des Grafen hatte auch er die Gräfin sehr verehrt – für ihre Anmut, ihr glänzendes Haar, ihr funkelndes Geschmeide, ihren teuren Sinn für Mode, ihren beißenden Witz, ihre furchtlose Art, mit dem Pöbel umzuspringen, ihre anbetungswürdige Hochnäsigkeit, ihre konsequente Ablehnung von Arbeit, Anstrengung und Verantwortung jedweder Art.

Er räusperte sich erneut. »Herr, wenn ich eine Frage stellen dürfte. Noch nie habe ich so eine Mahlzeit gesehen. Ein

Spiegelei als Beilage zum Schweinebraten? Für solche Üppigkeiten war unsere schöne Herrin Kunigunde viel zu sparsam. Die übliche Lüdenscheider Fleischbeilage besteht aus Steckrüben. Habt Ihr vor, mit dieser ehrwürdigen Tradition zu brechen?«

»Henker Lünsch«, erwiderte der Graf, »ich bin froh, dass du darauf hinweist. Kannst du dir vorstellen, dass sich das bald ändert? Dass alte Traditionen durch neue, bessere ersetzt werden? Dass wir bald jeden Tag Braten mit Spiegelei essen? Dass wir statt unserer ewigen Fehde mit dem Erzbischof von Köln endlich einmal Frieden haben? Dass das Dorf Lüdenscheid, statt jede zweite Woche von Banditen überfallen zu werden, eine echte Stadtmauer bekommt, mit Stadt- und Marktrechten, sodass die fleißigen Lüdenscheider endlich was verdienen, verkaufen, vererben und versteuern können? Eine richtige Stadt, Henker Lünsch! Allein die Zölle! Kannst du dir vorstellen, dass statt jeden Tag Regen, Regen, Regen bei uns auch mal die Sonne scheint? Im übertragenen Sinne, natürlich. Kannst du das?«

Die leidenschaftliche Vision, die Graf Engelbert I. entwarf, klang ganz anders als alles, was der Henker kannte und beunruhigte ihn ein wenig. Er kratzte sich am Kopf. »Aber warum ich, Herr?«

»Warum? Weil du dich auskennst mit dem Tod. Und jeder weiß, dass du nicht lügen kannst.«

»Es ist mir eine Ehre«, sagte der Henker.

»Beginn ruhig schon mit der Untersuchung, ich muss nur schnell aufessen.«

Selbst im Tod war die Gräfin schön wie immer, fand Lünsch, doch ihre blonden Haare waren durchnässt, ihre Kleidung klebte ihr am Busen und ihre Haut war verschrammt und schmutzig.

»Sie ist ertrunken«, gab er bekannt.

Graf Engelbert I. nickte anerkennend.

Doch dann entdeckte Lünsch am Hinterkopf der Gräfin unter dem Haar eine Stelle, wo die Haut aufgeschürft war und Teile des Schädels hervorschimmerten.

»Ich korrigiere«, sagte er. »Sie wurde durch einen Schlag auf den Kopf mit einem schweren Gegenstand getötet.«

Der Graf nickte erneut.

Der Henker fuhr behutsam fort und stellte fest, dass ein Arm und ein Bein gebrochen waren. Etwas, was ihm vom Vierteilen her vertraut war.

»Ich korrigiere erneut«, gab er bekannt. »Sie wurde von einer Anhöhe gestoßen und zog sich beim Aufprall mehrere Verletzungen zu.«

Er drückte auf ihren Bauch und roch gleichzeitig an ihrem Mund. Ein wenig Wasser trat daraus hervor. Und ein unverkennbarer Geruch.

»Wein«, sagte er. »Sie wurde zuerst betrunken gemacht, damit sie sich nicht wehren konnte. Wer hat die Leiche denn entdeckt?«

»Ein Müller in Altena«, sagte Engelbert. »Dort habe ich meine arme Frau gerade abgeholt.«

»Dann muss ich nach Altena«, sagte Henker Lünsch.

Der Fußmarsch dauerte zwei Stunden. Es regnete. Für unterwegs hatte Lünsch seine Tasche mit geröstetem Brot vollgestopft. Ohne Butter war es allerdings keine richtige Mahlzeit. Das ärgerte ihn, weil er sich schon lange darauf gefreut hatte, seine 20.000ste Mahlzeit notieren zu können. Doch die Verehrung für seine Herrin war größer als der Appetit.

Der Müller führte ihn zu der flachen, steinigen Stelle am Ufer des Rahmede unweit der Burg Altena. »Sie steckte in einer Regentonne, die hier herabtrieb«, sagte er und wies aufs Wasser, während Henker Lünsch lustlos an seinem gerösteten Brot kaute. Kalt schmeckte es irgendwie nicht. »Sie wäre noch bis in die Lenne getrieben, wenn ich sie nicht rausgefischt hätte. Der Deckel war zugenagelt.«

»Ihre Leiche wurde zur Entsorgung in die Regentonne gestopft und in den Fluss geworfen«, folgerte Henker Lünsch und wischte sich die Brotkrümel vom Kittel. »Wo ist die Tonne jetzt?«

»In Lüdenscheid. Ich habe sie abholen lassen. Sie gehört nämlich der Kirche dort, das hab ich am Brandzeichen erkannt.«

»Dann muss ich wieder heim«, sagte Henker Lünsch.

In Lüdenscheid stieg er den Hügel hinauf zur Kirche, mit ihrem wuchtigen Turm und dem kleinen Friedhof das unbestrittene Zentrum des Dorfs. Am Kirchplatz befand sich auch das gräfliche Verwaltungsgebäude, wo Lünsch heute Morgen schon gewesen war, die Brauerei, die Küferei und die Drahtzieherei, alles halb umgeben von Ansätzen einer symbolischen Mauer, die Graf Engelbert errichtet hatte, um seiner Vision von einer echten, erfolgreichen Stadt Nachdruck zu verleihen.

Auf dem Friedhof stellte Lünsch zwar einige Merkwürdigkeiten fest – einschließlich einer kleinen Schaufel und ein paar schillernden Federn von außergewöhnlicher Buntheit, die im Gras zwischen den Gräbern lagen –, doch nichts, was mit einem Mord zu tun haben könnte. Die Regentonne war schon wieder im Einsatz an ihrem angestammten Platz unter dem Turm. Weil es bereits den ganzen Tag regnete, war sie fast wieder voll.

Priester Clute bestätigte, dass es sich um die Regentonne

der Kirche handelte, die heute früh aus Altena zurückgebracht worden war.

»Habt Ihr sie genauso zurückbekommen, wie sie vorher war? Hat was gefehlt?«

»Im Gegenteil«, sagte Priester Clute.

»Wie meint Ihr das?«

»Da war ein Deckel dabei. Meine Tonne hatte keinen – wozu braucht eine Regentonne einen Deckel?«

»Wo ist er jetzt?«

»Ich habe ihn dem Küfer gegeben. Am Brandzeichen sah ich, dass er aus seiner Werkstatt stammt.«

Henker Lünsch kaute nachdenklich an seinem Brot und blickte gen Himmel. »Ich möchte mir gerne mal einen Überblick verschaffen.«

Der Priester geleitete ihn die vielen Stufen hinauf zum Turmzimmer ganz oben. Dort war nicht viel zu sehen – bis auf zwei Hocker und drei leere Weinflaschen, zwei davon zerbrochen. Durch die offenen Fensterläden regnete es hinein. »Normalerweise sind die zu«, kommentierte Priester Clute, während er sie schloss und die Flaschen wegräumte. »Ich weiß auch nicht, was die Hocker hier zu suchen haben.«

»Wenn ich einen Blick in Eure Sakristei werfen würde«, sagte Lünsch, »würde ich dann feststellen, dass drei Flaschen Wein fehlen?«

»In der Tat«, sagte der Priester, »das ist mir heute Morgen ebenfalls aufgefallen.«

»Wer hat alles Zugang zur Sakristei?«

»Nur ich und mein Herr Engelbert natürlich.«

»Unser Graf Engelbert?«

»Wieso Graf Engelbert?«

»Ihr habt gerade gesagt, Engelbert habe Zugang zur Sakristei.«

»Aber doch nicht Graf Engelbert.«

»Welchen Engelbert meint Ihr dann?«

»Engelbert II. von Köln natürlich, den Erzbischof, mein höchster kirchlicher Herr. Welchen Engelbert habt Ihr denn gemeint?«

»Graf Engelbert I. von der Mark natürlich, Euren höchsten weltlichen Herrn vor Ort.«

»Es ist verständlich, wenn Ihr sie durcheinanderbringt.«

»Ich habe sie nicht durcheinandergebracht, Ihr habt sie durcheinandergebracht«, sagte Henker Lünsch.

»Wie dem auch sei«, sagte der Priester, »in den letzten Tagen habe ich weder den Grafen noch den Erzbischof noch seine Nichte Elisabeth, die ihm ständig am Rockzipfel hängt, gesehen. Warum sollten sie auch hier sein? Sie liegen ja in Fehde miteinander. Also: Hier war niemand, das möchte ich ausdrücklich betonen.«

Lünsch nickte. »Ja, diese Fehde. Hätte unser guter Graf besser nicht damit angefangen, da unten einfach diese Stadtmauer zu bauen. Das hat den Bischof wohl geärgert.«

»Ach, das Mäuerchen«, winkte der Priester ab. »Da kann man doch einfach herumgehen. Nein, ich glaube nicht, dass das der Grund für den Zwist ist.«

»Sondern?«

»Ich habe läuten hören«, raunte der Priester, »dass es den Erzbischof verstimmte, dass unser Graf Engelbert die schöne Kunigunde geheiratet hat. Eigentlich sollte seine Nichte Elisabeth die Braut sein. Elisabeth und Engelbert kennen sich ja von Kindesbeinen an und waren ein Herz und ein Seele. Vor allem auch, weil Elisabeth weit und breit den besten Schweinebraten mit Spiegelei und gerösteten Steckrüben macht. Die Heirat war schon so gut wie beschlossen ... doch dann kam die Sache mit der Schwangerschaft der schönen Kunigunde.«

»Aber Graf Engelbert und Kunigunde sind kinderlos ...«

»Nach der Eheschließung schwoll ihr Bauch sofort wieder ab.« Der Priester zuckte die Achseln. »Sachen gibt's, die gibt es nicht.«

Etwas an Priester Clutes Art stimmte Henker Lünsch unruhig. »Hat unsere Herrin Kunigunde je bei Euch gebeichtet?«, wollte er wissen.

»Nie«, sagte der Priester. »Den Beichtstuhl für den Pöbel hat sie nicht betreten. Auch zur Messe kam sie nie. Ich fragte sie, ob unsere schöne Kirche nicht prächtig genug sei für sie, aber sie lachte nur charmant und meinte, es regne so viel in Lüdenscheid, sie traue sich kaum aus dem Haus. Unsere schöne Herrin kannte viele Witze über Lüdenscheid und die meisten hatten mit Regen zu tun. Wollt Ihr einen hören?«

»Nein«, sagte Lünsch und kaute nachdenklich an seinem Brot. »Ich bin Henker. Henker haben keinen Humor. Wisst ihr, warum unsere Herrin gestern in der Gegend war?«

Der Priester zuckte die Achseln. »Wer nicht zur Beichte kommt«, sagte er, »dessen Geheimnisse kann ich nicht erzählen.«

Als sie die Kirche verließen, fiel Henker Lünsch auf, dass da drin ordentlich was los war: Fenster wurden geputzt und das Kirchenschiff mit Blumen dekoriert.

»Feiert Ihr demnächst eine Hochzeit?«

»Nein, wieso?«, sagte der Priester.

»Wo geht's zum Küfer?«, fragte Henker Lünsch.

Den Deckel zur Regentonne fand Lünsch in der Küferei des Biegemeisters Bernd. Bei näherer Betrachtung entdeckte er sechs Nägel, die hindurchgehämmert worden waren. Und an der Innenseite steckte ein Fingernagel.

»Sie lebte also noch, als der Deckel zugenagelt wurde«,

stellte er fest. »Sie ertrank beim Rollen, weil das Fass voll Wasser war, oder spätestens im Fluss.« Er hielt dem Biegemeister den Deckel unter die Nase. »Wann habt Ihr den zuletzt gesehen?«

»Gestern Abend«, sagte der. »Er wurde heute Nacht aus der Werkstatt geklaut.«

»Und wer außer Euch im Dorf ist so reich, dass er sich Nägel leisten kann?«

»Der Einzige außer mir, der sich Nägel leisten kann? Das ist wohl der Drahtzieher«, sagte der Küfer.

Draußen auf dem Kirchplatz wieherten Pferde. Eine Kutsche ohne Wappen hielt vor dem gräflichen Verwaltungsgebäude und eine Frau mit einer sehr großen Nase stieg aus. Es war eine Menge los in Lüdenscheid heute.

»Wie würdet Ihr Eure Einstellung unserer Herrin gegenüber beschreiben?«, fragte Lünsch.

»Dankbarkeit! Alles, was ich über Geld weiß, weiß ich nur durch sie.«

»Sie hat Euch Unterricht in finanziellen Angelegenheiten gegeben?«

»Und wie! Indem sie nie ihre Schulden bezahlt hat, hat sie mich gelehrt, genügsam zu sein, Löcher in den Schuhen auch bei Regen zu ertragen und weniger für mich und die Meinen auszugeben. Seit Frau Kunigunde unsere Herrin ist, hat meine Frau endlich abgenommen!«

Henker Lünsch nickte zufrieden. »Bringt mich zum Drahtzieher«, sagte er.

Der Reidemeister Rudi gab offen zu, dass es seine sechs Nägel waren.

»Und zwar ganz genau die sechs Nägel, die ich gestern dem Bierbrauer geliehen habe, samt Hammer. Er kann den

Hammer auch meinetwegen behalten, denn seitdem unser Herr in Fehde liegt, braucht sowieso kaum jemand Nägel. Ich habe alle Hände voll zu tun, mich vor den Räubern zu schützen, die alle paar Wochen hier einfallen, weil unsere Mauer keine richtige Mauer ist. Mauerbau ist ja Stadtrecht.« Damit setzte er sich wieder an seine Werkbank.

»Was sind das für Ösen, die Ihr da biegt?«

»Ösen für die Kettenhemden der Rüstung der städtischen Garde.«

»Lüdenscheid hat keine städtische Garde.«

»Stimmt. Seht ihr? Schon wieder arbeite ich umsonst.«

»Wie stand es denn so um Eure Beziehung zu Kunigunde?«

»Für unsere Herrin hegte ich nur allergrößte Verehrung«, sagte der Drahtzieher. »Ich bewunderte die Art, wie sie mich und meine Gehilfen mit Füßen trat, als ob wir ihre Sklaven seien – das versichert einem, dass die göttliche, adelige Ordnung, in der sie verdienterweise so weit oben stand, gewahrt wird. Ich fühle mich geborgen in einer Welt, in der an so was nicht gerüttelt wird.«

Draußen am Kirchplatz kam gerade ein Zug mit mehreren Wagen an. Sie waren voll beladen, aber Lünsch konnte nicht sehen, was unter der Bespannung lag.

»Ich bin froh, dass meine Herrin so geschätzt wurde«, sagte Lünsch und verabschiedete sich, um den Bierbrauer zu sprechen.

Siedemeister Siggi, der seine Brauerei im Haus nebenan betrieb, hatte Folgendes zu sagen: »Ja, ich habe Hammer und Nägel vom Drahtzieher ausgeliehen, ich wollte einen Sarg bauen. Aber während unseres Saufgelages habe ich beides aus den Augen verloren und am nächsten Morgen waren die Nägel weg.«

»Ein Saufgelage in der Nacht, in der unsere Herrin ermordet wurde?«, fragte Lünsch neugierig und brach ein Stück Brot ab. »Wer war denn alles dabei?«

»So ziemlich halb Lüdenscheid«, sagte der Bierbrauer und wischte sich eine Träne fort. »Wir feierten die Beerdigung meines Papageis.«

»Eures was?«

»Papageis. Das ist ein Vogel aus dem Orient, der sprechen kann. Den hat mein Schwager, Gott hab ihn selig, damals vom Kreuzzug mitgebracht. Gestern ist der Vogel gestorben.«

»War er krank?«

»Er wurde ermordet«, sagte der Bierbrauer, dem die Tränen jetzt über die Wangen strömten. »Er hatte die Gewohnheit, unserer Herrin Kunigunde, immer, wenn sie vorbeiging, ›Du bist besoffen! Besoffen!‹ nachzukreischen. Gestern hat sie ihm den Hals umgedreht. Trotzdem bin unserer Herrin dankbar.«

»Wofür?«

»Für die Herausforderung«, schluchzte der Brauer. »Die Herausforderung, ohne die einzige Sehenswürdigkeit, die mir Kunden in die Schankstube brachte, meinen geliebten Papagei, weiterzuleben. Jeder braucht eine anständige Herausforderung von Zeit zu Zeit.«

Draußen auf dem Kirchplatz musste Henker Lünsch mehreren Säcken Hopfen ausweichen, die vor der Tür des Brauers gestapelt wurden. Er blickte zu den neu angekommenen Wagen, von denen Bretter abgeladen und in das Haus des Küfers geschleppt wurden. Und in das Verwaltungsgebäude wurde eine Kleidertruhe nach der anderen gebracht.

Engelberts Verwalter, Hograf Himmen, der vor dem Tor stand, wollte ihn auf keinen Fall einlassen. Erst als Lünsch sagte, er wolle der Frau Elisabeth zu ihrer bevorstehenden Hochzeit gratulieren, war der Hograf so erstaunt, dass er ihn in einen Saal führte, wo Graf Engelbert I. und Erzbischof Engelbert II. warteten – sowie eine Frau mit der größten Nase, die Lünsch je gesehen hatte.

»Ihr seid Frau Elisabeth, nehme ich an«, sagte er und verbeugte sich. »Lünsch mein Name. Ich gratuliere.«

Bevor die junge Dame, die rot anlief, etwas erwidern konnte, sagte der Erzbischof von Köln: »Bitte klär uns doch auf, woher du weißt, dass es eine Hochzeit gibt.«

»Ich weiß noch mehr als das«, sagte Henker Lünsch. »Ich weiß, wer meine Herrin ermordet hat.«

»Ach? Wer denn?«, fragte Graf Engelbert I.

Henker Lünsch holte tief Luft und erklärte: »Die Fehde zwischen Euch und Euch ging allen nur noch auf die Nerven. Es gab nur eine Lösung: Graf Engelbert musste seine Ehe mit Kunigunde auflösen und Frau Elisabeth heiraten. So käme die Lieblingsnichte des Erzbischofs endlich unter die Haube, im Gegenzug würde der Erzbischof Lüdenscheid die Stadtrechte verleihen – und die Fehde wäre beigelegt.«

»Wieso ›endlich‹?«, fragte Elisabeth und strich sich nervös über die Nase.

»Das einzige Problem war Kunigunde. Eine Scheidung kam für den Erzbischof nicht infrage, höchstens eine Annullierung aufgrund nicht vollzogener Ehe. Alles, was dazu nötig war, war Kunigundes Einwilligung. Also hat Graf Engelbert I. den Erzbischof zu einem Geheimtreffen herbestellt. Und ebenso Kunigunde, denn der Erzbischof sollte ihr ans Herz legen, der Annullierung zuzustimmen.«

Weder Graf noch Erzbischof Engelbert hatten etwas zu erwidern.

Henker Lünsch fuhr fort: »Der Erzbischof und Kunigunde

trafen sich in der Kirche, oben in der Turmstube, wo es keine Zeugen gab, und der Erzbischof goss reichlich Messwein nach. Trotzdem wollte Frau Kunigunde der Annullierung partout nicht zustimmen. Es kam zum Streit, die Flaschen gingen zu Bruch und dabei fiel Kunigunde aus dem Fenster. Ob es ein Unfall war oder ob der Erzbischof nachgeholfen hat, das wissen nur der Erzbischof und Gott.«

Nun wandte sich Henker Lünsch den drei Männern zu, die lautlos hinter ihm in den Raum getreten waren – dem Biegemeister, dem Siedemeister und dem Reidemeister.

»Und nun zu euch«, sagte er streng. »Ihr wart an dem Abend besoffen und wolltet gerade den exotischen Vogel auf dem Friedhof beerdigen, als Frau Kunigunde aus dem Turm in die Regentonne stürzte. Ihr habt einen Deckel geholt, die Tonne zugenagelt und zum Fluss gerollt – und eure Vogelfedern und die Schaufel auf dem Friedhof vergessen. Damit war der Tod meiner Herrin besiegelt. Ob sie sich noch bewegte oder ob sie schon tot war, wisst nur ihr und Gott.«

Die Stille, die nach diesen Worten im Raum herrschte, dauerte lange an. Dann sprach der Erzbischof: »Eine interessante Theorie, Henker Lünsch. Aber es gibt eine andere, die mich mehr überzeugt.«

»Und die wäre?«

»Du bist Kunigundes Mörder.«

»Wie bitte?« Auch Graf Engelbert und Elisabeth waren etwas erstaunt ob dieser Behauptung.

»An sämtlichen Tatorten«, betonte Erzbischof Engelbert, »in Altena, in der Regentonne, in der Turmstube, in den Werkstätten der drei Lüdenscheider Herren hier – so wurde mir berichtet – wurden Brotkrümel gefunden. Und zwar von geröstetem Brot. Es gibt nur einen, der ständig geröstetes Brot isst. Als Erzbischof und Lehnsherr des Grafen ist es meine traurige Pflicht, dich für den Mord an der schönen Kunigunde zum Tode zu verurteilen.«

Dem Henker blieb die Spucke weg – nicht nur, weil er plötzlich zum Hauptverdächtigen wurde, sondern auch, weil die Argumentation so überzeugend war: Er hatte tatsächlich an allen Tatorten Brotkrümel hinterlassen.

Es war Elisabeth, die zuerst sprach: »Können wir nun heiraten oder nicht?«

Alle wandten sich Henker Lünsch zu. Es dauerte einen Moment, bis er begriff, dass sie auf ihn warteten.

»Nun ja«, sagte er. »Wenn ich das richtig verstehe, steht es wie folgt: Ein Selbstmord kann ausgeschlossen werden. Einen Unfall würde im herrschenden politischen Klima keiner glauben. Wenn aber der Erzbischof der Mörder wäre, wäre er kein Mann Gottes mehr und könnte die Ehe meines Herrn Grafen nicht schließen.«

Niemand widersprach.

»Und sollte die Ehe nicht geschlossen werden, bekommt Lüdenscheid keine Stadtrechte.« Er blickte die drei Lüdenscheider Herren an. »Eine Stadt, die auf Bierfässer für Hochzeiten und Rüstungen für die Stadtgarde dringend angewiesen ist.« Er überlegte weiter. »Dazu kommt, das die Indizien gegen mich recht überzeugend sind. Also hat es schon eine gewisse Richtigkeit, wenn ich des Mordes an meiner geliebten, verehrten Herrin Kunigunde schuldig gesprochen werde.«

»Ihr seid ein guter Mann«, sagte die Frau mit der großen Nase, warf sich auf Henker Lünsch und umarmte ihn. Frau Kunigunde hätte das nie getan.

Henker Lünsch sollte schon im Morgengrauen hingerichtet werden, damit angemessen Zeit verstreichen konnte, bevor Engelbert und Elisabeth am Nachmittag Hochzeit feierten.

Kurz dachte man darüber nach, ihn seine eigene Hinrichtung ausführen zu lassen, doch dies war mit zu vielen technischen Problemen verbunden, und so wurde ein Henker aus Altena hinzugerufen, den Henker Lünsch kannte und empfehlen konnte.

Am Abend zuvor traten der Lüdenscheider Siedemeister, der Biegemeister und der Reidemeister zu ihm in die Zelle – mit seiner letzten Mahlzeit: Schweinebraten mit Spiegelei auf gebratenen Steckrübenscheiben.

Es war die üppigste Speise, die Lünsch je vorgesetzt worden war, und er wusste, dass das nur ein kleiner Einblick in die glückliche, bunte, lebensfrohe Zukunft der baldigen Stadt Lüdenscheid war. Dennoch sagte er traurig: »Ich hätte mir schon gewünscht, dass mein letztes Mahl auch ein bisschen geröstetes Brot enthält.«

Da lüpfte der Brauer den Braten und der Henker sah, dass darunter eine dicke Scheibe geröstetes Brot lag. »Keine Mahlzeit ist perfekt ohne ein Krüstchen. Das haben wir von dir gelernt«, sagte der Siedemeister.

Tränen der Dankbarkeit in den Augen, sagte Lünsch: »Die 20.000te Mahlzeit ist wie erwartet die schönste meines Lebens.«

Simone Buchholz

Dortmund, das Herz hämmert

Sie weiß nicht, wohin. Sie weiß nur: Hier kann sie nicht bleiben. Nicht mehr. Und nicht nach dem, was sie getan hat. Sie hat einen umgebracht.

Die anderen sagen: »Wo willst du denn hin, ey?«

Sie sagt: »Ihr könnt mich nicht mehr verstecken.«

Fast zehn Jahre lang haben sie sie versteckt. Aliza Anteli, das Mädchen aus dem Clan. Vor fast zehn Jahren ist sie von zu Hause getürmt, frühmorgens vor der Schule, mit dem ersten Zug in die nächste Stadt. Sie war gerade mal fünfzehn Jahre alt und sie wollte nicht heiraten, nicht verkauft werden, nicht für den Rest ihres Lebens vergewaltigt werden. Am Hauptbahnhof in Hamburg hat sie ein freundlicher Mann aufgelesen, nach zwei, drei, vielleicht vier Tagen, sie weiß es nicht mehr so genau. Er hat sie in das alte Haus im Schanzenviertel gebracht, er hat ihr die Haare rot gefärbt und schwarze Klamotten gegeben, den Kapuzenpulli mit dem Totenkopf drauf trägt sie heute noch. Die Leute in dem alten Haus haben ihr Essen gekocht und danach hat sie ihren ersten Joint geraucht, das hat gegen vieles geholfen, mit dem Marihuana im Kopf hat sie dann erzählt, wo sie herkommt, und die Leute haben gesagt: »Wir passen auf dich auf. Hier findet dich so schnell keiner.«

Sie hat immer alles mitgemacht, was nicht zu gefährlich war. Sie hat Plakate gemalt, Transparente geschrieben, für die Aktivisten gekocht, geputzt, Fahrräder repariert. Nur auf die Straße ist sie nie mitgegangen, wegen der Polizei. Hätte ja mal was schiefgehen können und dann hätten sie sie zurückgebracht zu ihrer Familie. Das war immer ihre größte Angst: zurück zur Familie nach Bremen zu müssen.

Und dann tauchte plötzlich ihr Bruder in Hamburg auf. Er suchte nach ihr. Er lief durch die Stadt und zeigte Leuten Fotos von ihr, er fragte in Bars und Kneipen, ob jemand sie gesehen hätte, er bot Leuten Geld für Informationen an. Sie ist für ihn mal fünfzigtausend Euro wert gewesen, die sind ihm durch die Lappen gegangen, weil sie abgehauen ist, weil sie einfach nicht mehr auffindbar war.

Das Geld war sie längst nicht mehr wert.

Aber Rache, die wäre noch drin gewesen.

Machen wir's kurz: Er ist mit einer Kugel im Bauch von einem Parkhaus gefallen. Am Ende hatte sie die Waffe in der Hand gehabt und nicht er, und er war tot und nicht sie.

»Ich kann nicht bleiben«, sagt sie zu ihren Leuten in dem alten Haus.

»Okay«, sagen die. »Pass auf, morgen fährt jemand in den Pott. Wenn du in Deutschland noch irgendwo untertauchen kannst, dann da.«

»Der Pott?«, fragt sie. »Wo soll das sein?«

Und der, der sie damals am Bahnhof gefunden hat, sagt: »Nordrhein-Westfalen, Ruhrgebiet, da hämmert das Herz, glaub mir.«

Am nächsten Tag fährt er sie in seinem alten Peugeot zu einem alten, ausgedienten Kaispeicher im Hafen. Ein dreckiger Ort mit einem staubigen Parkplatz, den nie jemand nutzte. Sie steigen aus, nehmen sich noch mal in den Arm.

Sie würde gern weinen, damit der Kloß in ihrem Hals weggeht, aber sie weiß nicht, wie man das macht. Er wischt sich eine Träne ab und berührt mit dem nassen Finger ihren Mund. Dann steigt er ins Auto und fährt davon.

Sie dreht sich um.

Da hinten steht ein alter roter Lkw. Keiner von den ganz großen, aber schon ziemlich groß. Der rechte Seitenspiegel ist weg, über die Frontscheibe zieht sich ein Riss, die Fenster sind auf, der warme Wind, der von Süden kommt, weht einfach durchs leere Führerhaus, die kleine Gardine über der Frontscheibe bewegt sich. Sie geht näher ran.

Aus dem Führerhaus kommt Musik.

Cause I gonna make you see, there's nobody else here, no one like me, I'm special, so special, I gotta have some of your attention, give it to me ...

Aliza mag den Song. Wenn in dem alten Haus im Schanzenviertel Partys gefeiert wurden, lief der manchmal. Aliza ist nicht der Typ, der tanzt, aber so ein bisschen mit dem Fuß wippen, das ist schon drin.

Sie wippt also ein bisschen mit dem linken Fuß.

»Hömma!«, kommt es von links hinten.

Sie dreht sich um und sieht eine Frau, die auf sie zukommt. Die Frau trägt Männerhosen, ein Männerhemd und ein Männergesicht, sie ist nicht mehr jung, aber auch noch nicht alt, sie ist irgendwie alles, und vor allem ist sie groß und läuft mit schweren Schritten.

»Hömma, bist du die Alischa?«

Sie nickt und sie denkt, dass es inzwischen ja auch egal ist, wie sie heißt.

»Alles klar«, sagt die Frau.

Sie geben sich die Hand.

»Ich bin die Hanne.«

»Danke«, sagt Aliza.

»Is ja kein Ding, Mäuschen. Steig ein. Geht gleich los.«

Sie steigen ein, Hanne dreht den Schlüssel im Zündschloss, der Motor rumpelt und scheppert, dann fahren sie los.

Hanne redet nicht viel, Fragen stellt sie gar keine, erst am Kamener Kreuz fragt sie: »Wo genau willste denn hin?«

Keine Ahnung, denkt Aliza und sagt: »Keine Ahnung.«

Hanne schaut sie von der Seite an. »Is Sommer«, sagt sie und schaut wieder auf die Straße.

»Ja«, sagt Aliza, »Sommer.«

»Kannste draußen pennen?«, sagt Hanne.

»Wird gehen«, sagt Aliza, denn wenn sie in den letzten Jahren was gelernt hat, dann das.

»Dann weiß ich was«, sagt Hanne, fährt von der Autobahn ab und ein paar Mal links und rechts, und die Abendsonne steht tief, und es dauert nicht lang, bis der Lkw vor einer Trümmerwüste hält, von der eine Verlassenheit ausgeht, die Aliza so noch nie gesehen hat. Überall Zeug, das keiner mehr braucht. Alte Maschinen, halb abgebaute Maschinen, viel Staub, zwischendrin Schotter, alles ist rostrot oder von angefressenem Silbergrau, auch die Gebäude sehen aus, als wären sie aus rostigen Ziegeln.

»Pass auf dich auf, Mäuschen«, sagt Hanne, als Aliza aus dem Lkw klettert, dann gibt sie Gas und ist weg, denn so viel ist klar, Hanne muss weiter.

Aliza klettert über einen Maschendrahtzaun, es ist leicht, auf das Gelände zu kommen, die Dunkelheit der Maschinen hüllt sie ein und den Rest besorgt die herbeieilende Dämmerung. Es kommt ihr vor, als wäre sie hier sicher. Erst mal.

Es gibt große Schornsteine und schwarze Gittertürme, es gibt große und kleine Becken, in denen Wasser steht, und dann wachsen da Seerosen. Zwischen den Schienen, die nicht mehr gebraucht werden, wachsen Birken, die sind ganz dünn, ganz zart, so Märchenbirken. Die ganze Fabrik, oder was auch immer das hier mal war, ist ein schlafendes Monster, ein freundliches Monster. So wie ich, denkt Aliza, und sie geht weiter zwischen den Hallen umher, bei einem blauen Container, der im Weg liegt, bleibt sie stehen. In dem Container stapeln sich Decken, sie waren vermutlich mal weiß, jetzt sind sie schmutzig, aber sie sind weich.

Vielleicht ist es normal, hier zu schlafen, denkt sie, nimmt sich zwei Decken, und geht in eine der Hallen. Drinnen ist es warm, die Seitenwände sind komplett aus vergittertem Glas, die Sonne hat den Raum den ganzen Tag lang geheizt. In der Halle stehen in zwei Reihen große schwarze Maschinen, die aussehen wie U-Boote. Früher, in ihrem alten Leben, in der Schule, hat Aliza mal Jules Verne gelesen, und in dieser Halle zu sein ist wie Jules Verne im Bauch zu haben.

Das Herz hämmert, ja, das tut es, und draußen zwitschern die Vögel, als wollten sie ihr etwas Wichtiges mitteilen.

Aliza kriecht in eins der U-Boote, sie legt den Kopf aufs Kissen und deckt sich zu. Die Waffe, die ihr im Parkhaus gegen ihren Bruder geholfen hat, drückt im Rücken, sie holt sie raus und legt sie neben sich.

Bevor sie einschläft, fragt sie sich, ob das jetzt nur ein blöder Zufall ist, dass sie ausgerechnet in Dortmund gelandet ist, oder ob sie hier nicht vielleicht doch etwas zu erledigen hat.

Am nächsten Morgen kommen Menschen. Aliza kriegt es gerade noch rechtzeitig mit. Sie schmeißt die Decken zurück in den Container, dann läuft sie erst mal ein bisschen zusammen mit den Leuten in der Gegend herum und tut so als wäre es das, was sie will: die alte Kokerei anschauen. Aber eigentlich braucht sie was zu essen und zu trinken.

Sie schafft es in die Stadt, eine Familie nimmt sie in ihrem Kombi mit, es ist Samstag. Die Stadt gefällt ihr, die Leute reden lustig und geradeaus, und wenn man nett fragt, helfen sie einem. Die Bedienungen der Cafés geben ihr die Reste zu essen, und zu trinken geben sie ihr auch. So macht sie das ein paar Tage. Sie schläft in der alten Kokerei Hansa am Rande der Stadt, nachts duscht sie in der alten Verrieselungsanlage, sie legt sich nebenbei einen Wasservorrat an, das Wetter hält, es ist warm und trocken, das Herz hämmert weiter, und über Tag schließt sie sich den Touristen an, die durch die Kokerei laufen, fährt dann mit irgendwem in die Stadt und sucht nach irgendwas. Am Morgen des fünften Tags hat die Frau, die am Eingang an der Kasse sitzt und dann doch alles ganz genau mitgekriegt hat, genug.

»Mädschen«, sagt sie. »Jetz is ma Schluss mit hier rumhängen.« Sie zeigt auf eine alte Stechuhr, die sehr schön bunt ist, und über der steht: *Schichtende.*

Aliza nickt. Schichtende. Verstanden. Irgendwann ist immer Schicht am Schacht. Das sagen die Leute hier so, und damit haben sie natürlich recht.

In der Stadt treibt sie sich auf der Suche nach einem neuen Schlafplatz rum. Am Bahnhof, am Westenhellweg, an der Kreuzkirche. Schließlich landet sie wieder in dem Café, in dem sie bisher am nettesten zu ihr waren. Das Café ist im Erdgeschoss eines rußgeschwärzten Hauses, an die schwarzen Balkone im ersten, zweiten und dritten Stock hat jemand kleine bunte Steine geklebt, wie Konfetti. Vor dem Café steht ein großer Kübel mit mannshohen Sonnenblumen.

Die Frau, der das Café gehört, hat ein Zimmer frei, in einer der Wohnungen mit den Konfettibalkonen.

»Kostet aber«, sagt sie.

»Ich kann arbeiten«, sagt Aliza.

»Ein Freund von mir sucht 'ne Kellnerin für seinen Laden«, sagt die Caféfrau, »im Unionviertel.«

»Unionviertel?«, fragt Aliza.

»Dortmunder U«, sagt die Frau.

Aliza zuckt mit den Schultern.

»Hier ist das Kreuzviertel«, sagt die Frau und zeigt auf ihre Füße. Dann zeigt sie nach Norden. »Und da ist das U. Ziehst du ein?«

Aliza nickt und sagt »Ja«, und zum ersten Mal seit langer Zeit lächelt sie, denn die Klarheit in dieser Stadt, die tut so gut, wenn man nicht so richtig weiß, was ist und wird. Hier ist alles, wie es eben ist.

Sie hat jetzt ein Zimmer und sie hat einen Job, und keiner fragt groß nach ihrem Namen. Wenn doch einer fragen würde, müsste sie einen erfinden. Denn Anteli ist ein Name, den man auch in Dortmund kennt. Sharif Anteli. Alizas Onkel. Große Nummer hier. Alles, womit man im Rotlichtviertel Geld verdienen kann, gehört ihm.

Sie hat ihn noch nie selber gesehen, aber zu Hause in Bremen hängen überall Fotos von ihm, richtige Altare hat ihre Mutter ihm gebaut.

Aliza fand das schon immer beschissen.

Sie versucht, nicht an ihren Onkel zu denken, und arbeitet jeden Abend im *Kraftstoff,* einer Kneipe, die früher eine Tankstelle war, mit Blick auf das Dortmunder U. Sie mag das U und sie mag die Filme, die auf dem oberen Teil der Fassade gleich unterhalb des großen Buchstabens laufen. Das U schimmert golden, besonders wenn es Nacht wird, dann leuchtet es richtig, und wenn Aliza Glück hat, laufen auf der Fassade Filme vom Meer. Dann fließen Wellen über das Gebäude und in den Himmel, eine nach der nächsten, und immer mit ganz viel Gischt.

An einem dieser Meer-Abende wischt sie in der ehemaligen Tankstelle einen der Tische ab, die draußen gleich neben der alten Zapfsäule stehen.

Am Nebentisch sitzen ein paar Studenten und die Studenten

reden. Sie reden über die Städte, aus denen sie kommen, und sie reden über das Essen aus diesen Städten, das sie vermissen.

»Frankfurter grüne Soße«, sagt das Mädchen mit dem dicken, blonden Zopf.

»Käs'spätzle«, sagt der Junge mit der Brille.

»Arme Ritter«, sagt die Rothaarige mit den zarten Sommersprossen.

»Tagliatelle al ragù«, sagt der Dunkelhaarige mit den schicken Schuhen.

Zuhausegerichte.

Hummus, denkt Aliza.

Ganz früher hat ihre Mutter den Hummus gemacht, aber als sie noch ein Kind bekam und dann noch eins und noch eins, als es irgendwann zehn Kinder waren, hatte sie keine Zeit mehr für Hummus, sie hatte nur noch Zeit für Schläge. Alizas Schwestern haben dann den Hummus gemacht. Zuerst Zahara. Dann war sie weg. Dann Samira. Dann war sie weg. Dann Melika. Kurz bevor Melika auch verschwand, hat Aliza begriffen, wie das läuft. Ein Typ kommt. Der will einen heiraten. Dann tut er einem richtig weh. Melika hat geschrien. Danach wird geheiratet, dabei gehen fünfzigtausend Euro übern Tisch. Und dann ist man weg.

Melika war sechzehn, als sie weggeheiratet wurde.

Aliza war damals vierzehn.

Sie wusste, dass sie maximal noch zwei Jahre hatte, bevor sie selbst verschwinden würde. Also verschwand sie lieber gleich, aber sie verschwand da hin, wohin sie wollte.

Von da an passierte alles einfach so.

Manchmal fragt sie sich, wer eigentlich Schuld hat an all dem. Daran, wie es gelaufen ist in ihrem Leben. Und dann muss sie an ihren Onkel denken, dem Altäre gebaut werden in Häusern, aus denen Mädchen verschwinden.

Das Herz hämmert, denkt sie, wischt noch ein letztes Mal über den Tisch, geht wieder rein und zapft weiter Bier.

Der Typ, dem das *Kraftstoff* gehört, ist nett. An einem Sonntag nimmt er sie auf einen Ausflug an den Phoenixsee mit. Man kann mit Rollschuhen immer um den See herum fahren, das machen viele, sie machen das an dem Tag auch, er hat Freunde dabei, eine seiner Freundinnen hat ihr Rollschuhe besorgt. Am Ufer des Sees ist eine Statue, ein silbernes Mädchen in einem dünnen Kleid, das Mädchen hat Flügel und die Flügel sind ausgebreitet. Etwas in ihrem Gesicht trifft Aliza ins Rückenmark. Fliegen, denkt sie, und fährt schneller, fliegen, und noch schneller, schneller fliegen und noch tausendmal schneller fahren, die anderen rufen ihren Namen, aber sie hört sie nicht, sie fliegt an teuren Häusern vorbei und dann fällt sie hin.

Richtig heftig fällt sie hin. Die Knie bluten, die Arme, auch die Stirn hat was abgekriegt.

Ein junger Mann kommt aus einem Garten gelaufen, er ist fast so schnell wie Aliza eben auf Rollschuhen war, Aliza sieht ihn, wie er gerannt kommt, und denkt: Der macht das aber beruflich.

Er hilft ihr auf und trägt sie fast in seinen Garten, legt sie da auf eine Liege, sagt »warte mal«, geht weg und kommt mit Verbandzeug wieder.

Die anderen stehen inzwischen auch in dem Garten und tuscheln und grinsen. Der junge Mann grinst auch, aber eher so, als wäre ihm sein ganzes Leben etwas unangenehm.

»Warum grinsen alle so komisch?«, fragt Aliza, als er ihre Wunden eine nach der anderen mit irgendwas vollsprüht.

Er zuckt mit den Schultern, klebt ihr ein paar Pflaster auf, und als Aliza geht, schaut er sie einen Tick zu lange an. Er ist einsam, denkt sie kurz, und dann denkt sie: nein. Er hat so ein schönes Haus. Er sagt: »Komm doch mal wieder vorbei.« Er spricht mit Akzent.

Später im Auto zurück in die Stadt erzählen ihr die anderen, dass der Typ ein Superstar ist, ein Fußballer, und dass das ja der totale Wahnsinn ist, dass er gesagt hat, sie soll mal wieder vorbeikommen.

Aliza geht schon am nächsten Tag wieder hin.

Der Fußballer sitzt in seinem Garten und tippt auf seinem Telefon rum. Als er sie am Tor in der Hecke stehen sieht, steht er auf und legt das Telefon weg. Er macht das Tor auf, nimmt ihre Hand, zieht sie in den Garten und sagt: »Ich bin Nick. Aus Holland.«

»Ich bin Aliza.«

»Wo kommst du her?«

»Egal«, sagt sie.

»Ja«, sagt er, »ist ja wirklich egal.«

Von dem Moment an sind sie irgendwie zusammen, solche Momente gibt es. Aliza kommt jetzt jeden Tag bei Nick vorbei, immer so gegen Mittag, zwischen zwei Trainingseinheiten, und sie muss ja zu Schichtbeginn im *Kraftstoff* sein. Und auch, wenn sie sich nur für wenige Stunden am Tag sehen, ist es lange her, dass Aliza sich so wenig allein gefühlt hat. An den Wochenenden sehen sie sich nicht, denn da muss Nick Fußball spielen.

Eines Tages geht es im Nachbarhaus los mit den Vorbereitungen. Mit großen Vorbereitungen. Wagen kommen, Partyzelte werden aufgebaut. Dauernd laufen Leute herum.

»Die feiern in zwei Tagen ein Fest«, sagt Nick, »ich bin eingeladen. Ich geh hin, ich muss nicht spielen, ist Länderspielwochenende. Komm doch mit.«

»Ich hab nichts anzuziehen«, sagt sie.

»Wir kaufen dir was«, sagt er.

Sie schüttelt ein bisschen den Kopf, obwohl, sie würde ja schon gerne mit ihm auf ein Fest gehen, und dann fragt sie: »Wer wohnt denn da?«

»Rotlichtgröße«, sagt Nick und grinst wieder so, als würde alles ein bisschen wehtun. »Sharif Anteli.«

Und ohne noch mal nachzudenken, sagt sie: »Okay, ich komm mit.«

Als sie nachts in ihrem Bett in dem Haus mit den Konfettibalkonen liegt, mit ihrer Waffe im Arm, hat sie keinen Schimmer, warum sie das gesagt hat.

Seit sie weiß, wo sie hingehen wird, ist sie wie tiefgefroren.

Und dann ist es so weit. Nick hat ihr ein Kleid gekauft und auch ein paar Schuhe. Zum ersten Mal, seit sie Nick kennt, sieht er aus wie der Superstar, der er wohl ist. Er trägt einen dunklen Anzug, er hat sich die dunkelblonden Haare gekämmt und mit Frisiergel nach hinten gestrichen. Aliza hat sich die roten Haare gekämmt und im Nacken zu einem Knoten gebunden, das Kleid ist schwarz und lang und hat keine Ärmel. Der Vater, die Brüder, die Mutter würden sie hassen für dieses Kleid. Die Waffe steckt in der Handtasche, die sie sich von ihrer Mitbewohnerin geliehen hat.

Nebenan ist die Haustür mit Lichterketten geschmückt, am Weg zum Eingang brennen Fackeln. Sharif Anteli steht vor der offenen Tür und begrüßt die Gäste.

Er scheint sich sehr zu freuen, Nick zu sehen.

»Ah«, sagt er, und seine Stimmer schnarrt ein bisschen, »mein Lieblingsspieler.« Sein mächtiger Körper vibriert, wenn er redet, und er trägt das Kinn ein Stück zu hoch, vielleicht weil er glaubt, dass ihn das größer aussehen lässt.

Nick lächelt wieder sein Aua-Lächeln. Onkel Sharif interessiert sich nicht für Nicks Begleitung, er ist schon beim nächsten Gast, irgendjemand aus dem Rathaus. Aliza findet, dass sich der Politiker bei der Begrüßung etwas zu tief verbeugt, vor allem weil es keinen Grund gibt, sich vor ihrem Onkel zu verbeugen. Er hat nichts Gutes getan in seinem Leben. Ihr Mund fühlt sich an, als wäre er voller Scherben.

Das Haus und der Garten sind geschmückt wie der Palast eines Kalifen. Lichter in allen Farben, goldene Kerzen in jeder Ecke, eine Tafel für ungefähr fünfzig Gäste, Blumen, Kinder, silberne Tücher und Decken. Die Frauen der Familie tragen bunte, lange Kleider und mit Schleiern geschmücktes Haar, die Männer dunkle Anzüge und geschliffene, glänzende Bärte, die Haare tragen sie fast alle abrasiert. Aliza kennt das noch von zu Hause. Die Männer machen es, weil es sie härter aussehen lässt. Sie wollen Krieger sein, am liebsten die härtesten Krieger der Welt. Was für ein Schwachsinn.

»Komm.« Nick nimmt sie an der Hand und sie gehen in den Garten. Der See schimmert, ein letzter Sonnenstrahl trifft das silberne Phoenixmädchen am anderen Ufer, es schickt einen zarten, langen Blitz in den Himmel.

Aliza sagt: »Mir ist kalt.«

Dann geht es los.

Erst die Vorspeisen. Es gibt Falafel mit Minz-Joghurtsoße, Auberginen mit schwarzen Linsen, Granatapfel-Tabouleh, Oliven mit Chili und Limetten, geröstete Salzmandeln, gegrillten Halloumi, Lammfleisch mit Datteln in Blätterteig, Tomaten-Melonen-Salat, Rote Bete mit gesalzenen Zitronen und es gibt Hummus.

Onkel Sharif redet.

Über das geschäftlich sehr erfolgreiche Jahr.

Alle applaudieren, alle essen. Aliza kriegt nichts runter.

»Magst du das nicht?«, flüstert Nick und jetzt lächelt sie dieses Lächeln, das wehtut.

Nach den Vorspeisen redet der Onkel noch mal. Feiert seine Frau, die ihm zwölf Kinder geschenkt hat.

Wieder applaudieren alle, dann kommen die Hauptgerichte.

Safranhuhn und karamellisiertes Huhn, Lammköfte auf Chili-Sesam-Mus mit Pinienkernen, Lammkoteletts mit Granatapfelsoße, Wachtelragout und gegrillter Fisch, dazu Butterreis mit Berberitzen, Harissa-Minz-Couscous, gerösteter Blumenkohl.

Aliza probiert von dem Huhn, weil sie an zu Hause denken muss. Es bleibt ihr im Hals stecken, sie hat Angst zu ersticken, sie muss husten, sie steht auf, sie geht raus, im Garten setzt sie sich auf eine Mauer und hustet, als würde sie zum ersten und letzten Mal husten, es schmeckt nach Blut.

Sie schaut in den Himmel. Keine Abendsonne mehr. Kein silberner Glanz auf der anderen Seite des Sees. Alles grau.

Jetzt weiß sie, warum sie hier ist.

Sie holt die Waffe aus der Handtasche und geht rein.

Das Dessert steht schon bereit. Süßer Reiskuchen mit Aprikosen und einer Soße aus Honig und Vanille. Die Teller des Hauptgangs werden gerade abgetragen, keiner der Menschen im Raum beachtet sie.

Aliza geht an den Kellnern vorbei und am Tisch entlang, an jeder Menge Stühle und Menschen vorbei, bis sie am Ende der langen Tafel steht, genau gegenüber von Onkel Sharifs Platz, und dann sieht sie ihn an und in dem Moment sieht auch er sie zum ersten Mal wirklich an, und er bemerkt die Waffe in ihrer Hand.

»Was soll das?«

Er sagt es laut und tief, er hört sich an wie ein Tier.

»Wer BIST du?«

Noch lauter, noch tiefer.

Aliza macht den Scherbenmund auf. Es kommt kein Ton raus. Sie macht den Mund wieder zu, schluckt irgendwas runter, das gestört hat, und macht den Mund noch mal auf.

»Ich bin Aliza, Onkel Sharif. Aliza Anteli.«

Keiner sagt was, auch ihr Onkel nicht, jetzt ist es sein Mund, der aufgeht und es kommt nichts raus. Sie ist das einzige Mädchen der Familie gewesen, das jemals selbst verschwunden ist, eine Demütigung, ein Fehler, etwas, das nicht sein darf.

Aliza nimmt die Waffe nach oben und zielt auf ihren Onkel. Sie weiß nicht so recht, warum genau sie ihn jetzt eigentlich erschießen soll. Vielleicht, weil er der ist, der er ist, denkt sie, aber vielleicht ist er auch einfach nur ein Arschloch. Sie zielt weiter auf seinen Kopf. Sie hat nie schießen gelernt. Ihrem Bruder hat sie aus zwei Metern Entfernung ein paar Kugeln in den Bauch geballert, das war was anderes.

Sie hält die Waffe, so fest sie kann, und drückt ab, schießt einfach irgendwohin, weil sie nicht weiß, was sie sonst machen soll. Es knallt, der Onkel bleibt ganz ruhig stehen, sie sieht Nick aus dem Augenwinkel, der den Mund aufreißt und vielleicht schreit, aber sie hört ihn nicht, sie hört nur ein zweites Knallen und ein drittes und ein viertes, die Kugeln knallen in ihren Rücken, wie Belmondo, der Profi, denkt sie noch ganz kurz und ihr Kopf spielt ein paar Takte der Musik an, *Chi Mai*, die Musik weint, und dann ist da diese große Explosion in ihrem Kopf und ihr Herz hämmert noch mal.

Und dann ist es dunkel.

Max Annas

Friktion in Fröndenberg

»Da herum!« Idy zeigte nach links.

Hamed drehte den Kopf kurz, reagierte aber nicht.

»*Turn here. Now!*«, rief Monique vom Rücksitz.

»Ah …« Hamed reagierte endlich und kriegte die Abzweigung gerade noch.

Jonas klackerte neben Monique mit dem Feuerzeug herum. Idy hörte den tiefen Zug, den er vom Joint nahm. Sofort füllte dieser betörende Geruch den alten Mazda.

»*Why turn?*«, fragte Hamed.

Idy war den dauernden Wechsel der Sprachen leid. Er redete Französisch mit Monique, Englisch mit Hamed, der sich weigerte, Deutsch zu lernen, und Deutsch mit Jonas, der aber meist zu bekifft war, um zu kapieren, wie gut er mittlerweile Deutsch redete. Jonas sprach ihn deshalb immer auf Englisch an. Hier in Deutschland nannten sie das babylonisch, das mit den Sprachen. Aus den Boxen kam Peter Tosh. Der wusste wirklich was von Babylon zu erzählen.

»Wir sind zu spät«, sagte Idy. Schon Mittag und der Weg nach Köln war noch weit.

»*Relax.*« Jonas klang tatsächlich sehr entspannt. »Beim Summerjam machen sie sich erst mal ganz langsam warm.«

»Hey, die sind jetzt auch abgebogen.« Moniques Stimme wurde mit jeder Silbe höher.

Jonas hustete. »Zufall«, sagte er. »Reiner Zufall.«

»Seit wann sind die hinter uns?« Idy drehte sich um. Monique sah auch nach hinten. Jonas zog und hielt lange ein, dann reichte er den Joint weiter an Monique.

Der rote Golf war recht weit weg und wirklich bedrohlich wirkte er nicht. Idy wandte sich wieder nach vorn und bemerkte, dass Hamed alle paar Sekunden in den Rückspiegel sah.

»*Why did you give them the finger?*«, fragte Hamed.

»Was?«, fragte Monique und verschluckte sich an ihrem Zug. Sie reichte den Joint zwischen den Sitzen nach vorn. Idy nahm ihn an, bevor er ihr aus der Hand fiel. »Wer hat wem den Finger gezeigt?«

Hamed wackelte kurz mit dem Kopf in Jonas' Richtung. Idy zog und inhalierte. Dann erst kapierte er. »Moment ... Jonas hat denen den Stinkefinger ...?« Er drehte sich nach hinten.

»So wie die aussehen ...« Jonas murmelte nur noch und schielte schon.

Der Golf war jetzt ein gutes Stück näher gekommen. Idy konnte niemanden darin erkennen, das sommerliche Mittagslicht war zu hell. Aber er meinte, die Umrisse mehrerer Gestalten zu sehen. Großer Gestalten. »Seit wann sind die hinter uns her?«

»Sie sind einfach nur hinter uns, Mann.« Jonas streckte die Hand aus, wollte den Joint zurück. Idy gab ihn an Hamed weiter.

»Als wir von der Autobahn abgefahren sind, waren sie noch nicht da.« Monique schüttelte den Kopf.

»*They are behind us quite a while now.*« Hamed beschleunigte ein wenig. Etwas Asche von dem Joint, den er beim Sprechen zwischen den Lippen hielt, fiel auf seine Hose.

»Und als wir an dem Imbiss gehalten haben?«, fragte Idy, erhielt aber keine Antwort. Monique zuckte kaum sichtbar mit den Schultern.

»Okay!« Idy kramte sein Telefon hervor und schubberte ein wenig auf dem Display herum. »Fahr doch jetzt einfach mal die nächste links.«

Als Hamed nicht reagierte, sagte er: »*To the left. Now!*« Dabei wurde er lauter, als er es beabsichtigt hatte.

Hamed stieg hektisch auf die Bremse und fuhr etwas zu abrupt um die Kurve. Von der Landstraße kamen sie auf eine kleinere Kategorie.

»*Nos sommes … ou?*« Monique schob ihre Hand nach vorn. Idy nahm den Joint aus Hameds Mund, zog kurz daran und gab ihn ihr.

»Das hier ist …« Idy schaute auf das Display und dann wieder auf. »Sind sie noch hinter uns?«

»*Oui.*«

»Fahr da noch mal ab!« Idy zeigte nach rechts. »*To the right.*« Und als er eine weitere Abzweigung auf der anderen Seite sah, tippte er Hamed an und zeigte nach links. »*Go there.*« Dann drehte er sich wieder nach hinten und wartete.

Die Straße wand sich mehrere Male, aber als sie auf einem geraden Stück waren, tauchte der rote Golf hinter ihnen auf.

»Okay, ganz locker …« Idy betrachtete Hamed, der so tat, als verstehe er nichts. Oder vielleicht kapierte er es wirklich nicht. »*Drive on*«, sagte er zum Fahrer. »*And keep your cool!*«

Sie waren auf einer Straße ohne Markierung gelandet und ohne irgendeinen Hinweis, wohin sie führte. Aber das Display zeigte genau, wo sie waren. Südlich von … Unna. Auf dem Land. Hier waren Dörfer ohne Ende, eines neben dem anderen. Dazwischen Felder. Waldstücke. Die totale Natur. Dahinten war wieder irgendetwas in der Landschaft bebaut. Idy zoomte hin. Fröndenberg.

Jetzt waren sie an einem alten Hof angekommen, ein Riesenteil. Und eine sehr schmale Straße ging rechts ab.

Er blickte sich um. Der Golf war nicht zu sehen.

»*Go there!*« Idy tippte Hamed mit der Hand an, die das

Telefon hielt, und wies mit der anderen nach rechts. »*And speed on!*«

Hamed guckte kurz, dann gab er Gas, dass die Reifen in der Kurve quietschten. Idy hielt sich rechtzeitig fest, aber Monique und Jonas purzelten über die Rückbank.

»*Les Arabes sont totalement fou!*«, sagte Idy.

»Die Senegalesen sind auch verrückt«, sagte Hamed ganz langsam, hielt dabei den Blick auf der Straße und wurde noch schneller.

Wow, Hamed verstand Französisch und sprach Deutsch. Egal, wichtig war, das sie den Golf abgehängt hatten. Idy drehte sich um und versicherte sich, dass alles in Ordnung war. Kein Golf am Horizont.

Sie kamen an einem Ortseingangsschild vorbei, auf dem Idy irgendwas mit B gesehen hatte, er rekonstruierte den Namen vor seinem inneren Auge: Bausenhagen. Und jetzt rollten sie auf ein Dorf mit einer kleinen Kirche zu. Alt sah sie aus, so gedrungen, wie sie war. Und sie erinnerte an eine Festung, mit ihrem keilförmigen Turm.

»Da!« Idy zeigte auf eine Abzweigung, die zur Kirche führte.

»Gute Idee«, sagte Monique.

»Eine Kirche?«, fragte Jonas.

Hamed fuhr links und wieder rechts und rollte sanft bergab auf die kleine Kirche zu. Das kompakte Gebäude wirkte, als hätte jemand von oben draufgedrückt. Gott hat seine ganz eigenen Wege, dachte Idy. Der Eingang war nicht zu sehen, der musste im Turm sein, der sich am anderen Ende befand. Ein paar kleine Häuser flankierten das Bauwerk, sanft in einer losen Runde drum herum verteilt. Der Blick auf den Ort mit B war jetzt frei. Ein Dorf nur, über ein paar kleine Hügel gezogen.

Hamed stoppte hinter einem roten Transporter, der aussah, als gehörte er auf den Schrott. Idy öffnete die Tür und stieg aus. Er war sehr erleichtert, dass sie den Golf nicht mehr hinter sich hatten. Es war warm, es roch nach Land. Hinter ihm kletterten die anderen aus dem Wagen.

Die rote Farbe des Transporters war zum Teil abgeblättert und zeigte nackten Stahl, wo der Kontakt mit Mauern und Toreinfahrten seine Spuren hinterlassen hatte. Irgendein Song war gerade im Fade-out, das musste aus dem Führerhaus kommen. Die Fahrertür stand offen, der Seitenspiegel hing an einem starken Gummi und der linke Vorderreifen hatte fast keine Luft mehr.

Aus der Kabine wehte jetzt ein neuer Song. *Da-da-da-dah, da-da-da-dah ...* Ganz cool. Kein Reggae, aber die Leute, die das spielten, waren auch entspannt. Jetzt kam eine Sängerin hinzu, sang was über Kleingeld in der Tasche: »*Brass in pocket ...*« Und darüber, dass sie sich Mut antrinken wollte. Oder was auch immer die »*bottle*« im Text zu bedeuten hatte.

Auf dem Fahrersitz des Transporters stand ein Emailletopf mit gekochtem Fleisch und Gemüse. Ein halbes Baguette lag daneben. Auf dem Beifahrersitz eine Margarinebox, geschlossen.

»Joint?«, fragte Hamed in die Runde. Jonas hielt die Hände vor sich und schüttelte den Kopf.

»Aufgeraucht«, sagte Monique.

Sie gingen ein paar Schritte an dem Transporter vorbei und kamen zur Kirche. Aus der offenen Tür waren Stimmen zu hören. Kein Deutsch. Idy zögerte. Sie sollten nicht zu lange hier bleiben. Ihr Ziel war der Summerjam in Köln, kein Picknick auf dem Land.

Monique legte ihm die Hand auf die Schulter. »*Bon*«, sagte sie und es hörte sich an wie: Lasst uns hier verschwinden.

Jonas holte Zeug aus der Hosentasche, um einen neuen Joint zu bauen. Hamed verfolgte das mit Interesse. Eigentlich war alles cool. Sie waren nur ein wenig übernervös gewesen. Idy nahm Moniques Hand, fuhr mit dem Zeigefinger dabei über ihre Handfläche und zog sie zurück zum Auto.

Der schreiende Lärm der Bremse zerriss die Stimmung. Es war der rote Golf, der um die Kurve geschleudert kam, und er schlidderte den Weg zur Kirche herab auf sie zu. Schräg hinter ihrem Wagen kam er zum Stehen. Die Türen gingen auf. Alle vier auf einmal.

Die vier Typen, die aus dem Golf kletterten, waren groß und breit und trugen schwarze Hemden zu Bluejeans. Sie hatten sehr wenige Haare auf dem Kopf. Einer hatte einen dicken Schnurrbart wie ein umgekehrtes U, das nahm Idy auf die Schnelle wahr. Das Hemd eines anderen war eher eine dünne Jacke. Einer trug eine schwere Hornbrille. Und der, der hinten rechts ausstieg, war größer als die anderen. Viel größer.

Jonas fand seine Worte zuerst. »Das Ende ist nah.«

Monique sagte noch leise »Wolfenstein reloaded«, dann war sie schon vor Idy und den anderen auf dem Weg zur Kirchentür.

In der Tür rannte Idy in Moniques Rücken. Vor ihnen stand ein Kerl, der war ebenfalls groß und breit, fast so groß wie der aus dem Golf. Er trug weiß, mit Farbklecksen, dazu Ohrhörer. Er machte riesengroße Augen, als hinter ihnen auch noch Hamed und Jonas aufliefen und sie alle in die Kirche hineinschoben. Ein kühler Hauch wehte ihnen entgegen.

Idy drehte sich um. Der in Weiß rief etwas und versuchte, sie wieder aus dem Vorraum hinauszudrücken. Aber so kräftig er war, sie waren mehr. Und zusammen waren sie stärker.

Aber niemand von ihnen sah die Leiter, die im Vorraum des Kirchturms stand. Und als Idy es endlich begriff, dass sie nicht nur durch die Tür, sondern auch unter der Leiter hindurchmussten, um in die Kirche zu gelangen, passierte scheinbar alles zur gleichen Zeit.

»Raus hier!«, brüllte der Weiße mit den bunten Sprenkeln sie an.

Geschrei hinter ihnen.

Idy fühlte mehr, als dass er es sah, wie Jonas und Hamed sich umwandten.

»Hilfe!«, schrie einer von oben. Idy hob den Kopf, sah wie die hölzerne Doppelleiter wackelte und begriff, dass der da unten nur dort gestanden hatte, um sie festzuhalten.

Und jetzt kippte sie.

Der oben auf der Leiter ruderte mit den Armen.

Irgendwer oder irgendwas warf sich gegen die Kirchentür, die Jonas und Hamed versuchten, zu schließen. Ein Arm tauchte im Türspalt auf und Jonas reagierte geistesgegenwärtig mit Druck. Gerade Jonas.

Tür auf Arm auf Rahmen. Ein Schrei. Der Arm verschwand wieder.

Die Leiter schaukelte heftiger. Das Schreien von oben wurde lauter.

Monique hatte wie Idy eine Hand an der Leiter und eine ausgestreckt in Richtung Tür. Ihr Blick zuckte hin und her.

Ein großer Eimer weißer Farbe knallte neben ihnen auf den Boden, Farbe spritzte. Monique sprang zur Seite, Idy zur Tür, der Typ in Weiß blieb stehen und versuchte vergeblich, weiter die Leiter zu halten. Die neigte sich jetzt bedenklich.

Als Idy die Tür erreichte und sich dagegenwarf, ließen die draußen kurz nach. Es fehlten nur noch Zentimeter, bis das

Schloss einrasten musste. Mit Idy drückten Jonas und Hamed, Monique half von hinten.

Die Leiter sah Idy dann nicht fallen. Er hörte nur das Poltern, dann das Klirren der Glastür, ohrenbetäubend, und dann wartete er darauf, dass der von oben auch ein Geräusch produzierte. Oder eigentlich zwei. Zuerst auf dem Boden aufkommen, dann die Äußerung von Schmerz.

Aber beides blieb aus.

Als sich der in Weiß mit ihnen zusammen gegen die Tür warf, klackte endlich das Schloss. Er drehte den Schlüssel und rannte dann zur anderen Seite des Kirchenfoyers.

Erst als sich Idy umdrehte, sah er im gebrochenen Licht, das durch die schmalen Kirchenfenster hereinfiel, dass der Mann von oben immer noch oben war. Er hatte sich an einen Vorsprung über der Tür geklammert, vielleicht in vier Metern Höhe. Oder mehr? Er trug das gleiche Weiß mit Sprenkeln wie der am Boden, der sich verzweifelt bemühte, die Leiter wieder zum Stehen zu bringen, ohne seinen Halt in der ausgelaufenen Farbe zu verlieren.

Wütendes Klopfen an der Tür. »Wir kriegen euch!«

Der von oben hing und hielt sich ganz ruhig. Der unten umklammerte die Holme der Leiter und gemeinsam mit Monique und Hamed schob er sie so hin, dass der, der hing, sich mit den Füßen darauf abstützen konnte. Was der Maler unten dabei sagte, verstand Idy nicht. Es klang osteuropäisch.

Mit knappen Anweisungen dirigierte er den Kollegen auf die Leiter. Als der sich gerettet hatte, konnte Idy ihn zittern sehen.

Von draußen traten sie jetzt an die Tür. Sie wackelte, aber sie machte nicht den Eindruck, als würde sie bersten.

»*Zejdź na dół*«, sagte der Maler, der unten stand. Er hielt die Leiter immer noch fest. Polnisch, dachte Idy, klar.

Der oben schüttelte den Kopf. Wahrscheinlich wollte er es noch nicht riskieren, von der Leiter herunterzukommen.

»Was wollt ihr?«, wandte sich der unten an die Gruppe. Sein Blick blieb an Idy hängen. »Und wer sind die da?« Er wies mit dem Kopf auf die Tür, wo jetzt noch ein Tritt zu hören war. Dann war es still.

»Die sind hinter uns her«, sagte Jonas. Als ob das nicht offensichtlich war.

»*Nazis*«, sagte Monique. Sie sprach das Z wie ein weiches, warmes S und verschluckte das S am Ende. Sie war aus Burkina Faso, sie durfte das. Idy fand es sehr süß.

»Deutsche!«, sagte Hamed. Er war sich sicher, dass er das in dem Umfeld sagen durfte. Der Maler wiegte den Kopf. Er hatte auch seine Erfahrungen gemacht.

Jonas war mit den Augen woanders. Er fühlte sich nicht gemeint.

Im Foyer herrschte jetzt so etwas wie Ruhe. Hinter ihnen wölbte sich das Kirchenschiff.

Der Maler auf der Leiter zitterte nicht mehr. Der Maler unter der Leiter atmete tief ein und noch tiefer aus. Jonas hatte seine konzentrierte Phase hinter sich und ließ den Kopf hängen. Monique drehte sich in der großen Farbpfütze. Glassplitter knirschten unter ihren Sohlen. Hamed starrte ins Innere der Kirche. Vielleicht gab es da etwas zu sehen. Düsterer Raum, helle Wände, dunkle Bänke. Schwaches Licht durch schmale Fenster, farbig gebrochen. Wo waren sie hier bloß gelandet? Das Kaff mit B …

Es war die Ruhe vor irgendetwas, aber Idy vermochte nicht zu sagen, vor was genau. Hatten sie eigentlich die Frage des Malers beantwortet, was genau draußen passiert war?

Ausatmen bei dem anderen auf der Leiter. Gleich würde er endlich runterkommen.

Für eine Sekunde und für noch eine mehr war es jetzt komplett still. Und dann für noch eine. Nicht einmal Jonas' hoher Atem war zu vernehmen.

Waren eigentlich alle Leute bei dieser Hitze im Freibad? Gab es hier eigentlich ein Freibad? Waren überhaupt noch Leute in den Häusern in der Nähe? Hatte niemand was mitgekriegt?

Als beide Türflügel zum Kirchenschiff aufgestoßen wurden, einer intakt, der andere entglast, schreckten alle zusammen. Idy sah erst viel später, Tage später eigentlich, was da alles aufeinander folgte. In dem Moment selbst war er viel zu geschockt.

Es war der Große, der ganz große aus dem Golf, der da auftauchte. Der von hinten rechts.

Er stieß die Flügel der Tür auf. Machte einen Schritt nach vorn. Und verlor in der Farbe das Gleichgewicht.

Während er ausrutschte, stieß er gegen die Leiter. Und die fing wieder an zu kippen.

Der Maler oben fing erneut an zu schreien.

Der Maler unten griff nach den Streben der Leiter, die er eben erst losgelassen hatte. Und fand sie nicht.

Dann rutschte Monique aus, auch in der Farbe. Vor Schreck wohl. Sie lag lang in der weißen Farbe, in der jetzt auch ein paar rote Schlieren zu sehen waren. Der Große hatte sich wohl die Hände aufgeschnitten.

Hinter ihnen fingen die Tritte gegen die Außentür wieder an. Oder vielleicht sind es auch keine Tritte, dachte Idy. Sie waren härter, stärker als vorher. Es war Metall auf Holz.

Hamed stand starr wie eine Säule.

Jonas drehte sich weg.

Und Idy glotzte auf den riesigen Mann, der am Boden lag. Seine dunkle Kleidung wurde schnell weiß, als er sich herumwälzte und aufzustehen versuchte.

Die Schläge auf die Tür wurden lauter. Und die Tür schien über eine Kapitulation nachzudenken.

Tu etwas, sagte sich Idy, als der Große sich halb auf Monique rollte. Hamed war festgefroren, Jonas dachte weiß Gott was. Der Maler oben hielt die Leiter im Wackeln.

Und Idy wusste nicht, was er tun konnte.

Der Große trat nun dem Maler unten ins Knie. Der kriegte endlich die Leiter zu fassen. Es war genau der falsche Zeitpunkt, denn die Leiter hatte sich gerade wieder ein wenig beruhigt und der Maler oben hatte das Schreien eingestellt. Er lamentierte jetzt nur noch.

Nach dem Tritt ins Knie und dem erneuten Griff an die Leiter begann die, sich wieder zu bewegen. »Hey!«, rief der Maler oben.

Und »Scheiße« Monique. Und Jonas drehte sich um und hustete, als die Leiter nicht einfach kippte, sondern sich mit ihren Füßen in der Farbe langsam abschmierend auf den Weg machte.

Idy glaubte später, dass der Maler durch den Tritt des Großen eine Bewegung machte, die die Leiter mit sich riss. Der Maler jedenfalls rutschte mit einem Fuß weg und die Dynamik seiner Bewegung, hinunter zum Boden und gleichzeitig unter der Leiter hindurch, sein instinktives Festhalten an den Streben dazu, brachte die Leiter zum Kippen. Der Maler oben schrie wieder, sowohl Laute malend als auch irgendetwas Polnisches.

So schlug der Maler auf der Leiter gegen die Wand und fiel dann auf den kaputten Türflügel der Kirche. Sein Schrei, vor Schmerz nun, traf auf das Geräusch, das die Leiter machte, als sie gegen die Wand und den Türflügel und dann noch gegen das Bein des Malers hieb, der über dem Flügel hing.

Idy erinnerte sich später genau an die scheinbare Trägheit, mit der die Leiter umfiel.

Sie alle hatten das nur reagierend wahrgenommen. Der Wucht der Ereignisse hatten sie alle nichts entgegenzusetzen gehabt. Erst als auch noch Hamed, der versucht hatte, der Leiter auszuweichen, und Jonas, der von einem Fuß der Leiter erwischt worden war, auf dem Boden neben dem Großen und dem Maler und Monique lagen, wurde Idy bewusst, dass nicht nur der Maler oben die ganze Zeit geschrien hatte, sondern dass alle in dem kleinen Raum brüllten oder fluchten. Alle außer ihm.

Er selbst stand immer noch. Und er konnte nicht fassen, was da gerade geschehen war.

Während die Stimmen um ihn herum leiser wurden und der eine Maler immer noch auf dem Türflügel hing, bemerkte Idy, dass die Schläge hinter ihm verstummt waren. Das war kein gutes Zeichen. Eben hatte er noch gewusst, wo die anderen Nazis waren. Und jetzt nicht mehr.

Der Zustand hielt nur ein paar Sekunden an. Wo der Große hergekommen war, tauchten jetzt auch die anderen drei auf. Klar, da war noch ein zweiter Eingang.

Als sie laut grölend durch das Kirchenschiff rannten, waren die am Boden noch dabei, sich zu orientieren. Der Maler von oben ließ sich an der Tür hinab. Der Große drehte sich am Boden. Der untere Maler lag in der Farbe wie ein Käfer im Honig. Idy sah die Hand des Käfers, die ihm am nächsten war. Um einen Finger war ein Ring geschoben. Und an dem Ring war ein einziger Schlüssel.

Idy ging auf die Knie, halb rutschend durch die Farbe. Hörte er da irgendwo eine Polizeisirene, fragte er sich, als er den Ring vom Finger löste.

Die drei anderen Nazis waren mittlerweile in der Tür angekommen. Der Maler von oben war jetzt unten und stürzte sich auf sie. Der Große, mittlerweile wieder stehend, gab ihm einen mächtigen Wums aufs Kinn, der ihn zu Boden schickte. War das ein Schlag gewesen!

Idy sprang auf. Er zog Monique durch die Farbe mit sich und hörte, wie hinter ihm die Nazis über die Leiter kletterten. Nur die Leiter und die Farbe zwischen ihnen. Das war nicht viel. Monique stand fast. Jonas war auf allen vieren, so viel kriegte Idy mit. Hamed sah er nicht.

Er zielte mit dem Schlüssel und stürzte zur Tür. Der erste Versuch ging daneben. Der zweite genauso. Irgendwer schrie auf vor Schmerz. Das musste der untere Maler sein. Der Schlüssel war endlich im Schloss. Jonas tauchte neben ihnen auf. Einer der Maler schrie, als würde ihm etwas amputiert. Jonas und Monique drehten sich um.

Wenn sich nur der Schlüssel leichter bewegen ließe. Jonas, das spürte er mehr, als er es sah, hob die Arme und steckte etwas ein. Idy hörte ein Knurren hinter sich, das musste von einem der Nazis kommen. Oder von mehreren.

Endlich hatte er den Schlüssel bewegt. Monique gab einen hohen Ton von sich. Idy merkte an ihrer Bewegung, dass sie ihre Muskeln benutzte. Das Knurren wurde zu einem Ächzen. Sie hatte einen da getroffen, wo es wehtat.

Im Augenwinkel sah er Jonas nach jemandem treten und zog die Tür auf. Die Polizeisirene hörte er nun deutlich. Und einen polnischen Fluch, gefolgt von einem Klatschen. Noch ein Treffer auf der richtigen Seite.

Die Tür war nun offen, er suchte Moniques Hand, erkannte im reflektierenden Sonnenlicht, das in den Raum fiel, Jonas, der schon zur Tür drängte und Hamed, der sich erhoben hatte.

Raus.

Die anderen mussten folgen. Er selbst folgte Monique, die schon draußen war, und hielt eine Hand nach hinten, die sofort ergriffen wurde. Jonas? Hamed? Er zog sie und fühlte zur gleichen Zeit, dass es eiskalt wurde in seinem Rücken.

»Schneller!«, hörte er jemanden rufen. Hamed.

Sie waren schon um die Ecke des Kirchturms herum und sahen den Polizeiwagen, der sich schlingernd näherte. Jonas war mittlerweile vorn, Hamed hatte aufgeschlossen. Die Kälte in seinem Rücken konnte Idy aber immer noch spüren.

Und jetzt sah er sie auch. Der Große, mehr weiß als schwarz von der Farbe, war direkt hinter Hamed und holte aus. Idy sah den Blitz einer Axt. Sie fuhr in Hameds Kopf und machte viel Rot. Hamed fiel sofort in sich zusammen.

Der Polizeiwagen rollte auf sie zu. Und der Große hatte sich umgedreht, um davonzulaufen, als Idy und Monique sich zu Hamed hinabbeugten. Jonas rannte einfach weiter und wurde von einem Polizisten in Uniform aufgehalten, als die Kirchenglocke erklang.

Ganz hell war sie. So hell wie dieser Sommertag. In diesem Kaff mit B.

Franz Dobler

Amen in Ahlen

»Das Wichtigste bei dieser Aktion ist, dass du heil wieder rauskommst«, sagte der Chef der Sicherheitsfirma, für die Expolizist Fallner seit einem Jahr arbeitete, »und nicht heil wie *Heil Hitler*, sondern wie *Heilt Hitler* meine ich damit. Du brichst sofort ab, wenn du auch nur den kleinsten Verdacht hast, es könnte schiefgehen, ist das klar?«

So redeten Expolizisten, wenn sie etwas mit Nachdruck gesagt haben wollten. Fallners Chef war sein älterer Bruder, ebenfalls Expolizist, jedoch geschäftstüchtig. Deshalb nicht immer an scharfen Grenzen zwischen legal und illegal orientiert. Der Auftrag, den er als ›Aktion‹ bezeichnete, war so eindeutig, dass Fallners Frau Jaqueline, die Polizistin war (und möglicherweise schon seine Exfrau), nichts davon wissen durfte. Sie hätte ohne Vorwarnung mit einer Sondereinheit die Firma stillgelegt und Ehemann und Schwager festgenommen (*scheiß auf die Familie*).

Im ICE München–Dortmund fragte er sich, während eine Logorrhö-Frau von Nutten, Zuhältern und Arroganzfotzen brüllte, von denen sie gemobbt wurde, warum er von Cops und Expolizisten umzingelt war. Und ihren Aufträgen, mit denen sie ihn fertigmachten (*die verdammte Familie*).

Das Problem war nicht das Ziel, sondern der Zielfahnder. Selbst wenn der Zielfahnder das Gesetz hinter sich hatte. Das Ziel wusste nicht, dass es im Visier war, das Ziel hatte vielleicht den Hauch einer Ahnung, der sich leicht ignorieren ließ. Der Zielfahnder aber dachte nicht nur an das Ziel, sondern auch an sich selbst, die Familie möglicherweise. Und hatte Angst.

Der Zielfahnder machte einen falschen Schritt und war ein toter Mann, und wenn er keinen machte, wurde er von einem unvorhersehbaren Zufall gestoppt. Er konzentrierte sich, um diese verdammten unvorhersehbaren Zufälle schon vor Beginn der Aktion zu erkennen – erkannte aber nichts, er sah sich immer nur fallen – Einschüsse groß im Bild – und wenn er auf dem Boden aufkam, hatte er noch genug Zeit gehabt, um zu verstehen, dass er schon Tage vorher draufgegangen war, weil er sich in seinen Zweifeln verfangen hatte.

Deshalb hatte der Zielfahnder einen Partner, der ihn rausholte, wenn er sich in seiner Angst verirrte. Der ans Ziel kam, wenn er auf der Strecke blieb. Deshalb waren Psychopathen die besten Zielfahnder. Weil sie sich für Angst einen Dreck interessierten – oder für eine auf der Strecke krepierte Partnerin.

Ihm wurde bewusst, dass er selbst das größte Problem bei dieser Sache war, als er im Hotel auf dem Bett saß. Eine Hand am Griff seiner Makarow, die andere am Schalldämpfer. Er drehte die Pistole hin und her. Ohne zu bemerken, was er tat. Ein Trinker, der mit der Flasche meditierte. Sah sich nur dabei zu, wie er fiel ... Einschüsse groß im Bild ...

Als er am Metall der Waffe eine Lichtveränderung wahrnahm, schreckte er auf und sah mit einem Blick auf die Uhr, dass er seit zwei Stunden auf dem Bett saß und die Makarow hin und her drehte. Nicht ausgeschlossen, dass im Hotel bereits aufgefallen war, dass er den Nachtmittag im Zimmer verbrachte.

Er stellte der jungen Frau an der Rezeption viele Fragen. Er sei Akquisiteur für eine Tourismus-Website und in Ahlen auf der Suche nach Kunden, die Werbefläche kauften (es war eine Fake-Website, eine einfache, für viele Aktionen passende Tarnung). Er würde durch die Stadt laufen und schöne Fotos machen und zum Beispiel ein Fitnesscenter betreten, um den Geschäftsführer zu überzeugen, dass ein Artikel (gratis) mit Foto und einem Banner (ab 150 Euro) seinen Laden ganz nach vorn bringen würde.

Die Rezeptionistin freute sich, mit jemandem etwas zu tun zu haben, sie suchte immer neue Prospekte und malte Kreuze auf den Stadtplan, die Sehenswürdigkeiten, Geschäfte und Sonstiges markierten. Kam dann sogar auf seine Seite der Theke und stellte sich dicht neben ihn. Er ging also als netter Normalmann von Mitte vierzig durch, mit dem man sich nett unterhalten konnte. Wirkte auf sie nicht wie ein Typ, der einen italienischen Killer im Visier hatte und von sich dachte, er würde einen intensiven Geruch nach Angst und Tod verströmen. Das war beruhigend.

»Sie helfen mir wirklich sehr«, sagte er. »Ich werde Ihr Hotel auf jeden Fall empfehlen, versprochen. Danke für Ihre Zeit.«

»Ach, alles gut«, sagte sie. »Sie sehen ja, was hier los ist, Wochentag, Nachmittag, weniger als am Arsch der Hölle!«

Er lachte unsicher, das war kein Ausdruck, den ein Akquisiteur gebrauchen würde, es sei denn, er musste Diskotheken neue Biersorten andrehen. Seine Unsicherheit schien sie in Fahrt zu bringen.

»Und wissen Sie was? Das dürfen Sie aber nicht schreiben, genau da sind wir, am Arsch der Hölle«, sagte sie und verpasste ihm einen leichten Stoß mit dem Ellenbogen.

»Ich glaube, da ist es nicht so kalt«, sagte er.

»Wir haben ein Grad unter null«, sagte sie, »das ist doch nicht normal, Ende März.«

Für Fallner war es ein Vorteil, dass es ein Frühling wie im tiefsten Winter war. In den großen Innentaschen seines langen Wintermantels konnte er die Makarow mit dem aufgesetzten Schalldämpfer unterbringen. Eine Belastung, Behinderung, aber er hatte sie einsatzbereit am Körper. Die Maschine war dreißig Zentimeter lang und wog mehr als ein Kilo. Er fragte sich, was er im Sommer getan hätte? Vielleicht eine Plastiktüte. Müsste sie nicht mal aus der Tüte ziehen.

Und fragte sich außerdem, ob die Rezeptionistin eine Frau war, die sich für Männer mit Waffen interessierte. Und was er zu ihr als der Mann gesagt hätte, der er wirklich war.

Während sie etwas suchte, erkannte er den Sänger Heino auf einem Foto der Zeitung, die auf der Theke lag. Hier im Münsterland hatte Heino der Heimatministerin eine seiner Schallplatten überreicht, auf der Lieder waren, die auch SS-Männer gemocht hatten. Was ihn daran erinnerte, dass auch sein Vater Heino mochte. Während sein Freund, der alte Punk Armin, gelegentlich erzählte, dass er damals in Berlin einen kannte, der sich *Der wahre Heino* nannte, ehe ihm dieser Heino, der nun im Dienste der Heimat die Heimatministerin mit einem heimatlichen Geschenk erfreute, den Namen per Gericht verbieten ließ.

»Noch eine Frage«, sagte er, »diese leer stehende Nahrath-Fabrik, stimmt die Information, dass da ein großer Abenteuerpark geplant ist, so eine Art Disneyland?«

»Ein Disneyland hier in Ahlen?«, fragte sie. »Kann ich mir nicht vorstellen.«

Sie hatte recht, es war Unsinn. Lag aber nah an seinem Ziel. Er strich suchend über den Stadtplan und sie zeigte ihm den Weg, den er sich auf der Karte so oft angesehen hatte, dass er ihn draußen mit verbundenen Augen gefunden hätte.

»Wir sind hier am Marktplatz, Sie gehen in die Südstraße, immer geradeaus, durch die Bahnunterführung, dann stehen Sie links vor Nahrath. *Koch und brat mit Nahrath!* Kannte ich schon als Kind. Gegenüber im *Toscana* können Sie gut essen. Und fragen, ob die auf Ihrer Seite Werbung machen. Die haben Geld. Sie sind der Pizza-Mafioso-Typ, geben Sie es zu.«

Es wurde dunkel und schneite, als Fallner die Unterführung passierte, die den Übergang von der Südstraße in die Dolberger Straße bildete, und im Gebiet »jenseits der Bahn« ankam, wie es die Rezeptionistin erklärt hatte. Eine alte Bezeichnung für die schlechte Seite der Stadt, die früher von der längst abgewickelten Zeche Westfalen und den Siedlungen ihrer Arbeiter geprägt worden war. Man sagte es noch, sagte sie, würde es aber nicht mehr so ernst meinen. Die Türken, die Moschee und das Fußballstadion waren natürlich jenseits der Bahn. Am *Ristorante Toscana* fing das Jenseits an, auf der anderen Straßenseite verrottete das ehemalige *Stanz- und Emaillierwerk Nahrath*. Die dicken Schneeflocken flogen langsam; wenn sie landeten, hatten sie ihre Aufgabe erfüllt und verschwanden – so musste es laufen.

Der Expolizist blieb in seinem weißen Mittelklasse-Leihwagen sitzen, den Stadtplan über dem Lenkrad ausgebreitet. Auf der einen Seite des Restaurants ein mit zehn bis fünfzehn Autos belegter Parkplatz, auf der anderen eine Einfahrt, deren Torflügel geöffnet waren.

Fallner konzentrierte sich darauf, nicht als Exbulle rüberzukommen. Sein komischer Hut, die Brille mit den dicken Fenstergläsern und die Aktentasche waren nicht unbedingt ein ausreichender Schutz. Wenn er nicht aufpasste, würde man ihm zwanzig Bullenjahre ansehen, wenn man einen

Blick dafür hatte, und der Italiener hatte diesen Blick, das war sicher. So sicher wie das Material, das sie über ihn bekommen hatten. Sie hatten es überprüft, mehrmals überprüft. Bis Fallner schließlich aufgab, die Sache abzulehnen, diese ›Aktion‹, von der sein Bruder behauptete, es handle sich um einen Polizeiauftrag (»Ich habe bessere Kontakte als der Innenminister!«), der allerdings so weit unter dem Radar geflogen kam, dass außer ihnen beiden niemand in der Firma etwas wissen durfte; und wenn es ein Problem geben würde, wüsste auch kein Auftraggeber etwas von einem Auftrag.

»Wenn es jemand verdient hat, gestoppt zu werden, dann dieser Typ«, hatte Fallners Bruder gesagt.

»Du nennst es ›stoppen‹?«, sagte Fallner.

»Du musst ihn nicht erledigen, du kannst ihn auch ins Auto setzen und in Rom abliefern«, sagte sein Bruder, und: »Du bist der Einzige von uns, der dieser Sache gewachsen ist.«

»Ich bin der Einzige von uns, der dich nicht reinzieht, wenn's schiefgeht«, sagte Fallner, »und die Firma braucht das Geld.«

»Die Welt braucht mehr Schutz vor diesen Scheißtypen«, sagte sein Bruder.

Fallner war vollkommen auf sich allein gestellt. Er konnte die Aktion immer noch stoppen. Sich ein Bild von der Lage verschaffen und dann stoppen. Er nahm die Aktentasche mit dem Laptop und stieg aus.

Er ging vor den vier *Toscana*-Fenstern auf und ab, die etwas erhöht und deshalb nicht optimal einsehbar waren, und redete Unsinn in sein Telefon. In drei Fenstern Blumentöpfe in gedämpftem Licht. Hinter dem neonhellen Fenster links die Küche, auf dem Fenstersims eine halb volle Flasche Rotwein und ein Kübel, im Hintergrund in einem Regal ein Haufen Blech.

Sie wussten nicht, wofür ihre Zielperson im Restaurant zuständig war, hatten niemand vorschicken können, um es herauszufinden. Sie wussten nicht, ob der Besitzer dazugehörte oder keine Ahnung hatte oder erpresst wurde oder ein Cousin war, der von seiner Mutter gezwungen wurde, diesem Mitglied der Familie zu helfen.

Und plötzlich sah Fallner seinen Mann im Fenster, er hatte beide Arme erhoben, in einer Hand einen weißen Teller, er war wütend und riss die Klappe auf, und Fallner hatte für einen Moment ein Gefühl, als würde er in einer Achterbahn nach unten rasen. Das war der zweiunddreißigjährige Italiener, der die Bezeichnung Monster verdient hatte. Man sah ihm seine unfassbare Bösartigkeit nicht an, wenn man keine Informationen hatte. Er ging in der Küche schimpfend herum, war eine Sekunde im Fenster, dann wieder weg, wieder da. Er war nicht der Küchenchef, eindeutig.

Fallner betrat das Restaurant und blieb zuerst im Eingang stehen, um seine Brille sorgfältig zu putzen. Ein freundlicher Herr unter einem komischen Hut, der das Schneetreiben nur knapp überlebt hatte und sich an einen kleinen Tisch in einer Ecke setzte. Er bestellte Bier und Grappa bei der stämmigen Frau um die fünfzig und fragte, ob er den Chef in einer geschäftlichen Angelegenheit sprechen könne. Er war hungrig, aber allein beim Gedanken an Pizza oder Pasta wurde ihm schlecht – der ganze Brei, der rote Schleim, und vom Nebentisch schwappte noch mehr Schützt-unsere-Heimat-Gesabber.

Der Chef sah der Bedienung gespenstisch ähnlich. Er warf einen Blick auf Fallners Laptop mit der falschen Website und sagte schnell: »Keine Zeit, Mann, Arbeit, Arbeit!« Immerhin bereit, sich die Sache mit der Werbung genauer anzuhören, wenn das *Toscana* um halb elf schloss.

Als der Patron wieder hinter der Theke stand, kam der Killer aus der Küche und redete mit ihm. Der Wirt deutete mit dem Kopf zu dem Gast, der irgendwas von Werbung gesagt hatte. Fallner starrte auf den oberen Rand seines Bildschirms und registrierte, dass der Italiener ihn musterte. Er wagte es nicht, ihn anzusehen. Wieso hatte er mitbekommen, dass sein Boss mit diesem Gast geredet hatte? Es musste bedeuten, dass er in permanenter Alarmbereitschaft war. Auf jeden Gast achtete. Oder es war nur Zufall gewesen. Fallner schwitzte. Kämpfte dagegen an, dem Typen in die Augen zu sehen, und als er endlich bereit war, den Italiener mit den Augen zu töten, war er weg und die Tür zur Küche schwang hin und her.

Fallner ging an der Herrentoilette vorbei den gelblich beleuchteten Gang runter, der erheblich weniger gepflegt war als der Speiseraum, landete im Hinterhof, ruderte vorsichtshalber mit den Armen, ein Mann, der sich verirrt hatte, verzweifelt auf der Suche nach einem Pisspott.

Ein roter Transporter stand da, mit dem Heck nah an der Hintertür, eine viel benutzte Karre, die rote Farbe war zum Teil abgeblättert und zeigte nackten Stahl, der linke Vorderreifen hatte fast keine Luft mehr. Der Motor lief nicht, aber eine Tür stand offen, aus der Kabine kam Sound, eine Sängerin sang was über Kleingeld in der Tasche, *Brass in Pocket*, und darüber, dass sie sich Mut antrinken wollte – so ist es, Schwester, hauchte Wo-ist-denn-das-Scheißhaus-Fallner.

Auf beiden Seiten des Transporters war wenig Platz, ein dicker Mensch wie die Bedienung konnte nicht einsteigen. Bis zur Straße vor waren es wenige Meter, hinter dem Transporter zog sich der Hof in die Länge bis in die Dunkelheit, Fallner ging vorsichtig rein, Bretter, Stühle, Kisten, Kübel, schließlich ein Strauch an einer Wand. Es waren mindestens zehn Meter bis zur Sängerin im Autoradio.

Nachdem er bezahlt hatte, machte er in der Umgebung wieder Fotos, um im Notfall beweisen zu können, dass er permanent für seine Website unterwegs gewesen war. Das gegenüberliegende riesige Nahrath-Gebäude sah unheimlich aus. Als würde drinnen jemandem der Mund zugehalten. Die Straßenkreuzung totenstill, scheinbar ewig. Der Zaun um die Fabrik taugte nicht viel. Wie eine Einladung, den Italiener im Keller abzulegen. Viel zu kompliziert ... Fallner ging stadtauswärts, betrat spontan einen Spielsalon, der überraschend groß und vollkommen leer war. Die elektronischen Geräusche und Lichter schienen sich nach seinem Eintreten zu verstärken. Der diensthabende Rentner schüttelte nur den Kopf, als er ihn fragte, mit wem er über Werbung reden könne. Er gab ihm seine Karte, machte Fotos. Der Rentner starrte ihn an, als hätte er angekündigt, den Laden sofort zu schließen.

Es war eiskalt draußen, keine Seele unterwegs. Alle Leute von der Kälte geschockt.

Er wartete im Auto auf seinen Termin, scheinbar mit Stadtplan und iPhone beschäftigt observierte er das Lokal. Vielleicht pisste der Italiener auf die Arbeitszeiten und machte, was er wollte. Ein schwarzer extra breiter Golf rollte vorbei und schickte Basswellen in die Nacht, die im Innenraum wie harte Drogen wirken mussten.

Der *Toscana*-Wirt betrachtete Fallners Website drei Minuten lang mit gespielter Konzentration, was nicht ausreichte, um auch nur zu ahnen, dass es sich um eine Fake-Seite handelte, und versprach, sich die Sache zu überlegen, Fake gegen Fake sozusagen (sagte man jetzt »Faffanculo«?). Sein Ziel war noch in der Küche tätig, und als er auf die Toilette ging (ohne sich zu verirren), sah er den Italiener Müllsäcke durch die Hintertür raustragen. Fallner wartete im Auto auf ihn, hoffte auf eine Chance in dieser Nacht, je schneller, desto besser, seine Nerven gingen ihm auf die Nerven. Das Abwarten. Er konnte hier kaum was tun, ohne aufzufallen.

Damit hatte er nicht gerechnet, dass der Italiener zu Fuß stadtauswärts ging, nicht mit dem Transporter den Standort verließ. Den Mann im weißen Anorak und der großen weißen Mütze, der mit Abstand hinter ihm torkelte und leise besoffen laberte, registrierte er nicht. Fallner hatte sich im Auto umgezogen. Sollte sich der Italiener umdrehen, würde er die Schnapsflasche ansetzen. Die Makarow steckte unangenehm schwer in seiner Hose. Es war anders nicht möglich, denn den großen Mantel und die Aktentasche hatte er als anderer Mann benutzt.

Kein Mensch auf der Straße – etwas näher an ihn rangehen und von hinten erschießen. Keine gute Idee. Wenn jemand etwas bemerkte, kam er hier nicht mehr weg, eine wandelnde Leuchtreklame, ein besoffener Schneemann. Er schwitzte, nah an einer Panik, er kannte den Zustand.

Am Anfang der Zechensiedlung steckte der Italiener den Schlüssel in die Tür eines schmalen Hauses.

Fallner bog ab Richtung Glückaufplatz. Fragte sich, ob er Glück nötig hatte, ob er völlig falsch dachte, ob er danach glücklicher wäre. Er sah sich ratlos um. Hörte ein Auto mit einer irrsinnigen Anlage, sicher wieder dieser schwarze Golf. Er drehte sich im Kreis, konnte in den vier Straßen jedoch nichts entdecken. Sie kamen nicht näher, Zivilbullen möglicherweise, in den leeren Straßen auf der Suche nach einem Lebewesen, dem sie ihre Langeweile auf die Rechnung setzen konnten. Fallner nahm den ersten echten Schluck aus der Flasche, drehte dann seinen Anorak um, schwarz war besser als weiß, ging zurück, hatte das Gefühl, dass jetzt hinter ihm jemand ging.

Aber nichts, niemand, nirgendwo – kein Ort für Killer.

In einem Garten dann die Bestätigung: Auf zwei Pfosten eine Tafel mit der Aufschrift *Heimat für alle*. Mit Telefonnummer. Also keine Botschaft von Heimat-Heino, sondern *Der Wahre Heino was here!* Er machte ein Foto, ein Blitz in der Nacht – Heimat für alle: Das wären schöne letzte Worte für den Italiener. Dann hätte er was nachzudenken. Denn der Weg in die Hölle war lang. Ohne die Mama.

Im Frühstücksraum des Hotels stieg an der Bar eine Mitternachtsparty. Zwei betrunkene ältere Ehepaare, alle mit Übergewicht, hatten sich weiße Zettel an die Stirn geklebt. Fallner blieb in der Tür stehen und winkte ihnen freundlich zu. Hatte die Hoffnung, die Rezeptionistin noch anzutreffen. Nur für ein paar Minuten ein Mensch.

»Aber ich bin noch nicht gestorben, richtig?«, sagte eine Frau.

»Nein, du bist noch nicht gestorben«, sagte ein Mann.

Dann lachten sich die vier kaputt. Fallner gab jede Hoffnung auf und verschwand.

In seinem Notizbuch las er einen Satz, den er vergessen hatte: »Am dritten Tag saß ich in der Sporthalle und schrieb einen Song mit dem Titel *Alles, was du jetzt schon sein könntest, wenn Sigmund Freuds Frau deine Mutter wäre*. Charles Mingus.« Er hatte hinzugefügt: »Versteh ich nicht.« Und suchte jetzt nach einer persönlichen Botschaft, die ihm helfen könnte. Und notierte eine Variante: »Wen du alles töten müsstest, wenn Sigmund Freuds Geliebte deine Frau wäre.«

Nach einer Nacht, in der er scheinbar nicht geschlafen hatte, parkte Fallner in Tourismus-Werbemann-Montur eine Stunde lang in Sichtweite des schmalen Hauses, das der Italiener nach der Arbeit betreten hatte. Nichts. Drehte eine Runde in der Nähe und machte Fotos. Länger konnte er nicht bleiben, ohne aufzufallen. Selbst am Tag war nicht viel los.

Er fuhr zur Zeche Westfalen, besichtigte die riesige ehemalige Lohnhalle, Tausende hatten hier jede Woche Bargeld auf die Hand bekommen, während draußen ihre Frauen warteten, um sie abzufangen. Gegenüber eine kurze Geschichte der Arbeiterklasse: Die Kohle war weg, ein Tanzstudio war das neue Ding. Gegenüber eine verrußte Halle mit kaputten Scheiben. Fallner machte Fotos, verteilte seine Karten, fragte nach zuständigen Leuten, redete großspurig mit großen Gesten, man musste sich an ihn erinnern ... Mann, diese Werbefritzen, kann man eigentlich noch anders Kohle machen als mit Werbung?

Vor dem Museum, in dem früher die Rettungs- und Feuerwehrleute (über ihrer Trainingsgrube) untergebracht waren, erklärte ihm ein alter Mann, dass es heute geschlossen sei und diese Jungs den härtesten Job gehabt hatten. Länger als zwei Stunden sei es unten im Schacht mit Sauerstoff- und anderen Geräten nicht zu schaffen gewesen.

»Und wenn einer nicht rechtzeitig raufging, dann hat ihn die Schwarze Marie geholt«, sagte er.

»Wer ist die Schwarze Marie?«, fragte Fallner.

»Wenn du was anstellst, holt sie dich in den Schacht runter, nach ganz unten«, sagte der Alte.

»Wenn sie gut aussieht, von mir aus«, sagte Fallner.

Sie lachten und gaben sich die Hand, Arbeiter unter sich – er würde wieder schwitzen wie ein Kumpel in der tiefsten Tiefe, wenn er in die Nähe des Italieners kam. Um ihn an die Schwarze Marie auszuliefern.

Am späten Nachmittag lag er auf dem Hotelbett. Die Makarow auf dem Bauch. Er dachte zwanghaft an die Situationen, in denen er im Dienst zwei Männer erschossen hatte. Konnte man nicht vergleichen, spontane Handlungen, denen er nicht hatte ausweichen können, nichts Geplantes, kein Nachdenken.

Er rauchte Kette bei offenem Fenster, hatte keine Idee, nichts entdeckt, was nach einem guten Weg aussah. Er war der falsche Mann für den Job, was machte er hier?

Er starrte auf den Fernseher, ohne etwas zu verstehen – Männer in dunklen Anzügen, denen er nicht folgen konnte. Er hatte keine Angst, sicher nicht. Wenn er Zweifel hätte, solle er an die miesesten Typen denken, die er sich vorstellen könnte, hatte ihm sein Bruder gesagt, und sich klarmachen, dass der Italiener noch eine Spur mieser sei. Und das machte er. Zuckte hoch, weil er nicht wusste, woher das Gewicht auf seinem Bauch kam.

Der Chef wollte sein *Toscana* schließen und fertigte ihn mürrisch ab, nein, keine Werbung, er solle nicht wiederkommen. Fallner blieb freundlich, kein Problem, er bezahlte seinen Rotwein, wünschte alles Gute. Er hatte keinen Plan, als er rausging und dann in die Einfahrt zum Hinterhof. Hatte sich keinen Grund überlegt, was er hier zu suchen hätte, wenn ihn jemand ansprach.

Der Transporter stand da, er duckte sich an der Front,

hatte eine Idee: Wenn nötig, würde er fragen, ob der Transporter zu verkaufen wäre – das war gut, das war genau der Unsinn, der einem normal vorkam. Er hörte die Geräusche, die der Italiener beim Einladen machte, und ihm fiel auf: diesmal keine Musik. Deshalb konnte er hören, wie die Schritte des Italieners leiser wurden, als er wieder im Haus verschwand. Fallner lief in den dunklen Teil des Hinterhofs bis zum Gestrüpp an der Mauer.

Er hatte die zweite Hand noch nicht ganz in den Vinylhandschuh gezwängt, als der Italiener wieder rauskam. Eine falsche Bewegung und er würde ihn entdecken. Fallner senkte den Kopf, um sein weißes Gesicht zu verbergen, die Hände hinter dem Rücken, atmete ruhig ein und aus, dachte an nichts, nahm alles auf, verhielt sich automatisch so, wie er es gelernt, trainiert, angewendet hatte. Sah nicht auf, als er hörte, dass der Italiener nicht ins Haus ging – ein schleifendes Geräusch, was machte er? Stellte die Musik an, genau im richtigen Moment – noch etwas mehr Glück für den Mann an der Wand. Der glaubte, mehr Glück nicht zu benötigen.

Als der Italiener wieder im Restaurant abgetaucht war, zog Fallner die Makarow aus dem Mantel, hielt sie in der rechten Hand nach unten und starrte weiter zu Boden. Der Italiener kam raus und Fallner wartete kurz, ehe er langsam losging, während sein Ziel den Transporter belud und ihm dabei den Rücken zuwandte. Fallner stand ruhig und hielt die Waffe ausgestreckt mit beiden Händen, als der Killer sich aufrichtete und umdrehte – und von drei kaum vernehmbaren tödlichen Schüssen in Kopf und Oberkörper getroffen wurde, ohne seinen Richter zu bemerken, und auf die Ladefläche zurückfiel. Fallner ging zu ihm, schoss ihm in den Unterleib. Wie es als Antwort auf gewisse Beleidigungen in gewissen Familien üblich war.

Er schloss die Ladetüren des Transporters, sah, dass der Schlüssel steckte, sperrte ab, drückte im Vorbeigehen die Fahrertür zu, sperrte ab und warf den Schlüssel über die Mauer.

Er fuhr langsam davon, warf die Handschuhe noch vor der Unterführung – immer noch »jenseits der Bahn« – aus dem Fenster. Überlegte, ob er auch die Makarow entsorgen sollte. Spürte, dass sein Körper zu rebellieren anfing.

»Wenn du es geschafft hast, denkst du an Folgendes«, hatte sein Chef zu ihm gesagt. »Du bist ein Held, du bist eine Art Anne Frank. Wenn sie es wüssten, würden dich alle Menschen, die ein Herz haben, verehren wie Anne Frank. Vergiss es nicht, du denkst an nichts anderes, hör auf deinen Bruder.«

»Du redest Scheiße, Bruder«, hatte er geantwortet.

Aber er versuchte es. Kam ihm jedoch grotesk und dumm und schändlich vor, er kam nicht dagegen an und gab irgendwann auf. Versuchte zu beten, irgendwas musste doch helfen, der Schnaps blieb nicht unten.

Er war überzeugt, dass er sich schon beim Verlassen des Hotels oder bei der Rückgabe des Mietwagens irgendwie verraten würde. Er hatte eine Menge Glück gehabt – aber auf das Glück, mit dem man nicht rechnet, folgt das Pech, das man sich nicht vorstellen kann.

Bei Sonnenaufgang war er so verzweifelt, dass er seine Frau Jaqueline anrief.

»Du musst mich hier rausholen«, sagte er, »ich komme hier allein nicht mehr raus.«

»Wo bist du?«, sagte sie.

Er nannte ihr die Stadt, und weil sie ihr nichts sagte, nannte er ihr die Städte, durch die er mit der Bahn gefahren war.

»Du bist wo?!«, schrie sie ihn an.

»Am Arsch der Hölle«, sagte er.
Und das war die ganze Wahrheit.

Stefanie Gregg

Blau in Grau in Soest

Er stand vor dem Bild. Eine Million. Und dabei war es doch lächerlich. Zwei Gekreuzigte auf blauen Kreuzen vor gelbrotem Hintergrund, dazu zwei grüne Menschen. Was für ein Scheiß.

Warum wollte der Russe ihm dafür eine Million zahlen? Für so einen Scheiß?

Das hier würde sein letzter Coup werden. Sich mit der Million des Russen zur Ruhe setzen, vielleicht in Südamerika, das schwebte ihm vor.

Und es würde nicht einmal schwer werden. Dies hier war kein großes Museum, dies hier war das Wilhelm-Morgner-Haus, gesichert wie ein Kindergarten. Dabei stand der Maler des Bildes auf einer Stufe mit Kandinsky und Franz Marc. Oder so. Marvin hatte das nachgelesen, denn eigentlich hatte er keine Ahnung von Kunst.

Dass der Russe ihm für ein Bild aus einem Museum, das dermaßen schlecht gesichert war, so viel Geld bot, hatte er zuerst gar nicht glauben wollen.

Allerdings war die Sache eilig, denn das Morgner-Haus sollte bald renoviert und mit neuester Sicherheitstechnik ausgestattet werden. Mit Bewegungsmeldern, elektronisch gesicherten Haken, Infrarotüberwachung und Temperaturmessern. Wenn das alles erst einmal eingebaut war, hätte auch er keine Chance mehr. Jetzt aber war es machbar.

Seit Wochen hatte er alles hier ausbaldowert, sich die Fakten notiert. Um siebzehn Uhr wurde das Haus geschlossen, die Türsicherungen aktiviert. Seine Idee war so einfach wie überzeugend: nicht ins Haus einbrechen, sondern einfach drinbleiben. Ein Kinderspiel, denn es gab keine Ausgangszählungen.

Plötzlich wuselten um ihn herum etwa dreißig Kinder. Eine Schulklasse. Vorn bei dem Bild stand eine junge Frau, ganz in Schwarz. Wahrscheinlich die Kunstführerin des Museums. Museumspädagogin nannte man das jetzt, hatte er in einer Broschüre des Wilhelm-Morgner-Hauses gelesen.

»Lasst dem Herrn mal Platz«, sagte sie zu den Kindern. »Er stand hier schon so lange. Wer so in ein Bild versinkt, den darf man nicht stören.« Dabei lächelte die Frau in Schwarz ihn auf eine Art an, dass Marvin beschloss, nicht nur das Bild, sondern auch ihren Anblick noch ein wenig zu genießen.

Er lächelte zurück. »Danke. Sehr freundlich.«

»Auf dem letzten Bild haben wir gesehen, dass Morgner gerne die Menschen der Region zeigte«, erklärte die Frau in Schwarz. »Er zeigte, wie hart die Bauern arbeiteten, mit gekrümmten Rücken die Rüben aus der Erde zogen, aus dem fruchtbaren Boden der Soester Börde.«

Ein Junge, der lässig in der ersten Reihe stand, grinste und sagte, nicht ohne weiterhin Kaugummi zu kauen: »Mann, was für ein Scheiß! Das kann ich auch malen!«

Marvin konnte ihm da nur recht geben. Nun würde die hübsche Madame Museumspädagogin sicher sauer werden.

Doch sie sagte: »Das glaube ich auch, Nico!«

Nico stellte verblüfft die breit malenden Mundbewegungen ein, die den Kaugummi zu zerreißen schienen.

»Was siehst du denn genau?«, fragte sie den Jungen jetzt.

Marvin betrachtete ihren kleinen, aber ausdrucksvoll sinnlichen, rot geschminkten Mund. Dieser wundervolle, rote Mund, der Marvin auf seltsame Art faszinierte, war der einzige Farbtupfer zwischen dem schmal geschnittenen und völlig schnörkellosen schwarzen Kleid, das eine zierliche und doch weibliche Figur umhüllte, und den ebenso schwarzen Haaren, die in sanften Wellen auf ihre Schultern fielen.

»Na, zwei Typen an Kreuzen«, antwortete Nico.

Marvin nahm unter dem engen Kleid die schmale Taille, die hübsche Figur, die schönen Beine, die kleinen runden Brüste wahr.

»Was bedeutet denn ein Kreuz für euch?«, fragte die Hübsche jetzt die ganze Klasse.

Ein unscheinbares Mädchen hob die Hand. »Christentum natürlich! Wahrscheinlich soll das Jesus sein, am Kreuz.«

»Ja, genau«, bestätigte die Frau in Schwarz. »Das Kreuz steht für die Selbstaufopferung von Jesus Christus. Und die Darstellung hier wird von den Kunsthistorikern so gedeutet, dass Morgner sich in dieser Figur selbst darstellen wollte – wie er sich für die Kunst aufopfert und der Soester Spießbürger, ihr seht ihn hier unten im Bild im Frack, mit dem Finger auf ihn zeigt und seine Großartigkeit nicht erkennt.«

»Ganz schöner Angeber«, bekräftigte das Mädchen von vorhin, »der malt ständig nur sich selbst.«

Der rote Mund der Süßen verzog sich spöttisch. »Na ja, so wie ihr mit euren Selfies und den Duckfaces, oder?«

Gebannt hörte ihr die Schulklasse zu. Pädagogin, dachte Marvin beeindruckt. Seine Gedanken flogen in seine Schulzeit zurück. Dortmunder Norden. Borsigplatz. Da wollte sich kein Lehrer vor lauter Kleinkriminelle stellen, deren Eltern Bildung für überflüssig hielten, sie verprügelten oder ihnen noch vor dem Einmaleins das Schlösserknacken beibrachten. Nein, das stimmte nicht ganz. Es gab eine Lehrerin, eine gute Lehrerin, eine wundervolle Lehrerin. Seine Religionslehrerin. Wenn er bei einem Test vor seinem leeren Blatt saß, kam sie und schrieb für ihn den ersten Satz, fragte ihn etwas und plötzlich wusste er, was er weiter zu schreiben hatte. Und wenn sie die Hefte wieder austeilte, sagte sie: »Marvin, das hast du gut gemacht. Ganz wunderbar. Das nächste Mal schaffst du den ersten Satz auch. Ganz toll!«

Niemals zuvor hatte ihm jemand gesagt, dass er etwas ganz toll gemacht hatte. Am Ende des Schuljahrs, als die Lehrerin die Schule mit einem dicken Bauch verließ, nahm sie Marvin noch einmal zur Seite. »Marvin, ich weiß, dass aus dir etwas Besonderes werden wird. Du bist klug, du begreifst schnell. Und alle mögen dich. Aber du musst entscheiden, in welche Richtung es geht.«

Er sah sie fragend an.

»Darth Vader oder Luke Skywalker. Verstehst du?«

Er verstand. Er verstand sie so gut. Seine Stimme klebte, als er sagte: »Luke. Luke Skywalker. Ich verspreche es Ihnen!«

Sie wuschelte ihm durch die Haare und lächelte. »Mach es gut, Luke Skywalker!«

»Für was steht das Kreuz noch?«, riss ihn die Stimme der hübschen Kunstpädagogin aus seinen Gedanken.

Ein Brillen-Klugscheißer antwortete, ohne sich zu melden: »Für mich steht das Kreuz, also das normale mit den gleich langen Seiten, für absolute Symmetrie. Achsensymmetrie, Punktsymmetrie. Ausgewogenheit. Harmonie. Das Perfekte.«

Marvins erster Gedanke bei ›Kreuz‹ war eher der Kreuzschlüssel, den er damals aus dem Wagen seines Vaters mitgenommen hatte. Mein ›Einbrecherkreuz‹, dachte er. Damit hatte er zu Jugendzeiten viel gearbeitet. Fenster eingeschlagen in der kleinen Vorortsiedlung, die er für seine Brüche bevorzugte. In den ersten Jahren hatte er dabei genug erbeutet, um Erfolg bei den Frauen zu haben. Dazu kam, dass er gut aussah, groß, breitschultrig, dunkles Haar und dunkle Augen. Schlau und witzig war er, und er konnte charmant sein. Er hatte immer genug Frauen an seiner Seite. Allerdings nicht solche, wie die Schwarze da vor dem Bild. Die hatte Stil. Dieser sanft geschwungene rote Mund, dieses Kleid. Die war nicht aus dem Dortmunder Norden. Eher aus dem Neubaugebiet am Phoenix-See. Oder eben hier aus Soest. So eine hatte er noch nie bekommen.

»Könnt ihr mir sagen, welche Farben ihr auf dem Bild seht?«

»Der eine Typ am Kreuz ist grau«, sagte ein Junge mit der Hose auf Halbmast, obwohl das Bild von den breiten Rot- und Gelbtönen des Hintergrunds dominiert wurde.

»Ich glaube, so fühlt der Graue am Kreuz sich auch«, sinnierte die Kunstführerin. »›Mein Ausdrucksmittel ist die Farbe‹, hat Morgner gesagt. Vielleicht hat das Grau dieses Menschen ja mehr Bedeutung als alles zeichnerisch Dargestellte. – Grau.«

Marvin dachte an die grauen Tage seiner Jugend. Wie er lernte. Wie man Alarmanlagen ausschaltete. Wie man Sicherheitstüren aufbrach, um nicht mit dem Kreuzschlüssel ein Fenster einschlagen zu müssen. Mittlerweile hatte er einen elektrischen Dietrich, einen Picker, mit dem er jedes noch so sichere Schloss aufbekam. Schnell, fast geräuschlos drehte sich das elektrische Instrument und ließ die kleinen Stifte einrasten, wie es sonst nur der Spezialschlüssel tat, um eine Tür schnell und geräuschlos zu öffnen. Viel lernte er und wurde besser und besser. Er begann für andere zu arbeiten, war bald gefragt. Er hatte einen Namen in seinen Kreisen. Und war stolz darauf.

Nur manchmal nicht, wenn beispielsweise in einem Spielzeuggeschäft ein Laserschwert im Schaufenster hing. Und er an Luke Skywalker dachte. Dann war er nicht mehr stolz. Sondern verdammt traurig.

»Mann, ey, das Einzige, was man echt hier sieht, ist, dass

die schon wieder nackt sind. Ein Perverser, dieser Morgner!« Der Junge mit der herabhängenden Hose grinste siegessicher in der festen Überzeugung, diesmal die Führerin verärgert zu haben.

Doch die erwiderte: »Weißt du was, du bist wie Morgner! Der wollte genau damit auch provozieren. Er hat sich lustig gemacht über die Spießer in Soest, solche wie den im schwarzen Anzug dort, übrigens eine Figur aus der Bibel, Joseph von Arimathia. Morgner wollte, dass sich alle über ihn aufregen, er wollte sie alle verärgern! Er konnte die verlogene, dumme Bande nicht ausstehen. Er wollte sich auflehnen gegen sie. Wie du!«

Der Junge sah sie sprachlos an, dann hin zum Bild.

»Aber die Bauern hier mochte er, oder was?«

»Richtig. Das ist ein Widerspruch. Das kennt jeder. Man liebt und hasst die eigene Familie, manchmal auch gleichzeitig.«

Eine seltsame Stille trat ein.

»Welche Farben seht ihr noch?«, fragte die schwarze Schöne weiter. Ihre Stimme war klug, eindringlich und doch ganz sanft.

»Ich weiß schon, Sie meinen dieses Gelb und Rot im Hintergrund, und dass die Figuren hier grün sind. Und das Kreuz ist dunkelblau und die Sonne hellblau«, erklärte ein Mädchen.

»Ja«, die Pädagogin nickte. »Komm mal näher her.«

Das Mädchen drängte nach vorn. Ganz nahe trat es ans Bild, berührte es fast mit der Nase.

Aha, keine elektronischen Schranken, registrierte Marvin zufrieden und machte sich eine Notiz in sein Heft.

»Das Kreuz ist gar nicht richtig blau«, fuhr das Mädchen fort. »Da sind so Kratzer drin, wie Schnitzer in einem Baum.

Die Kreuze sind ein dunkler Himmel und das Blau der Sonne, das ist das Meer. Es fließt richtig. Das ist irre. Wenn man länger hinsieht, dann bewegt sich das wie Wasser.«

Die Schüler drängten vor und auch Marvin trat einen Schritt vor. Es stimmte.

»Was sagt euch das denn jetzt?«, fragte die Schöne leise und sanft.

»Die blaue Sonne. Es ist das Meer, irgendwie …«, er zögerte, »die *Hoffnung im Chaos der Wellen*. Und das ist das eigentlich Wichtige. Es ist im Grau, selbst im Grau eines Gekreuzigten. Es verbreitet Hoffnung. Und dann weiß man, wo man hinwill.« Marvin zuckte zusammen. Das war er selbst, der das gesagt hatte.

Die Augen, mit denen die Museumsfrau ihn anblickte, waren noch schöner als das blaue Meer in der Sonne. Sie versprachen ihm alles, in diesem Moment. »Die Hoffnung im Chaos der Wellen«, wiederholte sie mit ihrer ruhigen eindrucksvollen Stimme. »Das haben Sie ganz wunderbar gesagt!« Sekunden verronnen.

Dann ging sie wortlos weiter, zum nächsten Bild. Die Schulklasse folgte ihr. Aber beim Gehen sah sie ihn ganz kurz über die Schulter mit einem lächelnden Blick an.

Er wartete, setzte sich auf den schwarzen Hocker, obwohl er die Bilder um sich herum nicht mehr betrachtete. Vor seinem inneren Auge verschwamm das blaue Meer des Kreuzes mit ihren azurblauen Augen. Es dauerte noch eine Stunde, bis die Klasse, seltsam still, das Museum verließ. Die Schöne sprach kurz mit einem Wächter, sie lachten, bevor sie sich verabschiedete. Es war kurz vor siebzehn Uhr. Gleich würde das Museum schließen. Heute war Mittwoch nach Allerheiligen und damit der Beginn des ältesten Volksfestes Nordrhein-Westfalens, der Soester Allerheiligenkirmes. Er ging noch einmal in aller Ruhe seine Notizen durch. Morgen, am Donnerstag, begann schon um acht Uhr der berühmte Pferdemarkt und fast eine Million Menschen würde sich zur Kirmes durch die Altstadt von Soest drängen – ein perfekter Zeitpunkt, um unbemerkt durch die Straßen zu laufen. Morgen Abend würde Marvin sich genau in dieser Minute im angrenzenden Veranstaltungssaal verbergen, in der Nacht mit einem Spezialwerkzeug das Bild aus dem Rahmen schneiden und am Freitag, kurz nachdem das Museum um vierzehn Uhr geöffnet hatte, das Morgner-Haus verlassen, bevor jemand den leeren Rahmen entdeckte.

Marvin erhob sich. Am Ausgang traf er auf die Schöne. Ohne nachzudenken, fragte er: »Darf ich Sie auf einen Kaffee einladen?« Das hatte er ja wohl schon mal besser hingekriegt. Aber diese Frau machte ihn einfach nervös.

Sie sah ihn an. »Nicht um diese Zeit, da trinke ich keinen Kaffee mehr.« Sie wollte sich umdrehen, zögerte. »Aber vielleicht einen Dudelmann auf der Kirmes.«

Marvin musste sie erstaunt angesehen haben.

»Nur wegen der ›*Hoffnung im Chaos der Wellen*‹«, lächelte sie.

Direkt hinter dem Morgner-Haus begann das wilde Treiben der Kirmes. Sie schlenderten durch die vollen Gassen der Altstadt.

»Wo gibt es denn deinen ›Dudelmann‹?«

»Du bist wohl kein Soester?«

»Nein. Ich komme aus dem Dortmunder Norden.« In dem Moment, als er das gesagt hatte, ärgerte er sich schon wieder über sich selbst. Jetzt wollte sie bestimmt nichts mehr mit ihm zu tun haben.

Doch sie sah ihn nur für einen Moment zweifelnd an. »Na, dann zeige ich dir mal unsere Kirmes – und den Dudelmann-Stand.«

Sie führte ihn durch die Straßen und er bewunderte die zentimetergenau eingepassten Fahrgeschäfte, die die alten Fachwerkhäuser beinahe zu streifen schienen. Nachdem sie eine Bratwurst gegessen und sich danach den Dudelmann genehmigt hatten, fragte er sie: »Und jetzt – Geisterbahn oder Wilde Maus?«

»Wenn – dann Kettenkarussell!«

Als das Karussell sich zu drehen begann, griff Marvin nach ihrer Hand und sie ließ es geschehen. Hand in Hand flogen sie durch die Luft, die Häuser um sie herum in scheinbar greifbarer Nähe. Als sie nach außen gezogen wurden und sich kaum noch festhalten konnten, gab sie einen leisen Schrei von sich und genoss lachend die Fahrt.

Zurück auf dem Boden, sah sie ihm tief in die Augen, bevor sie seine Hand ergriff und ihn wortlos mit sich nahm, nur wenige Straßen weiter zu einem alten Innenstadthaus, die Treppen hinauf und in ihre Wohnung bis ins Schlafzimmer.

Marvin zog sie an sich, sein Begehren schoss wie Lava in ihm hoch. Seine Hände wanderten zu ihrem Po und umgriffen ihn voller Begierde, weniger sanft als er das eigentlich wollte. Sie stöhnte auf und fasste seinen Nacken, sodass er den Kopf hinunterbeugte und sie sich in einem verlangenden Kuss wiederfanden.

Mit zwei Schritten drängte sie ihn vor und er spürte die Bettkante in seinen Kniekehlen. Als sie ihn weiterschob, ließ er sich fallen und zog sie dabei auf sich.

»Ich will dich«, stöhnte sie. Marvin antwortete nicht mehr, als sie sich auf ihn legte, sein Hemd aufknöpfte, ihre Lippen über seine Brust wandern ließ. Er schob ihr das schwarze

Kleid hoch, zog ihren Slip aus und lag nur wenige Minuten später schweißtriefend neben ihr.

Stille Wasser sind tief, dachte Marvin. So brav von außen, aber dann nimmt sie sich, was sie will. Und er mochte es, er mochte es verdammt.

Später, als sie erschöpft waren, fielen ihm die beiden Fotos auf, die sie neben ihrem Schminkspiegel angepinnt hatte. Ein Typ, braun gebrannt. Und noch mal der Typ, mit ihr im Arm, irgendwo in der Sonne. Sie bemerkte seinen Blick.

»Das ist Pierre«, murmelte sie und zog ihn an sich. »Mach dir keine Gedanken, er lebt nicht hier. Irgendwann wollen wir uns in seiner alten Heimat in Südfrankreich ein Haus kaufen, dort leben und ...« Sie sah ihn an. »Und da kommst du auf einmal daher ...«

»Direkt aus der Dortmunder Nordstadt.«

»Ja, da kann man schon schwach werden«, flüsterte sie.

Die Frau oder die Million?, fragte Marvin sich plötzlich. Seine Hand zog langsame Bahnen auf ihrem seidenweichen Bein. Einen Darth Vader würde sie nicht wollen. Es war doch eigentlich nie zu spät, ein Luke Skywalker zu werden?

Es lief alles wie am Schnürchen. Als Marvin am Freitagnachmittag das Museum verließ und sich unter die laute, fröhliche Menschenmenge mischte, die die Kirmes besuchte, trug er die zusammengerollte Leinwand unter seiner Jacke und blickte selbstzufrieden in den Himmel, der ebenso blau war wie das Kreuz, das er vorsichtig in dem Beutel an seiner Brust trug.

Morgen ging sein Flug nach Russland, mit dem er alles endgültig hinter sich lassen würde. Seine Scheißkindheit im Dortmunder Norden, zwischen dreckigen Arbeitersiedlungen, gut organisierten Banden von Libanesen, Bulgaren und Rumänen und den Junkies in den Straßen.

Doch zuvor würde er sie noch einmal treffen, diese sinnliche Frau, so ladylike am Tag, so gierig in der Nacht. Sie hatten sich bei ihr verabredet.

Die Nacht, die sie miteinander verbrachten, die letzte Nacht seines alten Lebens, war heiß, heißer noch als die erste. Sie liebten sich, bis er im Morgengrauen erschöpft einschlief. Als sein Handywecker läutete, fluchte er. Nur noch wenige Stunden bis zum Abflug.

Als er sie schlafend im Bett sah, wusste er: Diese Frau wollte er haben, sein Leben lang. Sie war die richtige an seiner Seite, an seiner Seite als wohlhabender Mann. Ob er ihr sagen würde, dass er schon immer reich gewesen war, reich geerbt habe, oder ob er ihr, die sich nahm, was sie wollte, einfach die Wahrheit gestehen konnte, würde er in den nächsten Wochen sehen.

Er küsste sie wach und flüsterte: »Ich muss heute Nachmittag wegfliegen. Aber Montag bin ich wieder da. Bist du dann auch noch da?«

Sie nickte, gab ihm einen Kuss auf die Stirn, bevor sie sich geschmeidig wie ein Panther noch einmal auf ihn legte und sich langsam zu bewegen begann. Er schloss die Augen und vergaß die Welt um sich.

Als sie endlich gegen Mittag aufstanden, lächelte sie ihn an: »Lass uns schnell noch in der Altstadt etwas essen!«

Er nickte und merkte nun auch, was für einen Hunger er nach dieser Nacht hatte. Etwas Deftiges schwebte ihm vor, er dachte an westfälischen Pumpernickel mit Schinken.

Sie führte ihn zum Pilgrimhaus, einer alten traditionellen Gaststätte in der Jakobistraße. Auf ihre Empfehlung hin bestellte er sich *Himmel und Erde*, Blutwurst, Kartoffelpüree, gebratene Zwiebeln und Apfelmus.

»So etwas bekommst du in Dortmund nicht oft«, lachte sie. »Jedenfalls nicht so gut wie hier.«

Obwohl er die Kombination seltsam fand, schmeckte es ihm.

»Und jetzt bestelle ich uns noch zwei Sprungtropfen«, sagte sie nach einer Weile. »Das ist ein Magenbitter, den es nur hier gibt.«

Marvin sah ihr hinterher, wie sie zur Theke ging und ein Gefühl von Glück machte sich in ihm breit. Ein Gefühl, das er so nicht kannte, das Gefühl, angekommen zu sein.

»Ich glaube, den brauchst du jetzt«, erklärte sie lächelnd, als sie zurückkam, und stellte zwei Schnäpse auf den Tisch. Sie prosteten sich zu. Puh, war der bitter. Marvin schüttelte sich. Die Westfalen waren schon hart im Nehmen in Bezug auf Essen und Trinken. Ihr schien der Schnaps nichts auszumachen.

Als sie danach draußen am Wall entlanggingen, wurde ihm plötzlich übel. Verdammt übel. Warum hatte er so viel gegessen? Er kotzte sich die Seele aus dem Leib. Zum Glück war hier in der kleinen engen Gasse niemand. Scheiß Blutwurst. Oder war es der bittere Sprungtropfen gewesen?

Er lehnte sich an eine Hauswand und versuchte, dem aufkommenden Schwindel Herr zu werden. Warum war ihm denn immer noch so verdammt übel?

Brennende Schmerzen breiteten sich in seiner Kehle bis hinunter zum Magen aus, alles um ihn drehte sich.

Ein paar Schritte taumelte er noch, bis er verwundert beobachtete, wie seine Hand an der grünen Sandsteinfassade eines Hauses langsam hinunterschlitterte und sich auf dem Soester Pflaster Blut zeigte, das aus seinem Mund zu kommen schien. Viel Blut.

Er hob träge den Kopf. Wo war sie eigentlich?

Sie betrat den Bahnhof und lächelte. Nur fünf Minuten hatte es sie gekostet, das kleine Gebräu anzumischen. Zum Reinigen von Kunst- und Kulturgut brauchte man Holzschutzmittel, nicht alles davon war sehr gesund: wasserlösliche Metallsalze oder in Lösemitteln gelöste, organische Chlorverbindungen. Als Kunsthistorikerin, die ab und an Altes restaurierte, hatte sie diese Chemikalien immer zu Hause. Kein schöner Tod, es verätzte die Speiseröhre und den Magen. Im Sprungtropfen war kaum zu schmecken, was sie angemischt hatte.

Nun stand sie auf dem Bahnsteig mit ihrer Reisetasche, in der ganz oben, sorgfältig verpackt, eine sehr wertvolle Rolle lag.

Sie würde das Bild zu verkaufen wissen, gut zu verkaufen. Ihr Traum vom Haus in Südfrankreich würde bald Realität werden. Wie geplant würde sie die nächsten zwei Wochen mit Pierre an die Côte d'Azur fahren. Ihm würde sie es als Erbschaft verkaufen. Von Marvin würde er nie etwas erfahren.

Die Nacht mit ihm war einfach genial gewesen, atemlos. Obwohl sie doch eigentlich Pierre nie hatte betrügen wollen. Sie verstand sich selbst nicht. Eine unfassbare Anziehungskraft hatte er auf sie gehabt, dieser Underdog, der dennoch die *Hoffnung im Chaos der Wellen* erkannte. Gut, dass sie, als er schlief, in seinen Sachen nachgesehen hatte. Sie kannte sich aus im Dortmunder Norden, da gab es Junkies, Diebe, Zuhälter, Kriminelle aller Art. Doch nichts Gefährliches war in seinen Taschen, keine Waffen, keine Drogen. Sexy war er. Aber auch seltsam.

Das Bild allerdings hatte sie nicht erwartet.

Aus Neugier hatte sie dann sein kleines Notizbuch durchgeblättert. Lange studierte sie, was er alles aufgeschrieben hatte. Was für einen Plan er gemacht hatte. Möglichkeiten schwirrten ihr im Kopf herum. Die Polizei rufen. Ihn wecken und fragen. Oder sich einfach wieder zu ihm legen, schweigen und ihn morgen früh noch einmal lieben, heftig, um dann ihn und das, was sie gesehen hatte, zu vergessen.

Ihr Zug kam und sie stieg ein. Marvin. Eigentlich war Marvin nicht ihre Kragenweite, aber es hatte sich gelohnt. Für die Nacht. Und für das Bild. Sie lächelte in sich hinein. Marvin. Irgendwie hatte er ausgesehen wie Luke Skywalker.

Thomas Raab

Todeskreis Unna

Als Carl Friedrich an diesem Morgen erwachte, schien seine Welt noch in Ordnung. Ausgebreitet lag sie vor ihm, bestehend aus fünftausend Teilen. Er der Schöpfer. Stein um Stein hatte er, wie stets, zuerst den Rand geschlossen, sich dann von außen nach innen vorgearbeitet, und wenn alles gut ging, sollte es abends fertig werden. Irgendwo in Zentralafrika. Kamerun, Nigeria, Tschad.

Seit einer Dekade schon war dieses Puzzle Teil seines Lebens, wurde es Jahr für Jahr inmitten des Wohnzimmers zu einem Ganzen. Exakt einundfünfzig Tage ließ er die Weltkarte nach Vollendung unberührt (bei Schaltjahren zweiundfünfzig), umkreiste sie, kaum kam er vorbei, drei Mal, baute sie am Morgen des zweiundfünfzigsten (bei Schaltjahren dreiundfünfzigsten) Tages wieder ab, ordnete die Teile und begann erneut. Von den dreihundertvierzehn verbliebenen Tagen setzte er die ersten dreihundertzwei exakt sechzehn Teile täglich, die letzten zwölf Tage dann vierzehn Teile, ergab summa summarum fünftausend. Mit der heutigen Fertigstellung hätte dies sein letztes Mal werden und im Anschluss diese Welt in die Mülltonne wandern sollen.

So seine Hoffnung.

Wie stets war er auch an diesem Morgen schon drei Minuten vor sieben putzmunter, wartete das Ertönen des Radioweckers zur vollen Stunde ab, streckte sich drei Mal durch, räusperte sich drei Mal, stand drei Mal auf, setzte sich drei Mal wieder hin und nahm den auf dem Nachtkästchen liegenden Verlobungsring seiner Mutter zur Hand.

Heute würde dieses Schmuckstück eine neue Besitzerin finden, endlich. Lächelnd betrachtete er die blau hinterlegten Ziffern des Weckers, darauf die 07:03, darunter die 14-03-18, hörte die Vögel den langsam anklopfenden Frühling begrüßen und sank umgehend wieder zurück auf seine Matratze.

Kreidebleich wahrscheinlich. Jedes Lächeln verflogen.

Da war plötzlich etwas in Bewegung geraten. Tief in seinem Inneren. Etwas, das ihn nun zur Vorsicht gemahnte, denn, gewisse Dinge betreffend, verfügte Carl Friedrich über ein fulminantes Gespür.

Wetterumschwünge zum Beispiel prophezeite ihm treffsicher sein Rücken, mögliche Zornesschübe das eigenständige Zucken des rechten Auges und drohendes Ungemach kündigte ihm eben sein Bauchgefühl an. Durch ein diskretes Grummeln meist, höchstens eine leichte Flatulenz. Und derart qualvoll, wie sein Darm heute aufbegehrte, musste gar Großes im Kommen sein. Ein wenig sträubte er sich noch, starrte an die Decke, konzentriert auf seinen Schließmuskel, doch vergeblich. Eile war nun angesagt, ließ ihn durch das Wohnzimmer laufen, der Ordnung halber drei Mal um sein Puzzle herum, während der letzten Runde den Weg abkürzen, rechts an den Föderierten Staaten von Mikronesien vorbei, Tonga und Samoa aus den Angeln heben, und endlich die Toilette erstürmen. Dort dann Krämpfe, wie er sie sonst nur seiner Laktoseintoleranz, dem Verzehr roher Zwiebeln oder einer Niederlage seines geliebten Ballspielvereins Borussia Dortmund zu verdanken hatte.

Doch nichts dergleichen traf zu.

Anfangs wusste er sich keine Erklärung, saß gekrümmt auf dem Thron der Erleichterung, unter sich die kreisrunde Klobrille, darunter die kreisförmige Öffnung des Tiefspülers, blickte aus dem Fenster durch die Baumkronen des Kurparks Königsborn auf das Zelt des Zirkus Travados und dachte nach. Was bloß los war mit ihm? Ein Virus vielleicht? Bakterien gar, Campylobacter Jejuni? Dann sah er ihn.

Den Dendrocopos major. Diesen Buntspecht, wie er auf das Toilettenfenster zusteuerte und weiter als bis zu den frisch geputzten Scheiben nicht kam. Donnernd, dumpf der Aufprall. Auf den Rand der leeren Blumenkisten zurückgeworfen, zuckte der Vogel noch ein letztes Mal, dann flog er abwärts, ohne Flügelschlag, wurde es still, und Carl Friedrich glaubte, die Zeichen richtig deuten zu können.

Der Tod war im Anflug. Nur weshalb?

Ein Schwall Adrenalin schoss durch seinen Körper, Herzrasen, Schweißausbruch. Es brauchte ein Weilchen, bis er seine Fassung wiederfand, zu Kräften kam, an das Fenster gehen, von innen seine Handfläche auf die blutige Scheibe legen konnte.

»Ulla!«, flüsterte er, wiederholte der Drei wegen den Namen noch zwei Mal: »Ulla, Ulla!« Und irgendwie wollte er dabei seine Zuversicht noch nicht aufgeben: Hoffentlich vergisst sie. Hoffentlich kommt sie, wie ausgemacht, erst morgen zurück, hört auf seine Worte: »Bleib, wo du bist, ist ja nur ein simpler Tag wie jeder andere!«

Nur leider …

Da hatte sich sein Magen wieder erholt, er den Vormittag ein wenig mit Reinigungsarbeiten verbracht, zwischendurch Tonga und Samoa zurück in den Südpazifik gelegt, als es um 11:15 Uhr an seiner Eingangstüre läutete.

Um 11:17 Uhr ging das Läuten in ein Pochen über. Zuerst drei Schläge, ein vierter dann tiefer. Wie in Beethovens Fünfter. Pam-pam-pam Pam. *So pocht das Schicksal an die Pforte.*

Um 11:20 Uhr öffnete jener Schlüssel seine Tür, den er Ulla Hellström vor ihrer Abreise mit den Worten: »Man gönnt sich ja sonst nichts!« gegeben hatte.

»Oh wie schön. Und lustig!«, war ihre Antwort gewesen. »Weil auf Schwedisch heißt Unna: Gönnen!«

»Gönnen, Gönnen, Gönnen!«, wiederholte er.

Endlich ankommen dürfen, die so mühevolle Reise beenden.

Begonnen hatte alles nach dem Tod seiner Mutter im Jahr 2008 mit Birte aus Bönen, studierte Mathematiker- und Neurotikerin, Spitzname: ›Medi‹, weil medikamentensüchtig. Deutschland somit ihr Himmelreich, gespickt mit rund 20.000 Apotheken. Im Vergleich zu den wichtigsten Lebenselixieren seiner Landsleute eine schier gewaltige Summe, denn Tankstellen und Bäckereien gibt etwa 14.000, Brauereien überhaupt nur 1.400 – so wurde Carl Friedrich zumindest irgendwo in den unendlichen Weiten des World Wide Webs belehrt, konnte also gelogen sein, wer wusste das schon. Wenn er mit Birte aus Bönen die Fußgängerzone seiner Heimatstadt Unna vom Bahnhof hinauf zum Hauptplatz spazierte, war sie jedenfalls selig, denn auf diesen rund 500 Metern waren es gleich sechs Apotheken. Ring, Burg, Adler, Regenbogen, Hansa, Löwen.

»Wer bei der ›Ring‹ noch denkt: Ha, ich bin gesund!«, hat er sie einmal wissen lassen, »fängt sich spätestens bei der ›Löwen‹ allein durch das Laufpublikum den ersten Virus ein!«

Da war dann nicht nur die Bummelei vorbei, denn mit seiner medikamentensüchtigen Medi kamen Tennis oder andere Paarsportarten bald nicht mehr infrage. In trauter Zweisamkeit Integrale lösen wollte er auch nicht zwingend, wohl aber mit Kathi aus Kamen Kurven diskutieren und später mit Beate aus Bergkamen ein wenig Analysis. Alles schön der Reihe nach versteht sich, im Jahresrhythmus, schließlich war er kein Wüstling, kein Don Juan. Stets die eine Beziehung ordnungsgemäß beenden und dann die nächste beginnen. Drei Städte, drei Frauen, drei Jahre.

Und vor allem drei schmerzhafte Trennungen.

Kein Spaß das alles.

Im Jahr Nummer vier dann wieder Hoffnung schöpfen und ein bisschen Parallelverschieben über Silke aus Selm. Im Anschluss schön Kreuzprodukte verhüten mit Lara aus Lünen und schließlich harmonische Schwingungen bei Waltraud aus Werne. Anstrengend.

Dann ging es sicherheitshalber ganz ans andere Ende seiner Welt, den südlichsten Zipfel des Unnakreises, zu Scharlotte mit SCH nach Schwerte, Schenkelberechnungen anstellen, gefolgt von Heike in Holzwickede samt Doppelbruch, weil Leiste und Unterarm, und schließlich zu Frieda in Fröndenberg Ruhr. Am Ende nur mehr jede Menge Leere. Mengenlehre also.

Neun Schätze, neun Städte, neun Jahre, ein Kreis.

Auch Kreislauf, denn ebendieser versagte Carl Friedrich justament an seinem letzten Geburtstag den Dienst. Auf offener Straße brach er zusammen. Unmittelbar nachdem er das Ende seiner Beziehung zu Frieda hinter sich gebracht hatte. So also trug es ihn dank der raschen Rettung auf die Kardiologie des Katharinen-Hospitals nach Unna. Und dort lag er dann. Verbittert. Verwaist. Verloren.

Kurz bevor so ein Mensch endgültig den Personalausweis abgeben muss, bye pass also, wird ihm eben noch ein solcher verpflanzt, ohne e, wie Exitus.

»Sind Sie somit dem Ende erfolgreich von der Schippe gesprungen!«, ließ ihn sein Arzt wissen. »Treten Sie aber trotzdem langsam, Herr Grünwald. Kein Alkohol, kein Nikotin, stattdessen Schonkost und Bewegung.«

Carl Friedrich Grünwald sah aber trotzdem nur das Trübe, den Untergang. Bis sich dann eines Tages seine Zimmertüre öffnete, ihm das Leben eine letzte Chance gab.

Sanft die weibliche Stimme, liebevoll: »Liegt hier ein Hjalmar?«

»Nicht einmal als Teppich von Ikea!«

»Oh, da hab ich mich wohl verirrt! Und wer sind Sie?«

»Ein Carl Friedrich!«

»Lustig. Es gab mal sowohl einen Prinz Carl aus Schweden als auch einen Friedrich, König von Schweden!«

»Ich bin aber nur der Carl Friedrich aus Unna und ein Von und Zu interessiert hier in Deutschland ja sowieso kein Schwein mehr, außer in *Prominent* auf VOX. Mein Namensvetter ist Gauß!«

»Gauß!«, gab es da ein Frohlocken. »Wie wunderbar. Wo soll ich anfangen, ich bin Mathematikerin: Der gaußsche Integralsatz, die gaußsche Krümmung, die gaußsche Trapezformel, das gaußsche Prinzip des kleinsten Zwanges, die gaußsche Normalverteilung, also Glockenkurve, das gaußsche Eliminationsverfahren …«

»Das gaußsche Eliminationsverfahren!«, schmunzelte er. Eine Mathematikerin, wie schön. Ein Lächeln da, ein Lächeln dort. Worauf sich Ulla von nun an immer öfter absichtlich verirrte.

Dann wurde er entlassen und wusste, was zu tun war.

Zehn Frauen, zehn Städte, der Kreis Unna sozusagen komplett. Er hatte das Gefühl, bei Ulla den Fluch beenden zu können.

Und nun stand sie in seinem Vorzimmer. Ulla. Unangemeldet.

Einen Tag zu früh.

»Carl Friedrich?«, erklang ihre Stimme. »Ich bin zurück!«

In seinem Schrankraum hinter den Mänteln versteckt, vernahm er ihre Schritte, hörte sie das Haus nach ihm durchsuchen.

»Verschläfst du deine Urlaubs- und natürlich Geburtstage, den dreißigsten sogar!« Dann begann sie zu singen. »*Happy birthday to you, happy birthday ...*« Nichts daran war happy. Und wenn schon dieses unsinnige Gedudel, warum nicht: »Zum Geburtstag viel Glück!« Warum Englisch? Seine Handflächen presste er gegen die Ohren, flüsternd: »Tu es nicht!«

Doch der Albtraum nahm seinen Lauf.

»Ich hab dir eine Geburtstagstorte machen lassen. Eine ganz besondere. Schließlich bist du nicht der Einzige, der heute gefeiert wird. Johann Strauß wurde an diesem Tag geboren, Albert Einstein! Aber noch viel wichtiger: Bei euch hier ist es zwar der 14.3., bei uns jedoch in Schweden schreibt man wie in den USA den Monat zuerst, vor dem Tag. Und weißt du, was dann Wunderbares passiert?«

»Drei Komma vierzehn!«, brachte er noch ein leises Hauchen über die Lippen, bevor er in letzter Sekunde einen der Kleidersäcke von den Anzügen streifen konnte und sich übergeben musste. Alles zu spät.

»Heute ist π-Day, Carl Friedrich!«

Als ob er das nicht wüsste. Da wird sie dann gefeiert, die Irrationalität. Und genau diese sitzt in seinem Nacken seit Stunde eins.

»Hurra, ein Junge, wollen wir ihn nach Gauß benennen!«, so wird es wohl durch die Säuglingsabteilung des Katharinen-Hospitals Unna geklungen haben. Mit brüchiger Stimme bereits, denn der Universitätsprofessor Jochen Grünwald war bei der Geburt seines Sohnes Carl Friedrich bereits ein Weilchen emeritiert. Auch die Mutter Ute, einst eine von

Jochens Studentinnen, mittlerweile selbst Mathematiklehrerin, zählte auf der Gynäkologischen mit ihren siebenundvierzig Jahren eher zur Gruppe der Menopausierenden als Erstgebärenden. Entsprechend groß die Freude über das gemeinsame Kind. Und wären die Grünwalds keine Atheisten gewesen, sie hätten ihren Sohn als Wunder betrachtet. Zumindest anfangs.

Als Carl Friedrich ein Jahr alt wurde, steckte anstatt einer ersten Kerze nur diese große Marzipan-Drei in der Schokoglasur seiner Geburtstagstorte.

»Schau, was wir dir gebacken haben, Carl Friedrich. Eine Torte mit dem Radius von 10 Zentimeter, sprich ein Dezimeter!«, wurde ihm von seinem Vater erklärt. »Und weil ja die Formel der Kreisfläche $A = r^2 \pi$ lautet, hat ein Kreis mit Radius 1 exakt $\pi \mathrm{dm}^2$ Flächeninhalt. Verstehst du? Pi. Darum die Drei auf dem Kuchen. Die erste Stelle der magischen Kreiszahl 3,1415926535897932384626433832795028841971693993751058209749445923078164062862089986280348253421170679821480…!«

Gar nicht mehr aufhören wollte er, bis Ute ihn unterbrach: »22,4 Billionen Stellen wurden vom Schweizer Peter Trüb bisher berechnet. Trübe Aussichten, wenn dein Papa die alle aufsagen will, oder Carl Friedrich?«

Ja, die Eltern hatten es lustig. Und nur die Eltern. Wie gesagt, Carl Friedrich war ein Jahr alt, konnte gerade einmal aufrecht unter dem Tisch durchspazieren. Gar nichts verstand er. Hauptsache Torte.

An seinem zehnten Geburtstag aber brachte er anfänglich keinen Bissen hinunter. Sein mittlerweile dementer Vater stand ihm gegenüber, zittrig, brüllend.

»Denk nach Kind, denk nach!«, deutete auf die zehngeteilte Torte, jede der darauf kreisförmig zuckergespritzten

Ziffern 3,141592653 noch abgedeckt. »Ute, um Gottes willen, wie kann unser Sohn, unser Sohn, mhmm, ähhh Gottfried Wilhelm – haben wir ihn nicht nach Leibniz benannt? Nein? – Los!«

Carl Friedrich musste zu essen beginnen.

Zuerst das Stück mit der Ziffer 3.

»Wenn nicht Gottfried Wilhelm, dann nach Carl Gustav Jakobi? – Nein, nicht nach Jakobi? Aber Carl doch?«

»Nach Gauß haben wir ihn benannt!«

Dann die 1.

»Nach Gauß sagst du, Ute! Gerade Gauß. Der hat als Neunjähriger schon die Summenformel entdeckt. Weißt du, was dein Namensvetter da herausfand, Carl Friedrich, als er mit seinen Mitschülern die Zahlen 1 bis 100 addieren musste?«

Die 4.

»Dass die erste und die letzte Zahl, 1+100, die zweite und die vorletzte Zahl, 2+99, die dritte und vorvorletzte, 3+98, immer 101 ergeben. Er die 101 mit 50 multiplizieren muss, um die gesuchte Summe zu berechnen.«

Die 1.

»Wie kann ein Carl Friedrich also nur so dumm sein und zehn läppische Ziffern nicht in sein Hirn bekommen, verdammt, fast jede Telefonnummer ist länger!«

Die 5.

»Hör auf Jochen!«, bat seine Mutter um Einhalt, doch Carl Friedrich aß auch ohne Anweisung des Vaters weiter, stopfte sich Stück um Stück in den Rachen.

Die 9.

»Lass ihn den Kreis ruhig zu Ende bringen, Ute, vielleicht merkt er es sich ja so!«

Die 2, die 6. Carl Friedrich aß ohne Unterlass, selbst als seine Mutter die Torte wegstellen wollte, lief er hinterher, sein Gesicht, seine Hände voll Schokolade, die Backen aufgebläht.

»Und? Wie groß ist jetzt der Flächeninhalt, den du da gerade auffrisst?«

Die 5, die 3.

Dann erbrach er sich auf den Wohnzimmerteppich.

»Beziehungsweise herauskotzt? Pi, pi, pi.«

Und während ihn der Speichel seines Vaters bei jedem P bewässerte, wie sonst nur ein Impuls-, Kreis- und Sektorenregner den Rasen, hörte er sich brüllen: »Ich hasse Pi!« Dann brach er flüsternd in Tränen aus: »Ich will endlich alleine Geburtstag haben!«

Worte von großer Tragweite. »Ich hasse dich!«, hatte sein schwerhöriger Vater nämlich verstanden und sich den Wunsch seines Sohnes umgehend zu Herzen genommen. Als Hinterwandinfarkt. Jochen Grünwald starb am Abend des 14.3.1998.

»O Jochen, jetzt ist dein Lebenskreis geschlossen! Kein Kreislauf mehr, kein ...«, so Ute bitterlich weinend. Und Carl Friedrich konnte es nicht mehr hören: Kreis, Kreis, Kreis.

Sogar diese Bruchbude hier! Denn die Gabelsberger-Straße, wurde ihm immer und immer wieder erklärt, »verläuft zusammen mit der Hubert-Biernart-Straße im Kreis, stell dir vor! Und in dem kreisförmigen Zelt des Zirkus Travados ist gleich der nächste Kreis, die Manege. Und überhaupt Unna!« Eine Kreisstadt, die diesem Kreis auch seinen Namen gibt. Mehr π und Kreis ging also kaum.

»π ist dein Schicksal, der Kreis dein Weg!« So seine Mutter.

Von nun an also musste Carl Friedrich seinen Geburtstag nicht nur mit Pi, sondern auch dem Tod seines Vaters teilen. Die Schulzeit, überhaupt das Leben an der Seite seiner von diesem Tag an alleinstehenden, überforderten Mutter wurde das irdische Fegefeuer, die elende Mathematik sein Trauma.

Irgendwann kam er dann endlich, dieser eine Satz, der ohnedies so stumm im Raum schwebte all die Jahre und ihm von da an entgegengeschmettert wurde bei jeder Gelegenheit: »Deinetwegen ist er gestorben!«

Wie gesagt, die Irrationalität.

Und als dann schließlich sein 3,1415926535897932384ter Geburtstag gekommen war, ließ auch seine Mutter ihr Leben. Mit dem Gesicht nach unten lag sie in der obligaten π-Torte, dahinter noch verpackt ihr Geburtstagsgeschenk, das Weltkartenpuzzle, fünftausend Teile. Wie weggetreten saß Carl Friedrich daneben, nahm schließlich die Gabel zur Hand, begann, so gut es ging, trotzdem zu essen, Stück für Stück, und schloss Frieden, flüsternd: »π ist mein Schicksal, der Kreis mein Weg.«

Und diesen Kreis, ja den kompletten Kreis Unna sogar, trug er schließlich in sich wie wohl kaum ein anderer. Denn Carl Friedrich Grünwald wurde Landvermesser.

Stickig war die Luft inmitten seines Schrankraumes mittlerweile geworden. Der Geruch seines Erbrochenen lag ihm stechend in der Nase, würgend in der Kehle, während Ulla das Haus erkundete, ihn dabei anrief, sein Handy längst auf lautlos, ihm eine Kurzmitteilung zukommen ließ: »Was hältst du davon, wenn wir uns heute noch sehen?«

»Bin unterwegs mein Engel, komme erst morgen heim, melde mich später!«, so seine Antwort.

Ein Weilchen hörte er sie noch herumkramen. Dann fiel die Tür ins Schloss und Carl Friedrich betrat in allergrößter Aufregung das Wohnzimmer.

Wunderschön dekoriert war der Esstisch, überall Luftballone. Und in der Mitte stand sie dann, seine π-Torte. Genau hier. Wo vor zehn Jahren alles begonnen hatte, mit seiner Mutter Ute aus Unna.

Zehn Frauen, zehn Städte, ein Kreis.

Und nun hätte es enden sollen mit seiner geliebten Ulla in Unna. Lebendig.

Keine Torten, keine Toten mehr.

»Dann eben nicht!«, sank Carl Friedrich in seinen Ohrensessel, das Puzzle vor sich, die letzten Teile noch nicht gelegt.

Ein Weilchen blieb er sitzen, sah hinaus auf die Bäume des Kurparks. Seit dreißig Jahren lebte er hier und kannte ihre Namen nicht. »Bäume!«, flüsterte er, beschämt.

Seit dreißig Jahren schon bewegte er sich durch diese Anlage, anfangs von seinen Eltern geschoben, der Kinderwagen als Gehhilfe des Vaters, später dahinter in deren Schatten, alles sehr bedächtig. Vor ihm das ständige Dahinphilosophieren zweier Liebenden: »Schau Ute, unsere Monopteros-Tempel!« Kreisförmig natürlich.

»Hier hast du um meine Hand angehalten und mir den Ring geschenkt!« Auch ein Kreis.

Ein Ring, den Carl Friedrich nun, nicht wie an diesem Morgen noch vorgehabt, zwecks endgültiger Erlösung weiterreichen konnte, sondern den er zurück in seine Schatulle stecken musste. Auf dass ihm das Glück andernorts hold sein möge. Im Kreis Soest vielleicht.

In Anröchte, Erwitte, Lippetal, Lippstadt
Rüthen, Bad Sassendorf, Warstein, Soest selbst,
Geseke, Werl, Möhnesee, Ense,
Wickede, Welver, oder sonst Elbe-Elst...

Erneut ein Kreis. Brandenburg diesmal.

Nein, er würde nicht aufgeben. Weitersuchen. Kreis für Kreis. Natürlich nicht in Haßberge, Miesbach, Peine oder

Leer, dafür aber in Bad Kissingen, Tuttlingen, Cham, Lippe, Rhein-Sieg, Traunstein, und selbstverständlich nicht zu vergessen all die Hildes aus Hildesheim. 294 Landkreise, da stirbt die Hoffnung zuletzt.

Und zuvor natürlich Ulla.

Folglich rief er sie an, so freundlich wie ihm nur möglich, dass er doch überraschend heute schon heimkäme, aber erst gegen 20 Uhr, und sich freuen würde, sie zu sehen! Dann nahm sein altbekanntes Geburtstagsritual seinen Lauf, packte er die Eislaufschuhe ein, zog sich an, stieg in den Wagen, startete drei Mal und fuhr los. Station für Station für Station. Drei genau.

Er fuhr nach Lünen, an dem runden, Ufo-artigen Obergebäude des Lüntec-Towers vorbei, stieg heimlich, soweit es ging, die Treppen empor, und blickte über den Landkreis.

Er fuhr zum alten Förderturm der Zeche Monopol in Kamen, stieg auch dort empor, bis hinauf neben das stählerne Rad, und blickte wieder über den Landkreis.

Er fuhr in das Schloss Opherdicke nach Holzwickede, sah sich die Ausstellung des Malers August Wilhelm Dressler an, Vertreter der neuen Sachlichkeit, sah darin trotzdem nur seine alte Irrationalität bestätigt, blickte auch von dort über den Landkreis bis in das Sauerland, aß im Kaffeehaus noch eine der herrlichen selbst gemachten Süßspeisen. Dann wurde es Zeit.

Carl Friedrich Grünwald kehrte nach Unna zurück, besuchte die Eissporthalle, ein Gebäude, dem bereits von außen der Schmerz eng geschnürter Schlittschuhe anzusehen ist, die Kälte, das Leiden. Dort zog er dann seine Runden, genauer gesagt Kreise. Bis er zur Ruhe kam, gefestigt genug, um diesen Tag durchzustehen.

Um 19 Uhr war er zu Hause. Bereitete alles vor. Räumte

seinen grünen Overall aus der Sporttasche, die Gummistiefel, die Gummihandschuhe, den Spaten, legte das geschliffene Tortenmesser auf den Esstisch.

Und wartete.

Punkt 20 Uhr stand Ulla vor seiner Tür. Hübsch gemacht. Ein Begrüßungskuss voll Leidenschaft, der nur ihm nach Abschied schmeckte. In ihrer Hand ein Geschenk. Wohl ein mit Zeitungspapier eingewickelter Bilderrahmen.

»Und jetzt?«, wollte sie wissen.

»Lassen wir uns die Torte schmecken?«, sagte er.

»Nicht wir. Du!« Sie nahm ihn in die Arme und legte seine Hand um ihre schlanke Taille. »Ich will so spät nichts Süßes mehr, außer dich natürlich, mein Liebling!« Wieder ein Kuss.

In zehn Teile, sprich Kreissektoren, schnitt er das gute Stück, wie an seinem zehnten Geburtstag, als alles begann. Dann aß er, ohne eine Miene zu verziehen. So wie jedes Jahr. Und Ulla schaute zu, erstaunt, sprach in etwa das Gleiche, wie Birte aus Bönen: »Schmeckt es dir?«,

Kathi aus Kamen: »Lecker, oder?«,

Beate aus Bergkamen: »Das ist ja schon dein drittes Stück?«

Silke aus Selm: »Die halbe Torte schon, erstaunlich!«,

Lara aus Lünen: »Nicht, dass dir schlecht wird!«,

Waltraud aus Werne: »Du sagst ja gar nichts!«,

Scharlotte aus Schwerte: »Also wenn es *Wetten, dass …?* noch gäbe!«,

Heike aus Holzwickede: »Was willst du mit dem Tortenmesser!«,

Frieda aus Fröndenberg Ruhr: »Aber Carl Fried...«

Endlich Friede. Drei Stiche.

Alles Mathematiklehrerinnen. Und jede hätte eine Chance gehabt, hätte es sich und ihm ersparen können, dieses: »Ich habe dir eine Geburtstagstorte gebracht. Du wirst staunen. Denn heute wird noch etwas gefeiert!«

Nicht »noch etwas«. Niemals wieder. Nur er. Endlich der Einzige sein. Seine Torten bekommen, mit Kerzen und Namen darauf. Seinem Namen.

Regungslos saß Ulla mittlerweile vor ihm, sah ihn an. Und diesmal kam er nur bis Stück Nummer neun, als sie ihn unterbrach.

»Willst du nicht endlich dein Geschenk öffnen, Carl Friedrich, bevor du vor lauter Torte zu gar nichts mehr fähig bist! Aber schön natürlich, wenn es dir so schmeckt. Weißt du, ich hab den Teig ein wenig verfeinert.«

Müde war er, seine Arme schwer, der ganze Körper wie ein Stein, das letzte Stück Torte, samt der darauf gespritzten Drei, plötzlich unerreichbar.

»Warte, ich mach das für dich«, kam sie ihm zu Hilfe.

Und dann wurde das Papier heruntergerissen.

»Ich dachte mir, du hast vielleicht an dieser Fotocollage Freude!«, hörte er ihre Stimme. »Frauenbilder!« Da lag er nur vor ihm, mit Ulla aus Unna daneben, der ganze Kreis.

»Birte aus Bönen, Kathi aus Kamen, Beate aus Bergkamen, Silke aus Selm, Lara aus Lünen, Waltraud aus Werne, Scharlotte aus Schwerte, Heike aus Holzwickede, Frieda aus Fröndenberg Ruhr. Alles Studienkolleginnen. Wo hast du sie begraben?«

Kein Wort brachte er heraus, nur seinen Rücken spürte er der bevorstehenden Kältewellen wegen noch, dazu das leichte Zucken seiner Mundwinkel. Mehr an Zorn war ihm auch nicht mehr möglich. Der gereizte Magen dieses Morgens kam ihm in den Sinn, dazu der verunglückte Specht, alles handfeste Signale. Er hatte sie richtig gedeutet und sich doch geirrt.

Denn ja, der Tod würde kommen.

»Ich bin ja so froh, dich endlich gefunden zu haben, Carl Friedrich! So froh!«, hörte er Ulla noch sagen. Dann stand sie auf und das Letzte, was Carl Friedrich an diesem 14.3.2018 sah, war wie in aller Ruhe sein Puzzle vollendet wurde, irgendwo in Zentralafrika. Kamerun, Nigeria, T…

»…schad, schad, schad«, dachte er.

Und irgendwo im Kurpark Königsborn hob sich ein Buntspecht gen Himmel.

Sunil Mann

Die Lichter von Bergkamen

»Siehste.«

»Was?«

»Die haben es geschafft.«

»Was geschafft?«

»Wegzukommen.«

»Der Bus fährt gerade mal bis nach Kamen.«

»Immerhin.« Fröstelnd zog Wendy die Schultern hoch und schaute dem R13 hinterher, der eben den Busbahnhof verlassen hatte.

»Wenn ich Kohle hätte …«

»Oje.«

»Jetzt hör mal zu! Wenn ich Kohle hätte …«

»Wenn, wenn, wenn. Wendy wach auf!«

»… würde ich noch heute abhauen. Weg hier, raus in die Welt.«

»Du hast aber keine Kohle.«

Wendy lachte bitter. »Ich hab nicht einmal einen Job. Seit sie das *Nauticus* am Hafen geschlossen haben, lasse ich eine Bewerbung nach der anderen raus, aber das interessiert kein Schwein. Dabei braucht es doch Kellnerinnen.«

»Gib mal eine Zigarette.«

Verstimmt sah Wendy Sabrina an und zog dann mit einem Seufzen die Schachtel aus der Tasche ihrer rosafarbenen Daunenjacke. »Meine Zukunft …«, sagte sie und wedelte mit der Hand dem Bus hinterher, dessen rot glühende Abblendlichter gerade im Schneetreiben verschwanden, »… wartet irgendwo da draußen.«

Mit der Fluppe zwischen den Lippen trat Sabrina näher an ihre Freundin heran. »Feuer!«

Im flackernden Schein der Flamme waren die ersten Spuren der Enttäuschung um Wendys Mundwinkel deutlich zu erkennen, sie war untersetzt und ihren blond gefärbten Locken hätte eine Haarwäsche nicht geschadet. Sabrina war ihr purer Gegenentwurf: hager, groß gewachsen und vor allem gleichgültig.

»Scheißsamstagabend«, murrte Wendy, nachdem sie sich ebenfalls eine Zigarette angezündet hatte. »Und arschkalt ist es auch.«

»Yep.«

»Ich will weg hier.«

»Hast du gerade gesagt.«

»Nein, ich meine, ich will weg von diesem verdammten Busbahnhof.«

»Wohin denn?«

»Irgendwohin, wo mich Gérard Depardieu nicht angrinst!«

»Wer?«

Wendy deutete mit dem Kinn auf den Kreisverkehr gleich neben dem Busbahnhof, in dessen Mitte ein hell schimmernder Rundpavillon auf Stelzen stand. Sich drehende Diaprojektoren im Innern ließen Porträts berühmter Persönlichkeiten aufleuchten. Gandhi, Merkel, Putin. Und eben Depardieu.

»Sieht fett und versoffen aus«, meinte Sabrina.

»Franzose halt.«

Die beiden jungen Frauen zogen an ihren Zigaretten.

»Außerdem habe ich Hunger«, jammerte Wendy.

»*City Kebab* hat noch offen.«

»Nicht gerade meine erste Wahl.«

»Bei deinem Budget aber die einzige.«

Wendy grinste schwach und hängte sich bei Sabrina ein.

Gemeinsam schlenderten die Freundinnen am Kreisverkehr vorbei und bogen in die Töddinghauser Straße ein. Rechts lag dunkel und unheimlich das seit einer Ewigkeit leer stehende Einkaufszentrum, daneben ein heruntergekommenes Hochhaus mit rissiger Fassade, das in den Sechzigern einmal das Wahrzeichen des neuen Stadtzentrums hätte sein sollen. Nicht immer lief alles nach Plan.

»Mein Leben ist eine einzige Aneinanderreihung unspektakulärer Ereignisse«, maulte Wendy, als sie in die Landwehrstraße einbogen. »Einmal, wenigstens einmal möchte ich ausbrechen und etwas richtig Verrücktes anstellen.«

»Du klingst wie Udo Jürgens in diesem Lied«, bemerkte Sabrina. »Mit New York und so.«

»Ach, halt die Klappe!«

Vor dem *City Kebab* lümmelten ein paar Jungs herum. Sie lehnten an einem silbernen Audi, Bierflaschen in der Hand und riefen Wendy und Sabrina Anzüglichkeiten zu, die Wendy mit dem ausgestreckten Mittelfinger quittierte. Drinnen stand die Kundschaft Schlange vor dem Tresen, der schwere Geruch von gebratenem Fleisch und rohen Zwiebeln verschlug ihnen beinahe den Atem.

Wendy verzog das Gesicht. »Lass uns draußen warten.«

»Zigarette!«, forderte Sabrina erneut, als sie vor dem Laden standen, und strich sich schmelzende Schneeflocken aus dem dunklen Haar.

Augenrollend kramte Wendy das Zigarettenpäckchen hervor und hielt es Sabrina hin, als sich ein Typ mit pickeligem Jungengesicht breitbeinig vor ihnen aufbaute.

»Verpiss dich, Mirko!«, fuhr Wendy den Burschen an.

»Alter, ist die schlecht drauf!« Zustimmung heischend, grinste Mirko zu seinen Kumpels am Audi hinüber.

»Wir wollen nur unsere Ruhe, okay?«

»Ich hätte da etwas für dich, was dich total aus der Ruhe bringt.«

Wendy gähnte demonstrativ. »Wie alt bist du überhaupt? Zwölf? Darfst du schon ohne Windeln zum Spielen raus?«

»Du kleine Schlampe, ich zeig dir gleich ...« Drohend trat Mirko einen Schritt auf Wendy zu, doch ehe er den Satz beenden konnte, bretterte ein bronzefarbener Toyota auf den Gehsteig und hielt mit quietschenden Reifen an. Erschrocken schrien Wendy und Sabrina auf.

»Boah! Pass doch auf, wo du mit deiner Rostkarre hinfährst!«, brüllte das Pickelgesicht dem komplett in Schwarz gekleideten Mann hinterher, der aus dem Wagen sprang und schnurstracks in den Imbiss hineinhastete. Sein Beifahrer stieg ebenfalls aus, auch er trug komplett Schwarz. Prüfend sah er sich um, zündete sich dann eine Zigarette an und vertrat sich die Beine.

»Heißhungerattacke oder Klo«, vermutete Sabrina, doch Wendy reagierte nicht darauf.

Wie gebannt starrte sie auf die Fahrertür, die der Mann in der Eile nicht ganz geschlossen hatte. Der Schlüssel des Wagens steckte neben dem Lenkrad, der Motor lief. Unauffällig stieß Wendy Sabrina in die Seite.

»Bist du dabei?«, flüsterte sie und wies mit dem Kinn zum Wagen. »Einmal verrückt sein und aus allen Zwängen flieh'n?«

Sabrina blinzelte. »Bist du übergeschnappt? Der Typ steht doch direkt daneben!«

»Nicht nah genug.«

Tatsächlich hatte sich der Raucher ein paar Schritte vom Wagen wegbewegt. Wendy warf einen Blick in den Imbiss. Sein Kumpel hatte sich bereits zu der Tür hinten neben dem Spielautomaten vorgedrängelt. Der Oberkörper wiegte hin und her, vermutlich trat er die ganze Zeit von einem Bein aufs andere. Eindeutig Klo.

»Los jetzt!«

»Ich weiß nicht.« Sabrina biss sich auf die Unterlippe.

»Für Udo!«

Wendy stürmte los. Handbremse lösen, Kupplung betätigen, Gang rein. Die Jungs am Audi johlten, und der Raucher fuhr im selben Moment herum, in dem sich Sabrina auf den Beifahrersitz warf. Mit wutverzerrtem Gesicht rannte der Kerl auf den Wagen zu, doch da schoss der Toyota bereits mit aufheulendem Motor vom Gehsteig.

»Bist du komplett bescheuert?«, schrie Sabrina ihre Freundin an.

»Nicht die Spur.« Wendys Augen funkelten, während sie den Wagen in halsbrecherischem Tempo über die Landwehrstraße lenkte. Der PENNY-Markt flog vorbei und auf der Kreisverkehrsinsel vor ihnen ragte gelb-weiß einer der Lichtstäbe in Messstaboptik auf. Insgesamt vier gab es davon in Bergkamen und alle neigten sich einem imaginären Schnittpunkt über dem Marktplatz zu. Doch Wendy und Sabrina ging momentan jeder Sinn für Kunst ab. Mit quietschenden Reifen bogen sie in den Kreisverkehr ein. Der Wagen schlitterte über den Schneematsch. Dabei verrutschte im Kofferraum etwas Schweres und polterte dumpf herum.

»Was war das?« Wendy peilte die Präsidentenstraße an und drehte am Lenkrad.

»Woher soll ich das wissen?« Sabrina hielt sich am Haltegriff fest und warf einen Blick nach hinten. Ihre Augen weiteten sich und grob packte sie ihre Freundin am Arm.

»Au! Du tust mir weh!«

»Die verfolgen uns!«, keuchte Sabrina und deutete auf einen Wagen, der mit aufgeblendeten Scheinwerfern auf den

Kreisverkehr zugeschossen kam. Wendy trat das Pedal durch und der Toyota raste hügelaufwärts.

»Die holen auf!«, kreischte Sabrina.

Wendy warf einen hastigen Blick in den Rückspiegel. Ihre Verfolger waren eben in den Kreisverkehr eingebogen, der Wagen kam genau wie sie auf dem Schnee ins Schleudern, war aber gleich wieder auf Kurs.

»Wohin, Sabrina? Wohin soll ich?«

»Was weiß ich? Das war ja eine ganz famose Idee, den Wagen zu klauen!«

»Verdammt, sag schon!« Wendy klammerte sich so fest ans Lenkrad, dass die Haut über ihren Fingerknöcheln weiß schimmerte.

»Auf gar keinen Fall nach Hause. Wenn Mirko und seine Jungs den Typen verraten haben, wer wir ...«

»Ich habe gefragt, wohin! Nicht wohin nicht.«

»Lass mich nachdenken.«

»Dazu ist keine Zeit!« Wendy schrie jetzt.

»Nach links!«

»Zum Busbahnhof?«

»Ja! Fahr!«

Direkt vor ihnen befand sich jetzt das Ortszentrum mit seiner Fußgängerzone und dem Subport Bergkamen, einer Installation, die mit Lichteffekten und Geräuschen aus vierzehn Gullydeckeln einen unterirdischen Flughafen simulierte. Wendy schwenkte jedoch in die scharfe Linkskurve ein und raste an der Stadtbibliothek und dem Marktplatz vorbei. Auf der Ebertstraße gewannen sie an Vorsprung, denn die Verfolger, die sich Mirkos silbernen Audi geschnappt hatten, wie Sabrina jetzt erkannte, schlingerten in der Kurve und wären um ein Haar in einen der Bäume dort geknallt.

Das Schneetreiben war in der Zwischenzeit in einen

schmierig-grauen Eisregen übergegangen, die Straße glänzte heimtückisch und würde bei den herrschenden Temperaturen schnell zu einer spiegelglatten Fläche gefrieren.

»Mach das Licht aus!«, wies Sabrina ihre Freundin an.

Zu ihrem Erstaunen gehorchte Wendy und schaltete die Scheinwerfer aus.

Vor ihnen tauchte hell leuchtend wie ein außerirdisches Flugobjekt der Busbahnhof auf. Gerade war ein Bus eingetroffen, die Türen öffneten sich und eine Handvoll Fahrgäste stieg aus. Eine junge Frau mit mädchenhaften Zöpfen kam in ihre Richtung gelaufen, blieb aber abrupt stehen, als sie den Toyota bemerkte.

»Da rein«, wies Sabrina Wendy an, als sie auf Höhe der Polizeiwache waren, und deutete auf eine schmale Einfahrt. Wendy bog ab. Ein steil abfallendes Sträßchen führte zum Parkplatz der Stadtverwaltung. Kaum beleuchtet lag er zwischen dem mehrstöckigen Gebäude aus den Sechzigern und einer kleinen Parkanlage, die von dicht stehenden Bäumen begrenzt wurde.

Wendy ging in die Bremsen und schaltete den Motor aus. Kaum stand der Wagen, ließ sie die Seitenfester herunter. Sie hielt den Atem an und lauschte. Der Audi näherte sich rasch – und fuhr dann zu ihrer Erleichterung an der Parkplatzeinfahrt vorbei.

»Das war knapp«, stöhnte Sabrina.

Wendy wischte sich den Schweiß von der Stirn.

Sabrina sagte: »Wir fahren jetzt sofort zurück zum *City Kebab*. Da lassen wir den Wagen stehen.«

»Und dann?«

»Abhauen und irgendwo abwarten.«

»Da war doch vorhin dieses Geräusch im Kofferraum …« Weiter kam Wendy nicht, denn wie aus dem Nichts tauchte die junge Frau mit den Zöpfen vom Busbahnhof vor dem Toyota auf.

»Scheiße!« Wendy schluckte. »Das ist doch ...«

»Julia Kropp«, sagte Sabrina.

»Was will die hier?«

»Die Frage ist eher: Was will die von uns?«

Tatsächlich hatte sich Julia Kropp keinen Zentimeter von der Stelle bewegt.

»Hey, Julia!« Sabrina lehnte sich aus dem Fenster. »Schon lange nicht mehr gesehen.«

Julia kam entschlossen um den Wagen herum. »Ich muss mit euch reden.«

Wendy und Sabrina wechselten einen entsetzten Blick. »Wegen damals, oder was?«

»Wegen heute.«

»Das ist gerade sehr ungünstig«, erklärte Wendy.

»Ist mir egal.« Wie selbstverständlich öffnete Julia die hintere Wagentür und stieg ein.

»Hey, so läuft das nicht!«, kreischte Wendy und drehte sich zu Julia um. »Du steigst jetzt sofort ...«

»Wollt ihr Kohle machen? So richtig viel Kohle?«

Wendy verstummte.

»Also?«, fragte Julia.

»Na ja«, antwortete Sabrina. »Schon, irgendwie.«

»Ich mach euch ein Angebot, das ihr nicht ablehnen könnt.«

»Erst mal müssen wir weg vom Parkplatz«, erklärte Wendy.

Ihre Verfolger mussten längst bemerkt haben, dass sie sie verloren hatten, und konnten jeden Moment auftauchen.

»Wieso?«, fragte Julia misstrauisch.

»Ist kompliziert.«

»Dann fahr zum alten Förderturm.«

»Aber ...«

»Jetzt!«

Wendy startete den Motor und steuerte den Wagen vom Parkplatz. Vom Audi keine Spur. Sie fuhr um den Busbahnhof herum und hielt sich im Kreisverkehr rechts. Die stillgelegte Zeche war nur ein Katzensprung entfernt. Depardieu grinste Wendy im Vorüberfahren zu. Wissend, wie ihr schien.

Sabrina drehte sich halb nach hinten. »Was bringt dich hierher?«, fragte sie Julia.

Ein kleiner Schwatz unter ehemaligen Schulkameradinnen, um die Lage zu entspannen. Wobei sie nie Freundinnen gewesen waren, Julia hatte mit ihrer überheblichen Art einfach nicht zu ihnen gepasst. Doch Julia gab keine Antwort.

»Du warst doch in dieser Castingshow«, fuhr Sabrina im Plauderton fort. »Du bist vierte geworden, oder?«

»Dritte«, knurrte Julia.

»Respekt!« Sabrina schaffte es sogar, Julia anzulächeln. »Läuft richtig toll für dich.«

Julia schwieg wieder, während Wendy ein kurzes Stück über die Erich-Ollenhauer-Straße fuhr und dann in die Einfahrt zur ehemaligen Zeche einbog. Hier würden ihre Verfolger sie kaum suchen.

»Du hast sogar eine CD aufgenommen, ich hab die mal in Düsseldorf in irgendeinem Laden gesehen.«

»War eine Woche lang auf Platz sechsundneunzig in den Charts«, sagte Julia bitter. »Und hat sich vierhundertzwölf Mal verkauft.«

»Oh.«

»Und jetzt soll ich ins Dschungelcamp.«

»Wird sicher geil!«

In einiger Entfernung zeichneten sich hinter hohen Zäunen dunkel die Gebäude von *Bayer* ab, rund um den Förderturm standen verwahrloste Fabrikbauten mit zerbrochenen Fensterscheiben, dahinter lag Brachland.

»Ja«, flüsterte Julia tonlos. »Das wird es sicher.«

Wendy schaltete Motor und Scheinwerfer aus. Unheimlich ragte der Förderturm vor ihnen in den nachtschwarzen Himmel und erinnerte sie an ein Monstrum aus *Krieg der Welten*. Etwas, das jederzeit lostaksen könnte, um alles in der näheren Umgebung in Schutt und Asche zu legen.

»Also?«, forderte Sabrina Julia auf. »Worum geht es?«

»Die zahlen mir für das Camp viel weniger als den anderen.«

»Okay«, machte Wendy gedehnt.

»Weil ich angeblich nicht richtig prominent bin. Also im Vergleich.«

Vielsagend hob Wendy die eine Augenbraue.

»Und was hat das jetzt mit uns zu tun?«, wollte Sabrina wissen.

»Ihr müsst mich entführen.«

»Was!?« Sabrina bewegte die flache Hand vorm Gesicht. »Bist du bescheuert?«

»Kann gar nichts schiefgehen«, erklärte Julia hastig. »Ich habe mir das genau überlegt. Ihr haltet mich hier irgendwo fest und verlangt Lösegeld. Die Kohle könnt ihr dann behalten, und …«

»… und du kriegst die fetten Schlagzeilen«, schlussfolgerte Sabrina.

Julia nickte. »Wenn ich so richtig bekannt bin, kriege ich mehr Gage fürs Dschungelcamp. Und dann hinterher womöglich noch einen Plattenvertrag. Oder so eine Realityshow wie die Katzenberger.«

»Wieso denn ausgerechnet wir?«, wollte Wendy wissen.

»Ist mir eben eingefallen!« Julia strahlte. »Eigentlich wollte ich meine Eltern besuchen. Auf der Fahrt hierher hab ich mir das mit der Entführung überlegt, und als ich euch in dem Wagen heranfahren sah, wusste ich gleich, dass wir das perfekte Team sind.«

»Ach.«

»Also? Seid ihr dabei?«

Wendy und Sabrina zögerten. »Das ist …«, begann Sabrina schließlich.

»Riskier doch mal was!«, unterbrach Wendy sie. »Immerhin ist die Idee …«

»Der Plan ist bombensicher«, versicherte Julia.

Skeptisch sahen sich die beiden Freundinnen an.

Worauf Julia ein billig aussehendes Handy aus ihrer Tasche fummelte. »Hier. Das ist prepaid. Damit ruft ihr meinen Manager an, der wird die Nachricht an den Sender weiterleiten. Danach schmeißen wir das Teil weg.«

»Aber …«, machte Sabrina.

»Die zahlen garantiert«, sagte Julia. »Das ist auch Publicity für die, kapierst du das nicht?«

»Verstehe«, kicherte Wendy. »›Castingshow-Julia – erst gekidnappt, jetzt im Dschungel‹!«

»Du hast es erfasst!«

»Und wie viel … «, setzte Wendy zu einer Frage an.

»Wie viel ich wert bin? Was schätzt ihr?«

»Fünf …?«, überlegte Sabrina.

»Zehn!«, sagte Wendy.

»Seid ihr blöd?« Julia zog eine beleidigte Schnute. »Ihr verlangt hundert!«

Das *Neumann's Nauticus* lag direkt am Jachthafen, ein weitläufiger Gebäudekomplex, der die glatt wirkende Architektur der Neunziger mit grauen Backsteinbauten kombinierte. Das seit seiner Schließung leer stehende Hotel mit seinen hohen Fenstern und den zum Dach hin spitz zulaufenden Fassaden erinnerte jetzt in der Nacht an ein schottisches Spukschloss.

Sportboote schaukelten unruhig an den Stegen, während der Eisregen auf die Abdeckplanen trommelte, Wellen klatschten hart gegen die Ufermauern. Das Hafenbecken wurde von einer Reihe hoher Lampen gesäumt, die konzertiert aufleuchteten – eine weitere Lichtkunstinstallation in Bergkamen.

Wendy hatte den Toyota in einer Einfahrt in der Nähe abgestellt, die letzten Meter gingen sie zu Fuß. Wendy wühlte in ihrer Handtasche. »Blöd, wie sie waren, haben die den Schlüssel zum Personaleingang nicht zurückverlangt, als sie mich rausgeschmissen haben«, sagte sie.

Gleich darauf betrat sie mit Sabrina und Julia im Schlepptau das verlassene Hotel, in dem sie für ein paar Wochen gejobbt hatte. Es roch muffig nach altem Staub.

»Hier lang.« Mit der Taschenlampen-App ihres Handys leuchtete Wendy den Weg am Empfang vorbei und die Treppe hoch zu den Gästezimmern. Die meisten Räume waren leer, durch die Fenster drang der matte Schein der Lichtkunstinstallation herein. Erst im zweiten Stock stießen sie auf ein Zimmer, in dem man ein Bett mit einer durchgelegenen Matratze vergessen hatte.

Julia ließ sich auf das Bett fallen. »So.«

Wendy hatte noch beim Förderturm Julias schockierten Manager von dem Prepaidhandy angerufen und behauptet, Julia gekidnappt zu haben. Während die im Hintergrund dramatisch jammerte und flehte, verlangte Wendy das Lösegeld. »Hunderttausend. Kleine Scheine ... morgen ... neun Uhr in der Früh ... Bahnhof ... Dortmund ... Anweisungen folgen ...«

»Uns bleibt noch jede Menge Zeit«, meinte Sabrina nach einem Blick auf ihr Handy.

Wendy nickte und ging zur Tür. »Ich schau mal nach, ob ich was zu essen auftreiben kann. Jetzt habe ich erst recht Hunger.«

Kurze Zeit später kehrte sie mit einem guten Dutzend Schokoriegel zurück. »Die waren noch in dem alten Automaten unten im Personalraum. Was anderes gibt's nicht«, entschuldigte sie sich. Sie zog ein Seil aus ihrer Jackentasche. »Und das lag in der Besenkammer. Ich finde, wir sollten dich fesseln, Julia. Da sieht es dann viel echter aus, wenn dich die Polizei abholt.«

»Gute Idee!«, stimmte Julia zu.

Zu dritt machten sie sich über die Schokoriegel her. Die schmeckten muffig und verklebten ihnen innerhalb von Sekunden die Gaumen. Aber sie hatten Hunger. Nachdem sie ihr Mahl beendet hatten, wurde Julia von Sabrina nach allen Regeln der Kunst verschnürt.

»Fast wie damals«, murmelte Julia auf einmal.

Sabrina hielt inne. »Was?«

»Egal«, sagte Julia.

»Wir haben immer noch nicht nachgesehen, was im Kofferraum liegt!«, sagte Wendy unvermittelt, als sie vom Uferweg in die Werner Straße einbog. Es war noch viel zu früh, doch Wendy hatte die Warterei nicht mehr ausgehalten. Der Motor des Toyotas schnurrte und in ihren Mägen lagen die Schokoriegel wie Steinbrocken.

»Später ...«, setzte Sabrina an, im selben Moment flammten direkt hinter ihnen Scheinwerfer auf. Mit einem Aufschrei drückte Wendy den Fuß aufs Gaspedal. »Verdammt, sind das wieder die beiden Typen?«

»Ich kann nichts erkennen«, erwiderte Sabrina. »Das Licht blendet zu sehr.«

»Verfluchte Scheiße!«

Der Toyota jagte über die Straße, der Tacho zeigte mehr als hundertvierzig an, zu beiden Seiten flogen weite Felder vorbei, dann folgte ein Waldstück. Wendy klammerte sich ans Lenkrad. Eine leichte Straßenbiegung tauchte direkt vor ihnen auf, doch bremsen lag nicht drin.

Der Wagen schlitterte über den vereisten Asphalt, mit einem Mal jedoch fühlte er sich ganz leicht an, als ob er abheben würde. Schlagartig wurde es still. Das Letzte, was Wendy sah, waren die Baumstämme, die in rasendem Tempo auf sie zuschossen.

Der Morgen graute schon, als die Unfallaufnahme auf der Straße zu Ende ging. Die beiden Beamten von der Kriminalwache der Polizei in Dortmund hatten ihren alten silberfarbenen Vectra am Waldrand geparkt. Rund um die Unfallstelle wuselten im Licht der Scheinwerfer Feuerwehrmänner herum, Rettungssanitäter kamen ihnen entgegen.

Der Einsatzleiter begrüßte die Polizisten knapp: »Totalschaden. Zwei ex, weiblich, Teenager. Wenn ihr mich fragt: überhöhte Geschwindigkeit, unangepasste Fahrweise.«

Die beiden Kriminalbeamten besahen sich das Wrack des Toyotas.

»Die haben wir im Handschuhfach gefunden«, sagte der Einsatzleiter und reichte ihnen einen Plastikbeutel mit zwei Sturmhauben. »Und im Kofferraum ... aber seht selbst.«

»War da nicht der Überfall auf den Bankboten in Dortmund, gestern Nachmittag?«, fragte der eine Kriminalbeamte seinen Kollegen, während sie dem Einsatzleiter um den Wagen herum folgten.

Der Kofferraum war beim Unfall aufgesprungen, drinnen lagen zwei metallene Geldboxen.

»Könnte sein«, sagte der andere Beamte zu seinem Kollegen. »Der Überfall in Hörde. Zwei Täter, maskiert, Beute zwei Transportboxen mit rund zwanzigtausend Euro.«

»Da werden sich die Kollegen vom Raub freuen, dass wir ihren Fall geklärt haben«, sagte der erste und starrte kopfschüttelnd auf die beiden Gestalten, die von Planen bedeckt neben dem Wagen lagen. »Mann, Mann, die Mädels heutzutage ...«

Reglos lag Julia auf der alten Matratze und starrte in den Himmel. Sie war kurz eingedöst. Eisregen prasselte auf das Fensterbrett, und obschon es nach ihrem Gefühl bereits gegen Mittag gehen musste, war es immer noch düster im Zimmer. Ihre Zunge klebte am Gaumen, die Fesseln schnitten ins Fleisch. Wo blieb bloß die Polizei? Und die Presse? Die Geldübergabe hatte doch schon vor Stunden stattgefunden!

Julia warf sich herum und versuchte, das Seil abzustreifen, doch der Knoten saß unverrückbar fest.

Wirklich fast wie damals, am IMPULS, dachte sie.

Sieben Jahre war das her. Ein langweiliger Samstagabend im Herbst. Sie waren alle noch zur Schule gegangen. Wendy und Sabrina hatten Julia überraschenderweise erlaubt, mit ihnen am IMPULS abzuhängen, einer pulsierenden Lichtkunstskulptur auf der Adener Höhe, die weithin sichtbar war. Die beiden hatten viel Alkohol dabei, und am Ende war Julia komplett betrunken eingeschlafen. Als sie erwachte, war es tiefe Nacht gewesen und sie war an einen Baum gefesselt. Nur die Skulptur blinkte stetig vor sich hin, unbeeindruckt von ihren verzweifelten Hilferufen. Erst am Morgen kam ein Spaziergänger mit Hund vorbei und befreite sie.

Julia ruckte erneut an den Fesseln. Es konnte nicht mehr lang dauern, sie mussten jeden Moment eintreffen. Sie spähte zum Fenster. Fahl brach die Sonne zwischen den Wolken hervor. Nachmittagslicht? Unmöglich, dachte Julia, und malte sich lieber zum hundertsten Mal aus, was sie stammeln würde, wenn man sie nachher fand.

Endlich konnte sie es Sabrina und Wendy heimzahlen, sie konnte es kaum erwarten. Ihre Aussage, schluchzend und tränenüberströmt, bei der Polizei. Dass sie die beiden Entführerinnen erkannt hatte. Ihre Stimmen. Ganz klar. Wendy und Sabrina. Schulfreundinnen. Unglaublich, sie waren doch damals ganz eng ... Stocken und wieder Tränen ... Ja, so würde sie es machen. Und dann sollten die beiden Zicken mal sehen, wie sie aus der Nummer wieder rauskamen.

Sie hatte keine Ahnung, welche Strafe auf Entführung stand, aber als Denkzettel würde es allemal reichen.

Und sie würde die Schlagzeilen bekommen. Zwei Fliegen auf einen Schlag, dachte sie. Rache und Schlagzeilen. Nicht schlecht für einen Samstagabend in Bergkamen. Julia lächelte.

Martin Schüller

Lünen – unterschätzt

Ich entschied mich zu lügen.

»Ich habe keine Ahnung, wovon Sie reden«, sagte ich.

»Komm, geh wech. Du weißt genau, wen ich meine.«

Die Situation war unangenehm bis peinlich. Ich stand vor einem der Pissbecken auf der Toilette dieses nicht vornehm zu nennenden Etablissements in Lünen und jemand presste mir einen sehr harten und sehr spitzen Gegenstand in die Nierengegend. Spitz und hart genug, um mich zu veranlassen, die Hände zu heben.

»Kröte wusste, dass einer kommt. Einer wie du«, sagte der Jemand mit dem spitzen Gegenstand. Er musste eben noch neben mir an der Theke gestanden haben, aber ich hatte keine Ahnung, welcher der Männer es war. Nur den Italiener konnte ich ausschließen.

»Nicht umdrehen«, sagte der Mann, als ich genau das versuchte. »Kröte verkauft nicht. Kannze deinem Boss sagen.«

»Schön«, sagte ich. »Und wie haben wir jetzt vor, die Situation zu lösen?«

»Mach den Gürtel auf, ganz langsam, und schieb die Hose runter.«

»Das hat mal einer in San Francisco mit mir versucht«, sagte ich. »Ist nicht gut ausgegangen für ihn.«

Der Druck des spitzen Gegenstandes erhöhte sich. Ich öffnete langsam den Gürtel.

»Keine Sorge, hier interessiert sich keiner für deinen parfümierten Arsch. Lass Kröte in Ruh. Kröte hat Freunde. Weißte Bescheid.«

»Freunde kann man gar nicht genug haben«, sagte ich. »Gerade auf der Herrentoilette.«

»Schlauberger.«

Hinter mir rasche Schritte und die Tür zum Vorraum, die geöffnet wurde. Als ich mich umdrehte, war ich allein. Mit meiner heruntergelassenen Hose war an eine schnelle Reaktion nicht zu denken. Ich richtete in Ruhe den Anzug, wusch mir sorgfältig die Hände und ging zurück in die Kneipe.

Drei der vier Gäste waren noch da. Einer, der mit düsterer Miene vor dem Spielautomaten saß. Der Glatzkopf, der in sein Bier starrte. Der Italiener, der mir als Einziger entgegensah. Ich trat zu meinem halb vollen Pils.

»Hier war eben noch ein Herr. Kannten Sie den?«, fragte ich den Wirt.

Er sah mich an, als redete ich Chinesisch.

»Drahtig, Mitte sechzig. Typ Exboxer.«

Der Wirt antwortete mit einem Schulterzucken.

»Aber den Herrn Köthenbecker, den kennen Sie?«

Seinem stummen Blick nach zu urteilen, widerte ihn die Frage an.

»Man nennt ihn auch Kröte. Meines Wissens ist dies sein Stammlokal.« Ich schob ihm eine Visitenkarte über den Tresen.

Er bewegte die Lippen beim Lesen: »*Tiberius Josephus Kant von Eschenbach. Sicherheitsberatung.* Mächtig dicke Hose, was?«

»Jo Kant reicht.« Ich legte einen Fünfziger dazu. »Über einen Anruf von Herrn Köthenbecker würde ich mich sehr freuen. Stimmt so.«

Sein Ausdruck blieb unverändert angewidert. Auf den Fünfziger gab er mir raus, als hätte er meine Bemerkung nicht gehört. Dann sah er sich um. »Habt ihr alle?«, rief er in den Raum. »Ich geh jetzt nämlich rauchen.«

Er erhielt Nicken und Brummen zur Antwort, nahm seine Zigaretten und ging raus. Ich trank mein Pils aus, sagte »Auf Wiedersehen«, ohne eine Reaktion zu ernten, und folgte ihm.

Draußen empfing mich die Nacht von Lünen. Dunkel. Kalt.

Der Wirt lehnte rauchend an der Hauswand.

»Kannz mir jezz den Fuffi geben«, sagte er, als sich die Tür hinter mir geschlossen hatte. »Hab nur keinen Bock, dass die da drinnen das mitkriegen.«

Ich zog meine Geldbörse und faltete einen Schein in seine Hemdtasche. »Also? Wer war das da auf dem Klo?«

»Das war Gert. Hat wirklich geboxt, früher. Ist aber lang her.«

Ich erinnerte mich an den vierten Mann am Tresen. Ein hagerer Kleiner. Niedrige Gewichtsklasse, offensichtlich immer noch schnell. Dem hartkantigen Gesicht nach hatte er nicht viele Kämpfe verloren.

»Gert und weiter?«

»Müller. Brauchste nicht lachen. Hatte sogar einen Kampfnamen.«

»Lassen Sie mich raten …«

»Genau. Bomber. War auf Minister Achenbach. Unter Tage. Hat jezz Krebs.«

»Was hat er mit Kröte zu tun?«

Der Wirt zuckte die Achseln. »Freunde. Kröte kommt nur noch selten. Der wohnt ja in Brambauer. Früher war er öfter hier. Wegen der Band. Aber die proben nicht mehr in der Döttelbeckstraße.«

»Warum nicht?«

»Bassist Schlaganfall, Drummer Raucherbein, Sänger Kehlkopfkrebs. Ende Gelände. The Coaldiggers. In Lünen waren die weltberühmt. Hab die mal gemanagt, für ein paar Jahre. Aber hält eben nicht jeder so lange durch wie die Stones.«

»Kröte hat ein Grundstück, das er nicht verkaufen will.«

»Und?«

»Da steht nur eine alte Trinkhalle drauf. Warum ist die so wertvoll für ihn?«

»Weil von Omma geerbt vielleicht. Aber der hat se sowieso nicht alle. Glaubt an Hexen.«

»Ernsthaft?«

Achselzucken. »Manche glauben ernsthaft an Schalke 04. Meint, die Hexe aus Berlin hätt' ihm seine Tochter weggenommen.«

»Tochter?« Dass Köthenbecker Nachwuchs hatte, überraschte mich fast mehr als sein Glauben an Berliner Hexen.

»Hat Kröte auch erst vor ein paar Jahren von erfahren. Was hat er sich gefreut. Eine Erbin! Resultat von 'nem One-Night-Stand. Nach 'nem Gig mit den Coaldiggers. In Unna, in den Neunzigern. Heißt Carmen Hoffmann, 'n ziemlicher Feger. War Friseuse bei *Viel-Haar-Monie*. Hat jetzt was mit dem Sohn von der Hallwachs. Sind verlobt, die beiden.«

»Und die Hallwachs ist wer?«

»Na, Antonia, die Hexe. Kröte meint, die hat ihm die Carmen weggenommen.«

»Und was macht die so, außer hexen?«

»Immobilien. In schick. Firma AHP. Kennt hier jeder in Lünen.«

»Ich bin nicht von hier.«

»Ach ja, Sicherheitsberatung. Düsseldorf.« Das klang mehrdeutig. Dann wurde es eindeutig: »Dann hör mal zu, Sicherheitsberater: Der Hallwachs verkauft Kröte sein Grundstück garantiert nicht. Hundert Prozent. Ende der Durchsage.«

Das, immerhin, war gut zu wissen. »Herzlichen Dank«, sagte ich. »Möglicherweise komme ich noch mal auf Sie zurück.«

»Zu dem Tarif immer gern.« Er trat seine Kippe aus und ging wieder rein.

Meine Patek Philippe zeigte halb elf. Es regnete nicht mehr, das Hotel war nah genug, ein Taxi brauchte es nicht. Die nächtliche Fußgängerzone hatte ich, abgesehen von einer Herde Bronzekühe, weitgehend für mich allein.

Bomber Müllers Aktion auf dem Klo fand ich gut gemacht. Auf jeden Fall war es ihm gelungen, bei mir Zweifel an der wahren Natur meines Auftrags zu wecken, den ich letzte Woche in einem eleganten Büro in der Dortmunder Innenstadt übernommen hatte.

»Ein Immobiliengeschäft. In Lünen. Bring ihn einfach an den Verhandlungstisch. Mit mir will er nicht reden.«

Solche Jobs gehören durchaus zu meinem Repertoire, allerdings eher selten in Bezug auf Personen, die sich Kröte nennen. Aber ich hatte schlecht ablehnen können – Freiherr Grigori von Eschenbach-Kortenstein war der Witwer meiner Lieblingscousine. Ich hatte ihr einiges zu verdanken.

Er auch. Zum Beispiel das ›von‹.

»Dieser Mensch will das Grundstück einfach nicht verkaufen und ich hab keine Ahnung, warum. Und da ich weiß, wie überzeugend du sein kannst, Jo ...«

Es ging um etwas, das der Freiherr ›High Quality Business & Dwelling Area‹ nannte, und das er in Lünen entwickeln wollte. Mitten in einem Park in Brambauer. Auf meine Frage, was die Stadt dazu sage, erhielt ich die Aufforderung, dies seine Sorge sein zu lassen.

»Es wäre lächerlich, wenn das an so einem ... Ding scheitern würde.«

Das »Ding« war die Ruine einer Trinkhalle auf dem Grundstück, deren Anblick die Frage durchaus erlaubte, warum jemand so etwas nicht verkaufen wollte.

Ich hatte die Lippebrücke hinter mir gelassen, als sich von dort ein seltsames, helles Geräusch näherte, begleitet vom Gollern eines großen, träge drehenden Motors. Ich drehte mich um. Die Räder des heranrollenden Harley-Choppers entlockten dem Pflaster ein raschelndes Klickern. Der Fahrer trug schwarzes Leder, das Helmvisier war verdunkelt. Er hielt und zielte mit ausgestrecktem Zeigefinger und gehobenem Daumen auf mich.

»Was?«, fragte ich.

Er blieb stumm.

»Was hat Kröte für ein Problem? Ich will nur mit ihm reden.«

Der Helm bewegte sich langsam hin und her. »Scheiß auf Kröte.« Die Stimme klang gedämpft durch das Visier. »Verpiss dich. Vergiss am besten, dass du je hier warst. Sonst sorgen wir dafür, dass du dich nicht mehr dran erinnern kannst.«

»Und wir wäre wer?«

Er gab Gas und war weg. Das Kennzeichen der Harley begann mit LÜN.

Die Zweifel über die wahre Natur meines Auftrags wuchsen, und so, wie sich der Abend entwickelte, bedauerte ich ein wenig, meine Kimber 1911 daheim im Bürosafe gelassen zu haben.

Auf meinem Zimmer im *Retro-Art-Hotel* googelte ich erst mal Gert Müller, Antonia Hallwachs und die AHP. Die Ergebnisse waren so reichlich wie erstaunlich. Gert Müller wohnte in Gahmen und war in den Achtzigern Westfalenmeister im Bantam-Gewicht gewesen. Außerdem hatte er Mitte der Neunziger für die Coaldiggers eine CD namens *Going Down* produziert. Im Internet erhältlich für 39 Cent. Plus Versandkosten.

Antonia Hallwachs war achtundfünfzig, den Fotos nach so groß wie ich, aber gewiss zwanzig Kilo schwerer. Ihr Sohn hieß Sascha, war vierundzwanzig und nicht viel leichter. Auf einem Foto des *Hellweg Hellboys MC* präsentierte er sich dämlich grinsend neben einem schwarzen Harley Chopper mit Lüner Kennzeichen.

Seine Verlobte Carmen, Krötes späte Tochter, machte dagegen ziemlich was her. Groß, schlank, schwarzhaarig.

Am interessantesten aber war die Firma AHP. Das stand für Antonia Hallwachs Projektentwicklung, laut Archiv der *Ruhr Nachrichten* hervorgegangen aus der insolventen *Projektentwicklung Lünen GmbH & Co. KGaA*. Kommanditisten dort waren Antonia Hallwachs und – Überraschung – Freiherr Grigori von Eschenbach-Kortenstein. Die Artikel, die ich dazu fand, legten nahe, dass man dort große Zeiten gehabt hatte, aber nicht in Frieden auseinandergegangen war – und zwar ganz und gar nicht. Das morgige Telefonat mit meinem Auftraggeber würde interessant werden.

Es ging auf halb zwölf. Ich hatte Krötes Wohnung in Brambauer am Nachmittag schon einen Besuch abgestattet – vergeblich, es hatte niemand geöffnet. Aber vielleicht hatte ich um diese Uhrzeit mehr Erfolg.

Knappe zwanzig Minuten später parkte ich meinen Aston Martin in der Diesterwegstraße. Krötes Haus war das einzige heruntergekommene in der Reihe der tristen, aber gepflegten Fassaden, zweieinhalbstöckig, ewig nicht gestrichen, unaufgeräumte Einfahrt. Die Rollläden im Erdgeschoss waren heruntergelassen, aber in der Mansarde brannte Licht. Fünf der sechs Klingelschilder waren leer. Auf dem sechsten stand tatsächlich *Kröte.* Die Haustür war nur angelehnt. Ich trat ein und stieg die knarzenden Treppen hoch. Es roch nach altem Fett und feuchtem Staub. Auch die Tür der Mansardenwohnung war angelehnt, allerdings war sie gar nicht zu verschließen, nicht mehr, man hatte sie eingetreten.

Ich betrat eine winzige Diele. Heftiger als vorhin bedauerte ich, meine Kimber in Düsseldorf gelassen zu haben. Im Wohnzimmer brannte Licht. Ein großer Röhrenfernseher war zu sehen, an der Wand lehnten eine Gitarrentasche in unfassbarem Pink und eine Stratocaster, lackiert in einem Lindgrün, wie man es von den Wänden geschlossener Psychiatrien kennt, und versehen mit einem neonlila getigerten Plüschschlagbrett.

Rock'n'Roll ist toll, dachte ich und drückte die Tür weiter auf.

Herbert Köthenbecker saß am Esstisch. Er war größer, als ich erwartet hatte, und hagerer, das graue Haar schulterlang und schütter. Vor ihm stand eine Aluschale mit Lasagne, was ich erst erkannte, als ich sein Gesicht herausgehoben hatte. Ich lehnte ihn aufrecht in den Stuhl. Seine Züge waren entspannt und von auffälliger Gutmütigkeit, trotz oder vielleicht auch wegen des Einschusslochs in seiner Stirn.

Ein schwacher Geruch von Schwarzpulver hing in der Luft. Der Gedanke, dass der Schütze vielleicht noch in der Wohnung war, kam mir Sekundenbruchteile, bevor ich ein leises Knarren hörte. Ich fuhr herum. Alles, was ich noch erkennen konnte, waren eine schwarz gekleidete Gestalt und ein voluminöser, quaderförmiger Gegenstand, der sich sehr schnell meinem Gesicht näherte.

Hundert und eine Erzählung. Sagen, Legenden und Geschichten aus dem Raum Lünen. Hardcover, 1000 Seiten. Knapp drei Kilo schwer. Zahllose Klebezettel ragten zwischen den Seiten hervor. Das Ding erwischte mich voll an der Stirn, schleuderte mich nach hinten, mein Hinterkopf schlug auf die Tischkante, und ich ging k. o. So jedenfalls rekonstruierte ich das Ganze, als ich wieder wach wurde und den Heimatschinken neben mir auf dem Boden fand. Mehr als die Legenden aus Lünen beschäftigte mich allerdings der kurzläufige 38er-Colt, den man mir in die Hand gedrückt hatte, während ich weggetreten war.

Meine Armbanduhr zeigte halb zwei. Morgens, hoffte ich. Kröte saß da, wie ich ihn hingesetzt hatte, immer noch tot. Ich schleppte mich ins Bad, drehte die Brause kalt auf und hielt den Kopf darunter. Als ich das Wasser wieder abdrehte, hörte ich Martinshörner.

Eine irgendwie plausible Erklärung für die tote Kröte und die Tatwaffe mit meinen Fingerabdrücken fiel mir auf die Schnelle nicht ein. Ich schob den Revolver in den Hosenbund und lief die Treppen hinunter. Noch war die Straße leer. Ich beeilte mich ins Auto und startete. Als ich in die Ottostraße bog, sah ich im Rückspiegel die ersten Blaulichter. Nach zweihundert Metern, an einem baumumstandenen Platz, fand ich eine Parklücke. Ich schaltete den Motor aus und massierte Nacken und Hinterkopf.

Keine Frage, ich hatte ein Problem. Jemand, der überall nach Kröte gefragt hatte, der in seiner Wohnung gewesen war und der die Tatwaffe bei sich trug, hatte ein Problem. Ich hatte meine Visitenkarten verteilt, und dass ein Aston Martin in Brambauer unbemerkt blieb, war auch eher unwahrscheinlich.

Motiv? Auftragsmord könnte passen. Absurd? Dem Freiherrn könnte man so etwas zutrauen – selbst ich könnte das.

Fehlten nur noch ein Haufen fleißiger Polizisten, ein nicht so fleißiger Staatsanwalt und ein Richter, der vielleicht in gewisse Immobilien investiert hatte, und schon wäre die Sache klar.

In meinen durchgerüttelten grauen Zellen tauchte die Erinnerung an etwas auf, was der Wirt gesagt hatte. Krötes Tochter würde die Trinkhallenruine erben. Und wenn dann aus ihrer Verlobung mit Harley-Sascha eine Ehe würde, wäre das Grundstück Hallwachs'scher Familienbesitz. Einfach so. Ich zwang mich, das Dröhnen in meinem Schädel zu ignorieren, und startete den Motor wieder.

Es war kurz vor zwei. Die frisch renovierte Gründerzeitvilla sah aus, als hätte hier Minister Achenbach persönlich residiert. Auf den Messingschildern neben der Einfahrt stand *AHP-Real-Estate, AHP-Developing, AHP-Facilitymanagement, AHP-diesunddasundsoweiter*.

Ich überprüfte den Revolver. Sechs Patronen, eine abgefeuert. Die Kammer mit der leeren Hülse drehte ich vor den Hahn, damit ich mir nicht aus Versehen die Eier wegschoss, und steckte die Waffe wieder in den Hosenbund. Dann nahm ich Stablampe und Multitool aus der Mittelkonsole, stieg aus und ging um das Haus herum. An einem flachen Nebengebäude wurde gebaut. Hier fand sich eine Aluminiumleiter, die mich zu einem schmalen, auf Kipp stehenden Fenster im ersten Stock der Villa brachte.

Zwei Minuten später trat ich drinnen aus einer Gästetoilette in ein imposantes Marmortreppenhaus. An den Türen auf den Etagen hingen die gleichen Messingschilder wie an der Einfahrt, aber im zweiten Stock stieß ich auf eine schwere, zweiflügelige Holztür ohne Schild. Sie war versperrt, allerdings hatte man im Vergleich zum Rest des Hauses am

Schloss gespart. Es dauerte nur zwei weitere Minuten, bis ich in der Hallwachs'schen Wohnung das Licht anschaltete.

An den Wänden hingen einige beachtliche Werke moderner Kunst. Ich entdeckte einen Mack, einen Kirkeby, einen Uecker und einen Vierkanteisenstab, den ich Ulrich Rückriem zuschrieb. Hinter einer weit offenen Tür stand in einem Regal eine recht imposante Musikanlage. Ich schaltete sie an, drehte die Lautstärke weit auf und drückte Start. Leider steckte eine Wham!-CD im Player.

Ziemlich bald tauchten zu *Everything She Wants* Antonia Hallwachs und Krötes Tochter Carmen auf. Die Schwiegertochter in spe bot dabei in ihrem *Victoria's Secret*-Nighty den entschieden erfreulicheren Anblick.

»Wer, zum Teufel, sind Sie?« Antonias Stimme ließ den Gedanken an Hexen durchaus zu.

»Wo steckt Ihr Sohn?«, fragte ich statt einer Antwort.

»Er ist nicht hier! Ich will wissen, wer Sie sind!«

»Ich bin der, dem Sie versuchen, den Mord an Kröte anzuhängen.«

»Mord?«, fragte Carmen. »Wieso denn Mord?«

»Ihr Vater wurde erschossen. Heute Nacht. Wo steckt Sascha?«

»Erschossen?« Carmen wirkte von der Gesamtsituation ein wenig überfordert. Ganz anders ihre zukünftige Schwiegermutter, die zu solch keifender Hochform auflief, dass ich das Auftauchen ihres Sohnes in meinem Rücken fast zu spät bemerkte. Erst Saschas Schatten auf dem Fußboden ließ mich herumfahren. Er kam auf mich zu, den eisernen Rückriem in der Hand, aber ich hatte den Revolver oben, bevor er zu nahe war. Von der leeren Patrone musste er ja nichts wissen. Unaufgefordert hob er die Hände und ließ das Eisen fallen, es tanzte läutend über die Steinfliesen.

»Aber warum?«, kreischte Carmen. »Wer tut Kröte denn was? Er tut doch auch niemandem was!«

»Ein generell beliebtes Motiv für so etwas ist Geld«, sagte ich. »Gern auch in Form von Immobilien. Sie erben die Trinkhalle. Und nach der Hochzeit mit Sascha fällt sie der Familie Hallwachs in den Schoß.«

»Ja. Aber. Nein«, stammelte Carmen. »Ich ... erb doch gar nicht.«

»Was?« Die Frage kam wie ein Geschoss aus dem Mund von Mutter Hallwachs. »Wieso denn das nicht?«

»Er hat mich doch enterbt. Gleich nach der Verlobung.«

»Was?«, echote Sascha.

»Und das sagst du uns erst jetzt?« Antonia klang jetzt tatsächlich nach Hexe.

»Aber warum regt ihr euch denn so auf? Die alte Bude da! Was habt ihr denn damit? Das ist doch alles eh nichts wert!«

Ihr Verlobter schwieg betroffen, aber die Schwiegermutter in spe schien die Fassung zu verlieren. Fast befürchtete ich, dass sie Carmen an den Hals gehen würde, aber sie bekam sich wieder unter Kontrolle, wenngleich sichtlich mühsam. »Darüber wird noch zu reden sein!«

»Wenn Sie nichts erben«, fragte ich Carmen, »wer dann?«

»Na, der Gert, denk ich mal.«

»Und? Wird der das Grundstück denn verkaufen?«

»Keine Ahnung. Wahrscheinlich. Der interessiert sich ja nur für die Gitarren.«

Beim Wort Gitarren kämpfte sich etwas ins Licht meiner Erinnerung, etwas in grauenvollem Pink, das an einer Wand gelehnt hatte.

Und das nicht mehr da gewesen war, als ich Krötes Wohnung verlassen hatte.

»Was für Gitarren sind das denn?«, fragte ich.

»Weiß ich doch nicht! So alte Dinger. Eine hat er mir mal gezeigt. Stolz wie Oskar. Die wär fast so alt wie er, hat er gesagt, von 1959. Und alles noch ganz original ...«

»1959? Hat er sonst noch was darüber gesagt? Irgendeinen Namen? Les Paul vielleicht?«

Sie legte die Stirn in Falten. »Äh ... ja ... Les Paul. Genau. Gibson Les Paul. Wieso?«

Ich atmete einmal durch. Eine 59er-Paula. Komplett original. In einer pinken Gitarrentasche. Verschwunden.

Das Lächeln, das ich der Dame Hallwachs und ihrem Sohn schenkte, war etwas angestrengt. »Ich muss mich für mein ungebührliches Eindringen entschuldigen«, sagte ich. »Ich bin untröstlich.«

Mein Navi behauptete, ich bräuchte elf Minuten bis Gahmen, ich schaffte es in sechs. Den Wagen stellte ich halb auf dem Bürgersteig ab und zog den 38er aus dem Hosenbund. Bevor ich ausstieg, drehte ich eine volle Kammer vor den Hahn.

Die Wände von Bomber Müllers Haus waren sogar für Gahmen schräg. Ich klingelte Sturm, keine Antwort. Aber um die Haustür zu öffnen, reichten ein paar gezielte Tritte gegen den Beschlag. Im Haus keine Reaktion auf den Radau. Am Ende der dunklen Diele schimmerte Licht durch ein Schlüsselloch, doch die Tür ließ sich kaum einen Zentimeter bewegen. Ich musste alle Kraft aufwenden, um, wie sich herausstellte, mit der Tür einen auf dem Boden liegenden Mann über die Auslegeware zu schieben.

Das Zimmer war voll von Gelsenkirchener Barock und Siegerpokalen. Es roch nach verlorenen Träumen.

Bomber Müller lag auf dem Polstersofa, stöhnend und aus einer Stichwunde im Oberbauch blutend. Als er mich erkannte, grinste er schief.

»Hättste mal auf mich gehört. Hättste keinen Ärger.«

»Nett, dass Sie sich Gedanken um meinen Ärger machen.«

Er lachte röchelnd. »Hatte ein Messer, das Arschloch. Wollte mich reinlegen.«

Mit dem Fuß drehte ich den Mann auf dem Boden halb um. Es war der Kneipenwirt. Sein Kopf saß irgendwie schief auf dem Hals und er machte einen ziemlich toten Eindruck.

»Aber reinlegen lass ich mich nicht. Sollte er eigentlich wissen. Hat schon damals nicht geklappt. Bei der CD.« Er hustete, ein dünner Streifen Blut lief aus seinem Mundwinkel. »Hab ihm den Hals umgedreht. War immer schon ein Arschloch. Geldgeil.«

Auf dem gekachelten Sofatisch lag die pinke Gitarrentasche, die Reißverschlüsse offen. Ich hob den Deckel an. Darin lag eine wirklich wunderschöne, unberührt wirkende Les Paul in Sunburst-Lackierung. »Und was wollte er Ihnen dafür geben?«

»Fünfzig Kilo.«

»Für die kann man auch hundert verlangen«, sagte ich und ließ den Deckel vorsichtig wieder zufallen. »Aber natürlich nicht, wenn man den Vorbesitzer umgelegt hat.«

Die Fassade seines Grinsens brach zusammen. Er rieb sich über die Augen, verschmierte dabei Blut in seinem Gesicht.

»Da ist dieser Arzt. In Bukarest. Der kann das operieren. Der kann den wegmachen, den Krebs. Mit Garantie. Hat er gesagt. Aber der will fünfzigtausend. Vorab! Mann, was sollte ich denn machen? Kröte wollte mir das Ding doch sowieso vererben! Warum gibt er sie mir nicht einfach? Scheiße, verdammte.« Er zeigte auf die Stichwunde. »Genau da drunter steckt das Ding, genau da ... Vorbei. Kein Zweck mehr. Das wird übel.«

»Halb so wild«, log ich. »Die Sanis füllen Sie gleich mit Morphium ab.«

»Verarschen kann ich mich allein …«

Ich griff nach meinem Handy.

»Holst du die Bullen?«

Ich zuckte die Achseln.

»Lass es einfach. Hat doch keiner was von außer Ärger … Hast du meine Wumme dabei?«

Ich nickte.

»Lass sie mir hier, wenn du gehst … Bitte …« Er sah mich an, schließlich schloss er die Augen. »Mach, was du willst«, sagte er leise. »Aber hau ab.«

Ich legte den Revolver auf den Tisch, so, dass er noch rankommen konnte, wenn er sich Mühe gab, aber nicht, solange ich noch im Raum war.

Er blinzelte. »Danke«, sagte er.

Ich drehte mich um und ging hinaus.

Als ich draußen in den Wagen stieg, meinte ich einen scharfen Schlag aus dem Haus zu hören. Vielleicht war es aber auch nur das Zufallen der Autotür.

Ich startete den Motor und fuhr zum Hotel.

Lünen hatte ich unterschätzt.

Frank Goldammer

Iserlohner Potthexe

Es war kein Wetter, um nach oben zu sehen. Nebelig war es, nass und kalt. Früh wurde es nicht wirklich hell, so schwer lagen die Wolken über der Stadt und ganz unbemerkt wurde es am Nachmittag wieder finster. So hatte in Iserlohn der November begonnen und es schien, als wollte es ein November werden, der kein Ende nahm.

Eine dunkle Feuchtigkeit hatte sich wie ein Film über alles gelegt, eine Nässe, der man mit einem Regenschirm nicht beikam. Trat man ins Freie, schlich sie sich in die Kleidung, ins Haar, in die Gedanken.

Niemand blieb länger als nötig draußen und selbst die Gruppe Jugendlicher am Bahnhof, die sonst jeder Temperatur trotzte, hatte sich irgendwohin zurückgezogen. Die ganz Alten der Stadt leckten sich über die Lippen, hielten inne und fragten sich, wann sie das letzte Mal einen solchen Nebel erlebt hatten, der die Hänge der Berge tagelang verdeckte, egal, in welche Richtung man sah. Etwas in ihnen schien zu klingen, wie eine Klaviersaite, die angeschlagen worden war. Sie fragten sich, ob es die Düsternis war, der Nebel oder dessen Geschmack, der dieses Vibrieren in ihnen ausgelöst hatte. Etwas war, dachten sie. Etwas war da draußen.

Um das Geländer auf der Poth-Brücke, die über die Inselstraße hinweg ins Stadtzentrum führte, war ein Seil geschlungen, in Sichtweite zum Museum für Handwerk und Postgeschichte, das jedoch jetzt in diesen düsteren Tagen ebenso im Nebel verschwand wie alles, was mehr als fünfzig Meter entfernt lag. Am anderen Ende des kaum zwei Meter langen

Seils hing eine Frau. An einem normalen Tag wäre sie wohl schon im Morgengrauen aufgefallen, jemandem, der zur Arbeit ging, zur Seniorenwohnanlage *Altes Stadtbad* zum Beispiel. So aber bedurfte es erst einiger Krähen, die sich krächzend bemerkbar machten. Einen seltsamen Tanz führten sie auf. Tippelten über die Brüstung, sprangen auf, hüpften auf den Boden, stürzten sich in gewagten Flugmanövern hinab, stiegen auf, landeten wieder und legten die Köpfe schräg, um nach unten zu sehen. Die meisten Leute, die mit hochgezogenen Schultern zum Bahnhof hasteten, kümmerte dieses Schauspiel nicht. Cordula Hacker jedoch, Pflegerin im Seniorenheim, fühlte sich an diesem Freitag durch das Verhalten der Vögel veranlasst, nach Dienstschluss einen kleinen Umweg zu machen. Sie betrat die breite Brücke, ging hinüber zur anderen Seite, wo gerade einige der schwarzen Vögel aus der weißen Suppe auftauchten, als wären sie durch dunklen Zauber spontan entstanden.

Cordula Hacker näherte sich vorsichtig der Brüstung, wollte die Vögel nicht aufscheuchen, fürchtete insgeheim, die Tiere würden sich im Schwarm erheben, um sich auf sie zu stürzen. Dann beugte sie sich ein wenig über das Geländer, warf einen Blick hinunter und schrie.

Hauptkommissar Weigelt wartete vor der Tür der Polizeidienststelle in der Friedrichstraße, die Hände tief in den Manteltaschen. Es fröstelte ihn. Trotzdem bewegte er sich keinen Millimeter. Er dachte nach, starrte dabei auf die dunklen Stellen auf der Straße, wo der Asphalt ausgebessert worden war. Es hatte einige Umstände gekostet, die alte Frau an der Brücke von dem Seil zu nehmen. Die Feuerwehr war mit einem Hubrettungsfahrzeug gekommen. Zur ersten Besichtigung wurde Weigelt zusammen mit einem Feuerwehrmann hinaufgefahren. Doppelt unangenehm war das gewesen. Er war nicht höhentauglich, mochte weder den Humpfert-Turm besteigen noch einen Blick vom Danzturm werfen. Und auch wenn die Poth-Brücke nicht einmal halb so hoch war, so war es ihm doch ein Graus gewesen, in diesem kleinen Korb am schwankenden Arm hinaufzufahren, bemüht, sich vor seiner Begleitung keine Blöße zu geben.

Noch dazu hatte die alte Dame, die vor dem massiven Steinbogen baumelte, keinen schönen Anblick geboten. Die Krähen hatten im Gesicht der Toten ganze Arbeit geleistet. Drei Tage mochte die Tote ihrem Zustand nach da gehangen haben, oder länger noch. Noch ein wenig länger, dann hätten sie den Leichnam von der Straße darunter auflesen können. Natürlich war bei der Bergung dann auch Andreas Alvers vom *Iserlohner Kreisanzeiger* aufgetaucht. Eine erste Meldung über den Einsatz an der Brücke war schon im Internet zu finden. Alvers, selbst auch nicht mehr der Jüngste, war offensichtlich gar nicht wohl gewesen beim Anblick der Frau, als sie endlich in einer Bergungswanne unten ankam. Jedenfalls war er recht schnell verschwunden.

Auch Weigelt war nicht wohl. In seinen vielen Dienstjahren hatte er schon einiges gesehen. Nur so etwas nicht. Wenn nur der Himmel mal aufreißen, der Nebel sich lichten könnte. Regen, Schnee, Frost, egal, Hauptsache diese graue Suppe löste sich auf. Weigelt leckte sich die Lippen. Etwas lag in der Luft und er hoffte, dass es nur die Abgase der Müllverbrennungsanlage waren.

Die Wagen, die an der Polizeistation vorbeifuhren, zogen Gischtschleier hinter sich her, die Reifen machten Geräusche, als zerrisse Geschenkpapier. Dann hielt ein schwarzer BMW. Die Beifahrertür wurde geöffnet, eine junge Frau stieg aus.

Sie öffnete die Heckklappe, um einen kleinen silbernen Rollkoffer herauszunehmen. Weigelt wartete, bis sie die Heckklappe wieder geschlossen hatte und der Wagen anfuhr, ehe er sich von der Wand löste und ihr entgegenging. »Na, Kollegin. Lange nicht gesehen!«

»Ein Schild?«, fragte Hauptkommissarin Stiller, nachdem sie sich in Weigelts Büro eingefunden hatten. »Um den Hals?«

Weigelt nickte und schob ihr die Digitalkamera hin. Stiller nahm sie mit spitzen Fingern, klickte sich durch die Bilder von der Leiche. Ihre Augen verengten sich. *Ich bin eine Verräterin.* Die blonde Kriminalpolizistin sah auf. »In Sütterlinschrift. Was soll das bedeuten?«

»Keine Ahnung«, sagte Weigelt.

»Wer ist die Frau?«

»Wissen wir noch nicht«, gab Weigelt zu. Es hatte Zeiten gegeben, da wäre er wütend geworden, hätte man ihm jemanden aus Hagen geschickt, um einen Todesfall zu bearbeiten. Das aber war schon eine Weile her. Was ihn allerdings aufregte, war, dass man ihm ausgerechnet die Stiller schicken musste.

»Sie hatte keine Papiere bei sich«, fuhr er fort. »Keines der Pflege- und Seniorenheime in der Umgebung vermisst jemanden. Sie scheint allein gelebt zu haben, wirkte verwahrlost. Spurensicherung wurde vorgenommen. Die Proben sind im Labor. Wir können in spätestens drei Tagen mit der Auswertung rechnen. Ich nehme an, Suizid.«

Die Stiller hob ihre nachgezogenen Augenbrauen, sah sich dann ein weiteres Mal die Fotos an. »Mit einem Schild um den Hals?«

Klar, dass sie widersprechen muss, dachte Weigelt und sagte: »Es ist in Ich-Form geschrieben.«

»Mhh.« Stiller tippte etwas auf ihrem Notebook, starrte auf den Monitor.

Weigelt atmete ein. Besser wäre wohl, sie sprachen noch einmal über die Angelegenheit, die sich zwischen ihnen zugetragen hatte. Damit sich die Spannung löste.

Die Tür platzte auf. »Werner ...« Der Uniformierte verstummte beim Anblick der Frau.

»Red nur weiter«, sagte Weigelt. »Kollegin Stiller unterstützt uns bei unseren Ermittlungen.«

Skeptisch betrachtete der Polizist die Kriminalistin. »Der *Kreisanzeiger* hat eben eine E-Mail an uns weitergeleitet, als sachdienlichen Hinweis.« Er legte einen Ausdruck auf den Tisch.

Weigelt langte nach dem Papier, las. *Kenne die frau, hat gelebt in eine haus in schlieperblock, bevor saniert. Ist eine hexe, habe gesehen! Manchmal sie kam zweimal aus dem haus. Immer krähen da!*

Er reichte den Zettel an Stiller weiter. Sie las, sah Weigelt ungläubig an. »Hexe? Krähen?«

Weigelt hob nur die Schultern.

»Ich werde gleich mal sehen, ob ich die Laborarbeiten beschleunigen kann«, sagte Stiller.

»Haben Sie denn schon eine Theorie?«, fragte Weigelt.

»Dieses Schild, *Ich bin eine Verräterin*. So etwas gab es beim Zusammenbruch des Dritten Reiches. Für Deserteure oder Kollaborateure. Schauen Sie.« Stiller rückte beiseite, drehte Weigelt ihr Notebook zu. Stiller hatte einen Film auf YouTube aufgerufen, Schwarz-Weiß-Aufnahmen. Deutsche Truppen, die ihre Waffen den Amerikanern übergaben.

»Hauptmann Albert Ernst, mit seinen Panzerjägern«, wusste Weigelt. »Der ›Tiger von Witebsk‹. Hat bei Kriegsende Hemer an die Amerikaner übergeben.«

Stiller studierte einen Text unter dem Video. »Ernst hat nicht freiwillig vor den Amerikanern kapituliert. Noch am Morgen des 16. April war er fest entschlossen, den Kampf fortzusetzen. Er ist dann von Polizeimajor Perl, den Pfarrern Dietz und Linde und Dr. Möckel, einem Arzt, überredet worden.«

»Und?«, fragte Weigelt.

»Wenn unsere Tote nun daran beteiligt war? Alt genug scheint sie.« Stiller sah ihn ernst an.

Weigelt schob das Notebook zurück. Dieser Zusammenhang schien ihm sehr weit hergeholt. Kaum jemand interessierte sich mehr dafür, was in jenen Tagen hier geschehen war. Er sagte: »Albert Ernst führte nach Kriegsende noch Jahrzehnte lang unbehelligt eine Fahrschule in der Stadt, starb vor mehr als dreißig Jahren.«

Stiller zuckte nur mit den Achseln, starrte weiter auf den Bildschirm und klickte etwas an.

Weigelt beugte sich hinüber. »Ist das Ihr ganzer Ermittlungsansatz? YouTube-Filmchen schauen?«

»Man sollte das nicht unterschätzen. Sehen Sie mal!«

Weigelt stöhnte entnervt, rückte aber an seine Kollegin heran, die sogleich ein bisschen zurückwich.

Hexe in Iserlohn?!, lautete der Titel des Videos.

Der verwackelte Film zeigte ein verlassenes Gelände. Im Hintergrund erkannte Weigelt Strommasten, im Vordergrund ein Haus, offenbar seit Jahren verlassen. Als die Kamera sich näherte, erhoben sich einige Krähen vom Dachfirst in die Luft, krächzten. Der Kameramann streckte zögernd seine Hand nach der Haustür aus. Sie ließ sich öffnen, »Es stinkt«, flüsterte der Mann, »… warm ist es.« Das Bild zuckte, als im Haus etwas quietschte. Langsam bewegte sich der Mann mit der Kamera weiter, seine Hand zitterte merklich. Weigelt erkannte verschimmelte Wände, feuchte Flecken, eine Treppe. Decken vor den Fenstern dämpften das Licht. Weigelt ertappte sich dabei, dass er vor Spannung den Atem anhielt.

Nun wagte sich der Kameramann die Treppe hinauf. »Ich höre was ...«, flüsterte er, hörbar erregt. Ein schriller Schrei ließ ihn herumfahren. Das Bild zuckte nach oben, wo plötzlich eine uralte Frau an der Treppe stand. Der Mann verlor die Nerven, stolperte die Stufen hinab und wollte zur Tür hinaus, doch die schien plötzlich zu klemmen. Panisch lief der Mann zum nächsten Fenster, riss die Decke weg, und da ... starrte ihn von außen dieselbe alte Frau an, die eben noch auf der Treppe gestanden hatte. Es folgten chaotische Bilder, Schreie, Poltern und dann endete das Video.

»Das ist doch nur Fake!«, kommentierte Weigelt.

Stiller stoppte das Video bei dem Bild der alten Frau draußen vor dem Fenster. »Ist sie das nicht?«, fragte sie plötzlich. »Unsere Tote?«

Weigelt wollte verneinen, doch als er genauer hinschaute, war es eindeutig, dass sie die gleiche Kleidung wie die Alte am Seil trug. Stiller suchte und fand die Stelle im Video, an der die Alte von der Treppe herabgeblickt hatte. Dieselbe Alte.

»Dieses Haus ...«, begann Stiller.

»Ich weiß, wo das ist!«, sagte Weigelt. »Marienbrunner Weg, steht leer seit 2007.«

Stiller klappte den Rechner zu und erhob sich. »Na los! Fahren wir hin!«

»Das Video ist von 2014«, sagte Weigelt. »Das Haus ist vor zwei Jahren abgebrannt.«

Die Hände tief in den Manteltaschen ging Weigelt nach Dienstschluss durch die Unterführung unter dem Kurt-Schumacher-Ring, die Treppe hinauf, zum Rathausplatz. Es zog ihn nicht nach Hause. Dort wusste er nichts mit sich anzufangen. Noch hatten die Geschäfte offen. Dunkel war es, die Lichter getrübt, als hätte sich ein grauer Schleier über alles gelegt. Seine Kleidung war schon klamm gewesen, kaum dass er aus der Polizeiwache getreten war. Der Tag hatte nichts weiter gebracht als Dutzende Meldungen von Bürgern, die sich erinnerten, eine seltsame alte Frau gesehen zu haben. Auf der Poth. Beim Stadtmuseum. An der Oberen Mühle. Dazu hatten Weigelt die Erinnerungen an die alte Sache beschäftigt. Er fragte sich, warum sie ihm ausgerechnet die Stiller geschickt hatten. Die Kollegin, die ihm Karriere und Ehe versaut hatte.

Weigelt fröstelte. Sein Handy klingelte, er meldete sich, lauschte kurz. »Alvers? Mit mir will er sprechen?«

Eine Krankenschwester öffnete ihm die Tür zur Intensivstation des St. Elisabeth Hospitals. »Schwerer Herzinfarkt, vor drei Stunden, unklare Auffindesituation«, sagte sie, während Weigelt in den sterilen Umhang schlüpfte. »Sein Zustand ist kritisch.«

Sie führte Weigelt zu einem Bett. »Herr Alvers!«, sagte sie und berührte den Patienten an der Schulter. »Der Herr Weigelt ist da.«

Der Journalist des *Kreisanzeigers* regte sich, hob die Lider. Es schien ihn alle Kraft zu kosten. Er bekam Sauerstoff durch einen Schlauch unter seiner Nase, ein Monitor zeigte seine Vitalparameter an.

»Keine Aufregung!«, mahnte die Schwester, bevor sie sich zurückzog.

Weigelt nickte und fuhr zusammen, weil Alvers' kalte Hand die seine berührte.

»Ich hab sie gesehen«, flüsterte der Journalist.

Weigelt beugte sich hinab. »Wen?« Das Piepen des Monitors beschleunigte sich.

»Diese Frau ... die Tote!« Seine Hand schloss sich schmerzhaft um Weigelts Handgelenk. »Sie war ... bei mir. Es war ...«

Alvers wollte sich hochziehen, doch Weigelt drückte ihn sanft zurück.

»Beruhigen Sie sich!« Der Monitor gab ein Warnsignal von sich. »Schwester!«, rief Weigelt.

»Ich habe sie gesehen, glauben Sie mir.«

»Wann?«, fragte Weigelt. »Wann war das?«

Das Signal wurde schriller.

»Vorhin, in meinem Haus!«, presste Alvers hervor. »Sie war ... zornig.« Er griff sich an die Brust. »Ich habe ihr doch nichts Böses getan!«

Endlich kam die Schwester, warf einen Blick auf Alvers, auf den Monitor und deaktivierte den Alarm. »Bitte warten sie draußen!«, befahl sie Weigelt, doch der konnte nicht los. Alvers hielt seine Hand, die Augen weit aufgerissen.

»In der alten Fabrik!«

»Was?«

»Die Chris...«, hauchte Alvers, sein Mund verzerrte sich. Sein Herzschlag setzte im gleichen Moment aus, in dem eine Ärztin und eine weitere Schwester hereingestürzt kamen.

Weigelt hatte die Schultern hochgezogen, starrte das dunkle Gebäude bei der Oberen Mühle an. Inzwischen war es Nacht geworden. Neben ihm stand Stiller, die er noch aus dem Krankenhaus angerufen hatte. Die nächste Straßenlaterne war dreißig Meter entfernt.

»Alvers Frau fand ihn in seinem Arbeitszimmer«, sagte Stiller. »Das liegt zum Garten, die Terrassentür stand auf.

Spuren, dass jemand was gesucht hat, aber auf den ersten Blick fehlte nichts. Frau Alvers sagte aber auch, dass er kürzlich fünftausend Euro abgehoben hat. Angeblich für eine Investition. Und er hätte sich plötzlich für alte deutsche Schrift interessiert.«

»Alte deutsche Schrift?«

»So hat sie es gesagt. Sütterlin, würde ich sagen.«

Sie schwiegen eine Weile. Weigelt fröstelte.

»Übrigens sind die ersten Ergebnisse aus dem Labor gekommen«, sagte Stiller dann. »Sämtliche DNA an Seil, Kleidung, dem Pappschild und am Geländer stammt vom Opfer. Wir müssen wohl doch von einem Selbstmord ausgehen.«

Weigelt starrte noch ein paar Augenblicke stumm in die Nacht. Dann wandte er seinen Blick wieder der alten Fabrik zu.

»Sie meinen, Alvers hat diese Fabrik hier gemeint?«, fragte Stiller.

»Die Christophery-Fabrik. Steht seit sechzehn Jahren leer«, sagte Weigelt. »Sollte erst denkmalgeschützt, dann abgerissen werden. Die Stadt übernahm sie 2012, tut aber nichts gegen den Verfall.«

»Schauen Sie mal!«, flüsterte Stiller und leuchtete mit ihrer Taschenlampe nach oben. In den Bäumen saßen Krähen. Ganz stumm. Stiller ließ den Lichtkegel über das Gebäude wandern. Weigelt folgte dem bleichen Lichtkreis, und in der Sekunde, da er das bleiche Gesicht hinter einem der großen Fenster wahrnahm, spürte er den festen Griff seiner ungemochten Kollegin an seinem Ellbogen.

»Haben Sie das gesehen?«, keuchte sie. »Kommen Sie!«

Stiller ging los und es blieb ihm nichts anderes übrig, als ihr zu folgen.

Es war finster in der Fabrik. Leise bewegten sie sich über Jahrzehnte alten Dreck. Überall tröpfelte es, roch muffig, nach Moder und Schimmel. Vor ihm suchte Hauptkommissarin Stiller mit ihrer Stablampe alle Ecken ab. Jemand war hier gewesen, eindeutig. Unter allem Fäulnisgestank lag der Geruch von kaltem Rauch.

Wir hätten Unterstützung anfordern können!, dachte Weigelt und stieg hinter Stiller die Stufen hoch. Wind pfiff durch die Ritzen. Weigelt glaubte, Ratten rascheln zu hören.

»Da!«, flüsterte Stiller. Sie hatten ein Matratzenlager entdeckt. Decken lagen herum. Alte Lederkoffer, ein Handwägelchen, ein kleiner blecherner Herd. Hier hauste jemand, oder hatte gehaust. Etwas klapperte hinter ihnen.

Stiller fuhr herum, fuchtelte mit dem Licht. Etwas verschwand hinter der nächsten Ecke. Wieder lief Stiller los und Weigelt, der zu spät reagierte, konnte nur noch lauschen, wie sich ihre Schritte verloren. Dann kehrte Ruhe ein. Seine Augen gewöhnten sich an das Dunkel. Die Wände nahmen Konturen an, die Fenster zur anderen Seite. Die Säulen und Stützen zur Sicherung des maroden Dachs und ... die Silhouette einer alten Frau.

Einen Moment war Weigelt, als bliebe ihm das Herz stehen. Er wollte etwas sagen, brachte aber nur ein Krächzen heraus. Die Frauengestalt bewegte sich, ihr Gesicht ein einziger bleicher Fleck. Weigelt wollte nach seiner Pistole greifen, doch seine Finger waren ganz ohne Gefühl. Er erstarrte. Die Alte streckte ihre Finger nach ihm aus.

»Haben Sie keine Angst«, sagte die Stiller plötzlich aus dem Dunkel. »Wir wollen Ihnen helfen!«

Weigelt hatte keine Ahnung, woher die Kollegin gekommen war, aber er war froh, dass sie da war. Sie leuchtete der Alten vor die Füße, nicht ins Gesicht.

»Wer ... sind Sie?«, fragte die Alte mit zittriger Stimme. »Und wo ist denn Erika? Seit Tagen kommt sie nicht heim!«

Hauptkommissarin Stiller nahm die Hand der alten Frau. »Wir sind von der Polizei. Wohnen Sie hier?«

»Wir suchen uns immer etwas, wo wir niemanden stören. Aber Erika, haben Sie Erika gesehen?«

»Kommen Sie, wir fahren zur Polizeiwache, dort ist es warm.«

»Und Erika?«

Stiller zögerte. »Die suchen wir dann!«, log sie.

Am Montag war dann der Nebel endlich verschwunden. Es war, als habe man eine feuchte Decke von der Stadt gezogen.

»Was war denn mit Ihnen in der Fabrik?«, fragte Stiller, die das Wochenende daheim in Hagen verbracht hatte. Sie war zu spät in der Polizeistation erschienen, es war schon fast Mittagszeit. »Schiss gehabt?« Sie stellte eine Tupperdose auf den Tisch.

»Was ist das denn?« Weigelt deutete mit dem Kinn auf die Dose.

»Von der alten Frau aus der Fabrik. Ich habe sie gerade in dem Seniorenheim besucht, in dem der soziale Dienst sie untergebracht hat. Erna Stamm, heißt sie. Jahrgang 29, krass, oder? Sie scheint da jetzt ganz glücklich zu sein. Backt den ganzen Tag und kocht. Sie hat so ein altes Buch dabeigehabt, handgeschrieben, voller Rezepte. Sie und ihre Schwester Erika haben sich wohl schon seit Jahrzehnten irgendwie durchgeschlagen. Erika Stamm ist zuletzt 1987 auf dem Arbeitsamt registriert gewesen. Die beiden haben vermutlich eine Weile im alten Evangelischen Tagungszentrum gelebt, in der ehemaligen Fabrik in der Panzermacherstraße, in dem Haus am Marienbrunner Weg und vermutlich auch im Schlieperblock.

Lebensmittel haben sie bei der Tafel bekommen oder aus Containern hinter den Supermärkten gesammelt. Keine Kinder, keine Verwandtschaft.« Stiller lehnte sich zurück. »War mir gleich klar!«

»Was?«

»Na, dass wir es hier mit Zwillingen zu tun haben. Es war dieses Hexen-Video – eine war im Haus, eine draußen, bissel spooky, aber eigentlich ganz logisch.« Stiller erhob sich und holte aus der Küche einen Teller und eine Gabel. »Jetzt müssen wir noch herausfinden, warum Erika sich umgebracht hat.« Sie öffnete die Tupperdose, nahm etwas heraus, was wie ein Stück Kuchen aussah.

Weigelt sah ihr zu, wie sie es mit der Gabel auf dem Teller zerteilte. »Hören Sie«, überwand er sich endlich, »diese Sache …«

Stiller hob den Blick. »Ja?«

»Sie wissen doch, dass es ein Versehen gewesen war, damals. Ich habe Sie nicht anfassen wollen.« Sexuelle Belästigung. Das ganze Programm. Anzeige, Beurlaubung, Prozess, Versetzung, Scheidung, Getuschel, Einsamkeit.

Stiller hatte die Gabel zum Mund geführt, senkte sie nun aber wieder. »Ach, weiß ich das?«

Weigelt wusste es. Es war keine Absicht gewesen. Aber sie wusste es nicht. Und es war doch ein Fehler, die Sache jetzt wieder zur Sprache zu bringen.

»Ist das Iserlohner Potthucke?«, fragte er. »Meine Mutter hat das manchmal gebacken.« Eine Ewigkeit schon war das her.

»Hat Erna Stamm gemacht, für mich«, sagte Stiller und schob sich die Gabel in den Mund.

»Ah ja«, sagte Weigelt.

»Ihre Schwester hat Erna offensichtlich schon vergessen.

Hat jedenfalls nicht gefragt nach ihr. Ist aber auch kein Wunder mit 89.«

»Da ist noch was«, sagte Weigelt. »Ich bekam gestern einen Anruf von Alvers' Frau. Sie hat in den Unterlagen ihres Mannes einen Vertrag gefunden. Für ein Kochbuch, bei einem großen Verlag. Arbeitstitel *Gute alte Küche – kochen und backen wie Oma*. Zwanzigtausend Vorschuss. Ich habe lange mit Alvers' Frau gesprochen – es war wohl so, dass ihr Mann die Alte – also Erika, unsere Tote – bei Recherchen für einen Artikel in der alten Fabrik aufgestöbert hat. Sie hatte ein Kochbuch bei sich, also eher eine Rezeptsammlung, ein Erbstück, von ihrer Urgroßmutter. Alvers muss Erika überredet haben, ihr das zu verkaufen. Er wollte das Material wohl für dieses Oma-Kochbuch verwenden, das er plante.«

»Interessant«, meinte Stiller und nahm eine weitere Gabel Potthucke. »Und weiter?«

»Ich nehme jetzt an, Erna hielt Erika deshalb für eine Verräterin und deshalb endete sie an der Brücke. Weil die beiden eineiige Zwillinge sind, konnte man keine fremden DNA-Spuren an der Toten nachweisen. Von Andreas Alvers wollte sie dann das Buch zurück und hat ihn in seinem Arbeitszimmer überrascht – das hat sein Herz nicht ausgehalten. Er wusste ja nicht, dass es einen Zwilling gab.«

Stiller hatte aufgehört zu kauen.

Weigelt fuhr fort: »Ich war dann noch bei ein paar Stadtämtern, in den Archiven und so. Die beiden sind ja nie aus Iserlohn rausgekommen – Erika lernte Buchhaltung, Erna war Bäckerin. Haben bei ihren Eltern gelebt. Sind Anfang der Achtziger auffällig geworden. Galten als geistig instabil, sehr in sich gekehrt, waren beide in psychiatrischer Behandlung. In dem Jahr, als sie verschwanden, 1984, kamen ihre

Eltern ums Leben. War eine Ermittlung, von der die alten Kollegen heute noch erzählen. Als man sie fand, saßen sie am Kaffeetisch, gedeckt war für vier. Sie waren vergiftet worden. Mit Rattengift in einer Iserlohner Potthucke.«

Hauptkommissarin Stiller würgte und spuckte zerkauten Kartoffelkuchen in die hohle Hand. Dann rannte sie aus dem Büro. Weigelt hörte, wie sie den Wasserhahn in der Teeküche aufdrehte, spuckte und gurgelte und fand, das war ein ganz versöhnlicher Abschluss.

Bernhard Jaumann

Oelder Waldgeister

»Ich freu mich ja so, dass du gekommen bist, Schätzken, aber du hättest nicht zu Fuß gehen sollen. Nicht bei diesem Wetter. Ja, ja, ich weiß, dass dein Wagen kaputt ist. Trotzdem. Es gibt Taxis, die kosten nicht die Welt. Das kannst du dir schon mal leisten, gerade wenn es gießt wie aus Eimern und der Tag schon bricht und du durchs Geisterholz musst.

Nein, das ist nicht nur ein Wald wie jeder andere. Gerade im Herbst, gerade bei Dämmerung. Hörst du denn nicht, wie die Geister ans Fenster klopfen? Wie sie wispern und keuchen?

Na, jetzt zieh erst mal die nassen Sachen aus und setz dich. Die Gans ist im Rohr, sie braucht noch ein bisschen. Aber wir haben ja Zeit, nicht? Wir wollen doch schön zusammen feiern. Und du versprichst mir, dass du hier bleibst über Nacht.«

Kommissariat Oelde, Sonntag, 12.11.2017, 14:32 Uhr
Mitschnitt eines Telefongesprächs zwischen dem diensthabenden Beamten und einer unbekannten Anruferin.
»Polizeiwache Oelde.«
»Ich ..., die Frau ...«
»Wer spricht da bitte?«
»Die Frau, die ist tot, und alles ist voller Blut.«
»Was? Bleiben Sie ruhig und sagen Sie mir Ihren Namen!«
»Eine Blutspur bis zum Klettergerüst und sie liegt da drin in der Röhre, ganz verdreht und zerschlagen und ...«
»Wo sind Sie?«
»Kommen Sie schnell, bitte!«

»Wohin denn? Sie müssen mir eine Adresse sagen!«
»In der Röhre, als ob sie jemand reingestopft hätte. Und die Blutspur geht fast hoch bis zum *Seasons*.«
»Das Restaurant *Seasons*? Im Vier-Jahreszeiten-Park?«
»Ich ..., ich halte das nicht aus.«
»Hören Sie, ist jemand in der Nähe? Sehen Sie irgendwelche Leute?«
»Ich weiß nicht, was ich tun soll.«
»Ganz ruhig, wir sind gleich da. Sie befinden sich beim Restaurant *Seasons*, richtig? Gehen Sie hinein, warten Sie dort! Und sagen Sie mir Ihren Namen! ... Hallo? ... Hallo! ...«

Irgendwann in der Nacht hatte es zu regnen begonnen und seitdem nicht wieder aufgehört. Es war ein unerbittlich sanfter Regen, an dem sich ein Spaziergänger erst stören würde, wenn er merkte, dass er völlig durchnässt war. Aber Spaziergänger waren im Vier-Jahreszeiten-Park nicht unterwegs. Der Mühlensee sah aus, als habe er eine Gänsehaut, die Museninsel lag grau in seiner Mitte, Wege und Stege waren genauso verwaist wie die Seeterrasse des Restaurants *Seasons*.

»Ein Park für alle Jahreszeiten«, sagte Oberkommissar Flaskamp. »Blütenzauber und Kinderträume, damit werben die doch, oder?«

Kommissarin Lara Solms vermutete, dass ihr Kollege nur seine Anspannung wegplappern wollte. Er mochte erfahrener sein als sie, doch Oelde war nun mal nicht die Bronx. Hier brauchte keiner so zu tun, als würde ihm täglich eine blutüberströmte Leiche gemeldet. Lara drückte die Tür zum *Seasons* auf. Der Gastraum war kreisförmig angelegt und mit einem Blick zu erfassen. Zwei Familien mit Kindern, die auf ihren Handys herumwischten, ein circa Vierzigjähriger hinter einem Laptop und ein Rentnerpaar, das in stillem Gleichklang Pflaumenkuchen aß. Hinter der Theke faltete eine junge Bedienung Servietten. Novembersonntagnachmittagsstimmung. Keine Spur von einer aufgeregten Zeugin. Flaskamp ging zur Theke vor, Lara zog den Reißverschluss der Dienstlederjacke wieder hoch und verließ das *Seasons*.

Zwölf Minuten waren seit dem Notruf vergangen. Zeit genug für eine panische Zeugin, um den Park durch eine der Drehtüren zu verlassen. Oder sich Richtung Waldbühne hin im Unterholz zu verstecken. Lara ging zu der Brücke, die den Abfluss des Mühlensees überspannte. Ein Wehr staute die gelben Blätter. Ein dünner Strom drückte sich hindurch, stürzte in einem kümmerlichen Wasserfall in den Bach unterhalb. Gleich hinter der Brücke führte ein Weg links zur Spielburg hinab, deren Klettertürme über die Begrenzungsmauer aufragten. Vom höchsten Turm wand sich eine gelbe Rutschröhre nach unten.

In der Röhre, als ob sie jemand reingestopft hätte ...
Lara zögerte.
Die Blutspur geht fast hoch bis zum Seasons, hatte die Anruferin noch gesagt.

Auf dem matschigen Weg war kein Blut zu erkennen. Sicher, es regnete, aber beileibe nicht so stark, dass in einer Viertelstunde alles weggespült werden konnte. Lara blieb am Eingang der Spielburg stehen, um auf Flaskamp zu warten. Die Umgrenzungsmauer ließ mit ihren Betonplatten eher ans geteilte Berlin als an eine mittelalterliche Burg denken. Die Metallstäbe, aus denen die Türme hauptsächlich bestanden, erinnerten fatal an Käfige.

»Nichts, keiner hat was bemerkt«, sagte Flaskamp, als er endlich bei Lara anlangte. »Wenn du mich fragst, ist das falscher Alarm.«

»Lass uns nachschauen, nur um sicherzugehen«, sagte Lara.

Der Durchmesser der Rutschröhre war groß genug, um auch einem Erwachsenen problemlos Platz zu bieten. Sie endete etwa einen halben Meter über dem Boden. In der Vertiefung vor dem Ausstieg hatte sich eine Pfütze gebildet. Regenwasser, nichts anderes. Flaskamp beugte den Oberkörper und blickte in die Röhre. »Nichts.«

»Auch keine Blutspuren?«

Flaskamp richtete sich auf. »Ich sage es doch, falscher Alarm.«

»Und oben?«, fragte Lara und begriff im selben Moment, dass das Unsinn war. Wie und vor allem wieso sollte jemand eine Leiche über mehrere Meter den Kletterturm hinaufhieven, um sie oben in eine Rutschröhre zu stecken?

Nur weil Flaskamp spöttisch grinste, stieg Lara die Leiter innerhalb der Gitterstäbe hoch. Der Einstieg zur Röhre befand sich auf der obersten Plattform. Gelbes Plastik, ein Loch und eine gekrümmte Bahn abwärts, doch keine Spur von einer Leiche.

»Und jetzt rutsch!«, rief Flaskamp von unten. »Nur um sicherzugehen, dass die Leiche nicht in der Mitte feststeckt!«

Vielleicht kicherte er, vielleicht hörte sich auch nur das Geräusch der Regentropfen auf dem Plastik so an.

Lara blickte in das Loch. Die Anruferin hatte wirklich panisch geklungen. Saugte man sich in so einem Zustand eine solche Geschichte aus den Fingern? Und dann noch mit diesen Details – eine blutüberströmte Frauenleiche, verdreht und zerschlagen, in eine Röhre gestopft?

Oder fühlte die Anruferin sich etwa selbst so? Schwer verletzt, kaputt gemacht, weggeworfen? Vielleicht hatte sie keine Leiche melden, sondern um Hilfe rufen wollen!

»Kannst du mal die Kerzen auf dem Tisch anzünden, Schätzken? Nein, das ist überhaupt nicht übertrieben, deine Approbation müssen wir doch feiern. Dein Vater wäre ja so stolz auf dich. Die erste Ärztin in der Familie! Ich bin gleich wieder bei dir, muss nur noch die Gans zerlegen. Wo habe ich bloß die Geflügelschere hingeräumt? Da könnte ich sowieso mal eine neue brauchen, eine gute, wegen der Knochen.

Natürlich, Schätzken, eine ganze Gans ist viel zu viel für uns zwei, aber du isst sie doch so gern. Mit Klößen und Rotkohl. Du kannst ja die Reste mitnehmen. Morgen dann. Heute lasse ich dich auf keinen Fall mehr aus dem Haus. Da draußen, das ist nicht geheuer, das Geisterholz.«

Kommissariat Oelde, Montag, 13.11.2017, 23:16 Uhr
»Polizei Oelde.«
»… in der Kreuzkirche … in Stromberg … eine Leiche …«
»Sagen Sie mir bitte Ihren Na…«
»Eine zerstückelte Leiche … Arme … Hände …«
»Bitte, ganz ruhig … Sagen Sie mir erst einmal, wo Sie sind …«

»Pony 14-03?«, quäkte der Sprechfunk. »Bitte Standort.«
Das war die Leitstelle. Lara Solms nahm das Mikro. »Wir sind kurz vor Stromberg. In fünf Minuten sollten wir an der Kreuzkirche eintreffen.«
Für Flaskamp wäre wohl übermorgen früh genug gewesen, so lustlos, wie er dahinzockelte.
»Der Küster ist wegen des Schlüssels verständigt.«
»Verstanden. Wir melden uns.« Lara beendete das Gespräch.
Flaskamp tuckerte im zweiten Gang den Berg hoch und erzählte vom Polizistenleben in Oelde. »Wir hatten mal einen Kunden, der hat immer bei Vollmond angerufen. Das konn-

test du dir im Kalender anstreichen. Angeblich würde sein Nachbar in der Gegend herumballern, aber wenn wir kamen, war natürlich nie was los. Den hat bloß der Mond verrückt gemacht, verstehst du? So etwas Idiotisches ist es diesmal sicher auch.«

Lara nickte. Mit großer Wahrscheinlichkeit hatte dieselbe Frau angerufen, die gestern die angebliche Leiche im Vier-Jahreszeiten-Park gemeldet hatte.

»Die schaut zu viele Horrorfilme«, sagte Flaskamp. »Wenn die jetzt jeden Tag nervt, dann gute Nacht!«

Flaskamp hatte den Marktplatz passiert. Er bog nach links ab, steuerte den Wagen durch das Tor des Paulusturms und fuhr bis an die Stufen der Kreuzkirche heran. Tagsüber pilgerten hier nicht wenige Gläubige zum heiligen Kreuz, doch jetzt, um dreiundzwanzig Uhr dreißig, war der Burgplatz dunkel und menschenleer, wenn man von dem alten Mann absah, der am Fuß der Treppe stand und rauchte. Der Küster. Er fragte, worum es denn eigentlich gehe.

»Reine Routine«, sagte Flaskamp.

»Mitten in der Nacht?« Der Küster schnippte seine Zigarette in Richtung des Brunnens.

Mit ihren Taschenlampen in der Hand folgten ihm Flaskamp und Lara zum Hauptportal. *In cruce salus* stand darüber. Im Kreuz ist Heil. Der Küster sperrte auf. Aus dem Kirchenschiff schlug ihnen tiefes Schwarz entgegen. Es roch ein wenig modrig, aber vielleicht war das nur Einbildung.

»Gott sprach: Es werde Licht«, sagte Flaskamp. »Und es ward Licht.«

»Ja, gleich«, murrte der Küster und schlurfte durch den Seitengang zur Sakristei. Flaskamp lief hinterher. Lara richtete ihre Taschenlampe schräg nach unten. Am Boden wurden weiße Steinplatten durch rautenförmig gelegte Zierfliesen eingefasst. Sie hatten eine rötliche Farbe und zeigten jeweils ein Kreuz in einer stilisierten Blüte. Der Lichtkegel tastete sich an ihnen voran, glitt über die erste Stufe der Treppe, die zur Orgel emporführte, und stanzte dann an der rückwärtigen Wand eine Reihe von Holzschnitzereien aus dem Dunkel. Halbreliefs, die den Passionsweg Jesu zeigten.

Lara sah den Gottessohn unter der Last des Kreuzes in die Knie gehen, erkannte die Geißelung, die schlafenden Jünger, den verräterischen Judaskuss und das letzte Abendmahl. Die Brotlaibe klebten wie verlorene Sonnen auf dem perspektivisch abgeschrägten Tisch, Jesus hielt den Kelch in die Höhe und die Jünger falteten fromm die Hände dazu. Nur dem vorne links, dem fehlte die rechte Hand! Der Stumpf im Ärmel seines Gewands ließ erkennen, wo sie abgebrochen war. Unwillkürlich zuckte der Lichtschein von Laras Lampe nach unten. Nein, da war nichts, keine abgeschlagene Hand, kein zerstückelter Körper, keine Blutschlieren auf den weißen Platten.

Endlich flammte die Kirchenbeleuchtung auf. Vorn im Altarraum hing das wundertätige Kreuz. Die silberne Ummantelung der Jesusfigur blitzte im Licht. Flaskamp spazierte den Mittelgang entlang und warf ein paar pflichtgemäße Blicke zwischen die Bankreihen.

Als er wieder bei Lara anlangte, fragte er: »Irgendwo einen Körperteil gefunden?«

Lara schüttelte den Kopf. Sie betrachtete die Gemälde an den Seitenwänden. Eine Kreuzabnahme, eine Pietà. Und da vorn prangten auf rotem Stoff Votivtafeln wundersam erretteter Pilger.

»Wie hätte diese Spinnerin auch in die abgesperrte Kirche kommen sollen!«, sagte Flaskamp.

Lara nickte. Die Anruferin hatte wieder nur eine bluttriefende Geschichte erzählt. Alles erfunden, hätte Flaskamp gesagt, doch Lara war mehr denn je überzeugt, dass in den Notrufen ein wahrer Kern steckte. Sie wollten offenbar nicht wörtlich verstanden, sondern entschlüsselt werden. Irgendwie ging es um Verrat, Folter und Verstümmelung, um das Kreuz, das jemand zu tragen hatte, und vielleicht auch um die Hoffnung auf Rettung und Auferstehung. Aber warum sagte die Frau nicht klar, was sie wirklich bedrängte? Warum gelang ihr das nicht?

»Willst du noch auf der Empore nachschauen?«, fragte Flaskamp. Er grinste. »Nur zur Sicherheit?«

»Klar doch.« Lara stieg die Treppe hinauf und trat an die Balustrade. Die Spitzbögen wölbten sich über dem fast quadratischen Kirchenschiff, an den sich der halbrunde Chor anschloss. Der ganze Innenraum strahlte Harmonie aus. Wie konnte sich jemand ausgerechnet für diese Kirche eine zerstückelte Leiche zusammenfantasieren?

Lara überlegte, ob für die Anruferin die angeblichen Fundorte wichtig waren. Wollte sie die Polizei damit auf eine Spur lenken? Damit sie die Wahrheit fänden, die sie selbst nicht ertrug? Dann müsste es eine Verbindung zwischen der Spielburg im Vier-Jahreszeiten-Park und der Stromberger Kreuzkirche geben. Nur welche?

»Kann ich das Licht wieder ausschalten?«, fragte der Küster von unten. »Kostet ja alles einen Haufen Geld.«

»Riecht die Gans nicht lecker, Schätzken? Du musst sie immer wieder mit dem eigenen Fett übergießen, damit sie so knusprig wird. Merk dir das.

Brust oder Schenkel, was hättest du gern? Wie, du kannst jetzt nichts essen? Aber ich habe doch extra für dich ... Dann stelle ich das Essen eben warm, auf eine halbe Stunde kommt es wirklich nicht an.

Ja, ein bisschen blass bist du schon. Du willst frische Luft schnappen? Bei dem Unwetter da draußen? Da holst du dir doch den Tod! Das lasse ich nicht zu. Nicht jetzt, nicht im Geisterholz. Du lachst, aber ich schwöre dir, dass die bösen Waldgeister da umgehen zwischen den Bäumen. Und gerade wenn der Himmel so schwarz ist wie heute, kommen sie hervor, bis in den Hof, bis ans Haus. Könntest du bitte die Tür absperren, Schätzken? Und ich, ich ziehe jetzt die Vorhänge zu.«

Kommissariat Oelde, Dienstag 14.11.2017, 17:04 Uhr
»Polizeiwache Oelde.«
»Es war ein Unfall, ein schrecklicher Unfall.«
»Wer spricht? Nennen Sie bitte Ihren Namen!«
»Das Auto war viel zu schnell und dann kam der Schlag. Ich höre ihn immer noch, diesen Schlag.«
»Ich bin Kommissarin Lara Solms. Wer sind Sie?«
»Die Straße ist voller Blut und die Frau atmet nicht mehr und …«
»Sie haben schon gestern und vorgestern angerufen, nicht wahr?«
»Man kann sie doch nicht so liegen lassen, da am Straßenrand. Das geht doch nicht.«
»Wir sollten reden. Nur wir zwei. Sagen Sie mir, wo ich Sie finden kann!«
»Man muss doch irgendetwas tun!«
»Hören Sie, wir können Ihnen helfen. Sie brauchen doch Hilfe. Deswegen rufen Sie bei uns an, oder?«
»Der Brustkorb hat geknackt und die Knochen sind gesplittert und … Kommen Sie schnell, bitte!«
»Wohin?«

»Ins Geisterholz. Da, wo das kleine Kreuz steht. An der Straße zum Haus Geist.«

Natürlich hatte Lara sofort nach dem Anruf die Leitstelle in Warendorf benachrichtigt. Ein Streifenwagen würde ins Geisterholz geschickt werden, doch die Kollegen würden an der Straße zu dem alten Wasserschloss nichts finden. Keine Leiche, keine Spuren eines Autounfalls, gar nichts. Alles wäre genauso wie bei den anderen beiden Anrufen. Bis auf ein Detail, das Lara nicht aus dem Kopf ging: das kleine Kreuz am Straßenrand.

Das klang nicht nach einem gewöhnlichen Wegkreuz oder einer Landmarke, es ließ Lara eher an eine privat eingerichtete Gedenkstelle denken. Wenn die Orte der Anruferin tatsächlich etwas bedeuteten, durchlebte sie vielleicht eine längst vergangene Tragödie. Lara fragte Flaskamp, ob er sich an besondere Vorkommnisse im Geisterholz erinnere.

»Klar, Massenmorde haben wir da gehabt, politisch motivierte noch dazu. Ist allerdings schon eine Weile her und die Opfer waren Hasen und Fasanen. In den 1950er- und 60er-Jahren haben die Bundespräsidenten zur Diplomatenjagd ins Geisterholz geladen. Eine Meute Botschafter ballerte auf alles, was kreuchte und fleuchte. Ich muss da ja immer an Reinhard Mey denken: *Man reicht ihm die Büchse, es prasselt das Schrot: So findet der Außenminister den Tod.** Kennst du nicht mehr, oder?«

Nein, das kannte Lara nicht. Das interessierte sie auch nicht. Sie fragte: »Weißt du von einem Verkehrsunfall dort? In der jüngeren Vergangenheit?«

Flaskamp wurde ernst. »Doch, da war was, vor einem Jahr etwa. War grausig anzusehen.«

»Ein tödlicher Unfall? Eine Frau als Opfer?«, fragte Lara.

»Und eine Frau als Fahrerin. Ich habe sie dann noch zur Blutprobe gebracht und später beim Prozess ausgesagt.« Flaskamp brauchte eine halbe Stunde, bis er den Vorgang herausgesucht und die Fakten parat hatte.

Der Unfall hatte sich nach Einbruch der Dunkelheit auf der regennassen Straße durch das Geisterholz ereignet. Der Wagen war mit weit überhöhter Geschwindigkeit unterwegs gewesen, hatte die einunddreißigjährige Marie Schwarz erfasst und überfahren. Sie war noch am Unfallort gestorben und ein paar Tage später bestattet worden.

»Und rate mal, wo die Trauerfeier stattgefunden hat«, sagte Flaskamp. »In der Stromberger Kreuzkirche.«

»Jetzt muss nur noch der Vier-Jahreszeiten-Park passen«, sagte Lara.

Er passte. Denise Beckmeister, die zwanzigjährige Verursacherin des Unfalls, hatte mit ihrer Clique den Nachmittag im Park verbracht. Sie hatten an der Spielburg herumgealbert, hatten gekifft und gesoffen. Irgendwann hatte sich Denise Beckmeister angetrunken in ihren Wagen gesetzt. Sie wollte die Passantin am Geisterholz erst bemerkt haben, als diese wie ein Geist vor der Kühlerhaube auftauchte. Im selben Moment habe ihr Wagen sie auch schon erfasst. Dann sei er von der Straße abgekommen und gegen einen Baum geprallt. Als Flaskamp und seine Kollegen damals eintrafen, saß die Fahrerin noch benommen hinterm Steuer.

»Das ganze Auto stank nach Waldmeister und Stachelbeere«, sagte Flaskamp. »Eine fast leere Flasche Likör lag im Fußraum. *Oelder Waldgeister* von der Brennerei Pott hier am Ort. Das Gericht hat die Fahrerin dann wegen fahrlässiger Tötung zu achtzehn Monaten auf Bewährung verurteilt.«

»Bewährung?«, fragte Lara. »Das heißt, sie ist auf freiem Fuß?«

»Genau. Ihr Anwalt hat sie rausgehauen. Die Umstände, Regen, Dunkelheit, keine Vorstrafen. Und eine Mitschuld des Opfers könne nicht ausgeschlossen werden. Die Mutter von Marie Schwarz hätte fast durchgedreht, als sie das hörte.«

Die Mutter? Schlagartig schienen sich die Mosaikstücke zu einem Bild zusammenzufügen. Maries Mutter hatte den Verlust ihrer Tochter nicht verkraftet. Sie war die Anruferin.

»Aber warum erst jetzt?«, fragte Flaskamp.

»Der Jahrestag!«, sagte Lara. »Der Unfall war im letzten November, nicht wahr? Und jetzt hat der erste Jahrestag die Erinnerung wieder aufgewühlt.«

»Weißt du was?«, sagte Flaskamp. »Wir rufen jetzt bei Frau Schwarz an. Dann werden wir ja hören, ob es dieselbe Stimme ist.«

»Nein«, sagte Lara. »Wir fahren hin.«

Wir wollten doch feiern, Schätzken. Wofür habe ich denn sonst die Gans gebraten? Und jetzt kommst du nicht. Es wird doch nichts geschehen sein, oder? Nein, sicher hast du dich nur verspätet und hastest jetzt durchs Geisterholz, obwohl ich dich immer davor gewarnt habe. In der Nacht hat dort niemand etwas verloren. Zwischen Buchen und Eichen suchen Waldgeister Leichen, hat meine Großmutter gesagt. Du siehst die Geister nicht, du hörst sie nicht, sie huschen und fliegen umher, und plötzlich sind sie da.

Lach nicht! Oder doch, lach laut! Noch lauter, sodass es bis zu mir dringt. Ich komme raus, ich nehme den Wagen, fahre dir entgegen. Ja, das mache ich jetzt, Schätzken, ich finde sonst doch keine Ruhe. Und dann werden wir schön zusammen essen.

Das Haus lag am Ende einer Lichtung, die in den Wald des Geisterholzes hineingeschnitten worden war. Von drei Seiten schienen die schwarzen Bäume darauf einzudrängen. Die Vorhänge an den Fenstern waren zugezogen, nur durch einen Spalt fiel ein Streifen Licht. Lara und Flaskamp hielten neben einem im Hof abgestellten VW Tiguan und stiegen aus. Sie waren keine fünfhundert Meter von der Stelle entfernt, an der Marie Schwarz gestorben war.

Die Haustür öffnete sich und eine Frau trat eilig heraus. Sie hatte ihren Anorak erst zur Hälfte übergezogen, kämpfte noch mit dem linken Ärmel.

Lara fragte: »Frau Schwarz?«

»Ich habe jetzt keine Zeit«, sagte die Frau, ohne richtig aufzusehen. »Ich muss meine Tochter abholen.«

Kein Zweifel, es war die Stimme der Anruferin.

Lara sagte: »Wir sind von der Polizei. Sie haben bei uns angerufen, drei Mal in den letzten Tagen. Wegen einer Frauenleiche.«

»Ich?« Frau Schwarz zog den Reißverschluss ihres Anoraks bis zum Hals zu. Dann nickte sie heftig. »Ja.«

»Es geht um Ihre Tochter, nicht wahr?«, sagte Lara. »Aber Marie ist schon vor einem Jahr gestorben. Bei einem Autounfall.«

»Unfall?« Frau Schwarz lachte. »Diese Besoffene hat mein Schätzken totgefahren. Ich saß daheim und hielt die Gans warm und wusste von nichts und habe gewartet und gewartet …«

»Es war nicht Ihre Schuld«, sagte Lara. »Haben Sie niemanden, mit dem Sie reden können?«

»Nein, das war nicht meine Schuld.«

»Frau Schwarz?« Flaskamp griff nach ihrem Handgelenk. »Diese Flecken an Ihrem Anorak, was ist das?«

Mit der freien Hand wischte Frau Schwarz an den Flecken herum. Das sah verdammt nach eingetrocknetem Blut aus. Und nicht nur nach ein paar Spritzern. Lara fragte: »Frau Schwarz? Was ist passiert?«

»Ich habe sie zufällig gesehen. Sie kam aus dem Vier-Jahreszeiten-Park und torkelte die Straße entlang, mit einer Flasche in der Hand. Stockbetrunken. Sie wollte gerade in ihren Wagen einsteigen ... Da habe ich aufs Gas gedrückt. Es hat rums gemacht. Ich habe gewendet und noch einmal aufs Gas gedrückt. Sie durfte doch so nicht losfahren!«

»Um Himmels willen, von wem sprechen Sie?«

»Die war wieder besoffen.«

Verflucht, sie hatte Denise Beckmeister überfahren. Sie hatte sie umgebracht. Aus Rache für den Tod ihrer Tochter. Lara fragte: »Wo ist sie jetzt?«

»In der Spielburg beim *Seasons*, wo diese Röhre ...«

»Nein, dort nicht«, sagte Lara sanft.

»In der Stromberger Kreuzkirche«, sagte Frau Schwarz. Ihr Blick huschte von Lara zu Flaskamp und zurück. »Oder da drüben im Wald, wo das kleine Kreuz ...«

Lara schüttelte den Kopf.

Frau Schwarz löste ihren Arm aus Flaskamps Griff. »Ich wollte sie nicht einfach liegen lassen. Ich wollte, dass sie am richtigen Ort gefunden wird. Wenigstens das. Aber ich musste nach Hause, weil die Gans im Rohr war ... Die Geister draußen flüsterten mir zu, wohin ich sie bringen sollte. Doch es ging nicht. Ich konnte es einfach nicht tun. Und dann dachte ich, dass die Polizei ...«

Frau Schwarz trat an den VW Tiguan heran und öffnete die Heckklappe. Ein verdrehter Körper lag im Kofferraum. Frau Schwarz sagte: »Ich dachte, dass die Polizei das alles vielleicht in Ordnung bringen könnte.«

Der Wind raschelte durch die schwarzen Kronen des Waldes, obwohl die Blätter doch eigentlich schon abgefallen sein sollten.

* Die Liedzeile stammt aus *Diplomatenjagd*
  von Reinhard Mey.

Gisa Pauly & Martin Calsow

Schwerter Schwarte
(Kein lecker Nachkochgericht)

Etwas schien den Schmerz geweckt zu haben. Entweder das Anfahren und Stoppen des Busses oder das immer schlechter werdende Wetter oder die dauerredende Italienerin neben ihm. Quercher suchte seit Minuten in seinen Taschen verzweifelt nach dem Blister mit den Schmerztabletten. Kalter Schweiß rann ihm den Nacken hinunter. Der Tag war von Beginn eine Katastrophe gewesen. Regina hatte ihn noch zum Flughafen bringen wollen. Seine frisch operierte Hüfte sollte ausgerechnet auf Sylt nachbehandelt werden. Eine Idee seiner Freundin. Dann war der Schnee dazwischengekommen. Er hatte in schierer Not den letzten Platz in einem dieser Flix-Busse ergattern können und war nun seit sechs Stunden der Logorrhö dieser dicken Südländerin neben sich ausgesetzt.

Der Schnee wurde dichter. Sie hatten gerade NRW-Kongo, das Siegerland, erreicht. Bis Hamburg wollte er wenigstens kommen. Dann ein Hotel, am nächsten Morgen weiter auf die Insel der Irren, wo sie Erbrochenes als Labskaus verkauften. Wird bestimmt eine tolle Zeit, dachte der ehemalige LKA-Beamte missmutig.

In Carlotta Capella glühte die Abenteuerlust. Eigentlich wäre sie zwar auch lieber in München in den Flieger nach Hamburg gestiegen, wo ihr Schwiegersohn sie abholen und nach Sylt bringen wollte. Aber wie immer, wenn sie etwas Neues kennenlernte, schob sie das Alte bereitwillig zur Seite. Ein Flix-Bus. Gab es so etwas auch in Bella Italia? Sie hatte jedenfalls nie davon gehört. »Molto interessante!«

Die Reise nach Sylt, zur Familie ihrer verstorbenen Tochter, würde nun länger dauern, aber sie würde nach ihrer Rückkehr auf der Piazza etwas zu erzählen haben, was keine ihrer Nachbarinnen je erlebt hatte! Wachsam hatte sie die Busreisenden betrachtet, fast alle waren sie paarweise unterwegs. Aber da! Ein allein reisender Herr! Nein, wohl eher ein Mann, korrigierte sie sich. Ein Herr wäre nicht nur eleganter, sondern vor allem konzilianter gewesen. Als sie sich neben ihn auf den Sitz fallen ließ, machte er sogar beinahe den Eindruck, als ginge sie ihm auf die Nerven. Aber Mamma Carlotta war es gewöhnt, solche Regungen einfach wegzureden. Das hatte bisher immer geklappt, wenn es auch bei den Norddeutschen etwas länger dauerte.

»Sie sind gar kein Friese?«

Notgedrungen hatte der Mann sich so weit auf ihre Fragen eingelassen, dass er bekannte, aus Bayern zu stammen. »Tegernsee«, brummte er.

Mamma Carlotta ließ sich lang und breit über die Unterschiede zwischen einem waschechten Friesen und einem knorrigen Bayern aus, bemühte sich zwar um Höflichkeit, wurde aber doch gelegentlich so deutlich, dass sie sich immer wieder entschuldigen musste. »Scusi, Signore! Sono Italiana. Ich kenne mich nicht aus in den deutschen Landschaften und mit dem deutschen Temperament. Bisher dachte ich immer, Schweigsamkeit wäre eine Sache der Friesen.« Um ein Haar hätte sie statt von Schweigsamkeit von Unfreundlichkeit gesprochen. Madonna, das wäre ja zu unhöflich gewesen!

Darüber, dass der Herr neben ihr die Augen schloss und gequält den Mund verzog, sah sie hinweg. Sicherlich wollte er sich nur auf ihre Erzählungen konzentrieren, das ging mit geschlossenen Augen einfach besser. Und seine gepeinigte Miene war leicht damit zu erklären, dass sie ihm gerade ausführlich die körperlichen und seelischen Schmerzen schilderte, die ihr alter Onkel gelitten hatte, der als *dentista* gearbeitet hatte und während einer Wurzelbehandlung von seinem Patienten k. o. geschlagen worden war. Wie nett, dass der Mitreisende neben ihr so mitfühlend war.

Schwerte?, dachte Quercher, als der Bus, von der Autobahn kommend, die Hörder Straße mehr rutschend als sicher fahrend hinunterschlingerte.

»Hinein ins Herz der Finsternis«, murmelte er und erntete einen bösen Blick der Nonna neben sich, die unbedingt alles schön finden wollte. Sie bejubelte den hohen Turm, mit dem McDonald's auf sich aufmerksam machte, genauso wie die Aral-Tankstelle, das Autohaus Schmidt und das Schwerter Rathaus. Anscheinend war sie zum sinnlosen Jubeln in diesen jämmerlichen Bus gestiegen.

Der Fahrer hustete zwei Mal ins Mikrofon. »Liebe Fahrgäste, aus betrieblichen Gründen müssen wir hier eine Pause einlegen. Dieses Fahrzeug ist nicht für den Einsatz unter den aktuellen Wetterbedingungen geeignet. Wir werden auf dem Parkplatz der Rohrmeisterei Halt machen und auf einen Ersatzbus warten. Ich werde von einem neuen Fahrer abgelöst.«

Allgemeines Stöhnen und Murren im dunklen Bus.

»Schwerte?« Mamma Carlotta jubelte, als hätte sie soeben den Eiffelturm erblickt. »Da bin ich noch nie gewesen! Sie etwa?«

»Zum Glück nicht«, kam es brummig von nebenan zurück.

Mamma Carlotta überhörte die Misslaunigkeit auf dem Nachbarsitz. »Eine Senfmühle«, wiederholte sie, als der Fahrer sich zum Abschied noch mit Ortskenntnissen brüstete. »Senape kommt aus einer Mühle? Molto interessante!« Gleich schnappte sie ein neues Wort auf. »Rohrmeisterei? Was ist denn das? Maestro del tubo? Was macht so ein Meister mit den Rohren? Madonna! Che interessante!«

Dass diese Rohrmeisterei einmal eine Pumpstation gewesen war, um die Trinkwasserversorgung der Region sicherzustellen, brachte sie schon wieder zum Jubeln, und dass die Rohrmeisterei heute ein Kulturzentrum mit angeschlossenem Restaurationsbetrieb war, fand sie derart bemerkenswert, dass sie völlig vergaß, wie lästig dieser außerplanmäßige Aufenthalt war.

Neugier hielt den Menschen jung, hatte Quercher kürzlich irgendwo gelesen. Wenn das stimmte, war diese italienische Nonna noch nicht über das Alter einer hormonell verwirrten Ragazza hinausgekommen. Mental gesehen.

Sie hatte sich einfach hineingequengelt, die Nerv-Nonna aus Italien. Licht hatte sie im Restaurant der Rohrmeisterei gesehen, während sie auf den neuen Bus warteten. Dass es sich lediglich um die beleuchtete Kuchenvitrine des Lokals handelte, war ihr unerheblich erschienen. Sie hatte sich durch den Seiteneingang Zugang zu dem eigentlich verschlossenen Restaurant verschafft, in der Küche auf den Koch eingeredet und dann den vom Hüftschmerz schwer gezeichneten Quercher in die Wärme des Gastraumes bugsiert. Zwischen dem Eingang und der Tür, die in die Küche führte, gab es eine Reihe von kleinen Tischen, allesamt einladend gedeckt, was Quercher nur am Rande zur Kenntnis nahm, was aber von der nervigen Nonna schon wieder begeistert bejubelt wurde. »Molto gentile!«

Er war fertig. Jede Bewegung sorgte für eine Schmerzpalette von dumpf bis spitz, von qualvoll ansteigend bis sofort und stechend. Schweißgebadet hatte er sich von der Nonna zu dem einzig besetzten Tisch zu einem ebenfalls sehr verschwitzten Mann leiten lassen. Überall hätte er sitzen können, aber ausgerechnet hier? Mindestens eine Stunde würde es dauern, bis der Ersatzbus käme. Draußen warteten die anderen Gäste im langsam kälter werdenden Fahrgastraum. Vielleicht hatte die umbrische Unke ja recht getan. Hier drinnen war es trocken, es war warm und Essen hatte sie auch versprochen, bevor sie in der Küche verschwunden war. Italiener eben: Krieg können sie nicht, aber kochen.

Seine letzte Hoffnung gegen die Schmerzen war das Dope. Ihm egal, dass Rauchen verboten war. Er zündete sich die Zigarette mit dem Cannabis an, zog zwei Mal tief ein und reichte sie seinem Gegenüber.

»Gehen Sie, gehen Sie weg«, flüsterte der nur mit aufgerissenen Augen. Er war vielleicht fünfzig, hatte schütteres blondes Haar. Von der Optik her hätte er Penner oder Journalist sein können.

»Ist das Essen so schlimm hier?«, witzelte Quercher.

»Ich werde festgehalten. Bin Gastrokritiker! Meine letzte Restaurantkritik hat den Koch einen Stern gekostet. Der Geschäftsführer des Ladens hat ihn deshalb rausgeworfen. Eben war der Geschäftsführer noch da. Mit mir. Draußen in der Senfmühle. Der Koch hat uns beide hergelockt. Zu einer Aussprache. Also, ich bin mit ihm, ich war …«

»Ah, verstehe. Über Soßen und Braten hat der Herr der Küche Ihre Karotte gerieben?«, kalauerte Quercher. Das Dope wirkte.

Sein Gegenüber lachte nicht. »Der Koch ist irre. Er! Wird! Sie! Alle! Töten!«

Mamma Carlotta hatte sich in der Küche eine riesige Kochschürze geschnappt, die für ihren Bauch zu geräumig, aber für ihren Busen zu knapp war. In dieser Küche waren die Mitarbeiter anscheinend allesamt männlich. Auf die Frage des Küchenchefs, was um Himmels willen sie in seinem Herrschaftsbereich zu suchen habe, winkte sie nur ab. Es ginge darum, einen armen Menschen von seinen Schmerzen zu erlösen. »So etwas funktioniert mit einem guten Essen am besten und am schnellsten! Das sollten Sie als Koch doch wissen!«

Dem guten Mann, der trotz des Messers, das in seiner nervösen Hand zitterte, eher verwirrt als gefährlich aussah, verschlug es die Sprache.

»Eigentlich wäre eine gute Knochenbrühe das Richtige. Die bringt jeden wieder auf die Beine. Als mein Onkel schwer krank war, haben die Kinder schon einen Besuch beim Bestatter gemacht und den Grabstein ausgesucht. Ma io? Was habe ich getan? Ein paar Rinderknochen gekauft, sie vier Stunden sieden lassen und meinem Onkel die Brühe eingeflößt. Am nächsten Tag ging es ihm schon besser. Und zwei Wochen später hat er rausbekommen, dass seine Kinder bereits seine Beerdigung organisiert hatten, und die ganze Sippschaft enterbt. Sì.« Sie sah den Koch aufmerksam an, der die Spitze seines Messers auf ihre linke Brustwarze richtete. »Haben Sie vielleicht eine …« Sie brachte den Satz nicht zu Ende. »No, haben Sie nicht, ich sehe schon. Obwohl in jeder professionellen cucina eine Brühe auf dem Herd stehen sollte. Aber ein gutes Stück Kalbfleisch haben Sie! E vero?« Sie ging furchtlos auf die Messerspitze zu, die prompt nach rechts schwenkte und statt auf ihr Herz auf ein Netz mit Knoblauchzwiebeln zeigte. »Lassen Sie mich Ihre Vorräte sehen. Signor Quercher wird bezahlen, keine Sorge. Natürlich nur ... sagen wir, die Hälfte. Schließlich koche ich und benutze nur Ihre Zutaten. Das muss sich im Preis niederschlagen, e chiaro.«

Sie ging auf die Tür des Kühlhauses zu. Aber noch bevor sie sie öffnen konnte, löste sich der Koch aus seiner Erstarrung und warf sich ihr in den Rücken. »Stehen bleiben!«

Ärgerlich machte Carlotta sich frei. »Signor! Ich sagte doch, Sie bekommen il carne bezahlt.« Sie wies auf das Hackebeil, das neben der Tür lehnte. Mit Spuren, die noch ziemlich frisch waren. »Sie haben gerade ein Tier zerlegt? Dann finito mit dem Geiz! Vorn im Gastraum sitzen zwei Männer, denen es sehr schlecht geht. Der arme Signor Quercher und dieser andere Mann. Der sieht ja so schwach aus.«

»Sie ... Sie ... Italienerin!« Der Koch riss die Augen auf, richtete das Messer nun wieder auf Mamma Carlotta und drängte sie von der Tür der Kühlkammer weg.

Mamma Carlotta lachte. »Wie nett, dass Sie gleich gemerkt haben, wo meine Heimat ist. Da interessiert es Sie sicherlich, dass ich aus Panidomino stamme, einem kleinen Ort in Umbria. Mein Mann hieß Dino, der ist leider schon ein paar Jahre tot. Trotz der Rinderknochen, die ich täglich für ihn ausgekocht habe.«

Quercher suchte die versteckte Kamera. Das alles war so absurd, dass nur ein drittklassiger Privatsender dahinterstecken konnte, der hier eine schlechte Klamauknummer mit irrem Koch und Kritiker aufzog.

Aber sein Gegenüber erzählte eine andere, wesentlich bitterere Geschichte. Er habe den Koch einst nach oben, zu den Sternen, geschrieben und ihn dann mit bösen und giftigen Beiträgen wieder brutal heruntergeholt – ohne Sterne natürlich. »So was schmerzt die Könige der Kellen«, sagte er bitter.

»Mir war nicht bewusst, dass Essen in dieser Region mehr sein kann als ›viel‹.«

»Das ist in Bayern ja ganz anders«, giftete der Kritiker trotz Panik in einem Anflug von Lokalpatriotismus zurück.

»Zurück zum Hauptstrang. Sie sind der Herr ...«

»Brindöpke.«

»Und der Koch hier heißt nicht Schuhbeck, sondern ...«

»Fondant, Frank Fondant.«

»Aha. Bleibt ja in der Küche mit dem Namen. Schön. Und der Geschäftsführer ist der ...«

»Herr Preissler, Alfred Preissler ...« Querchers Gegenüber begann zu wimmern. »Ich will hier weg!«

»Da hinten ist die Tür!«, forderte ihn Quercher auf. »Noch leben wir in einem freien Land.«

»Ich kann nicht«, zischte der Kritiker. »Meine linke Hand ist mit einer Handschelle am Tischbein fixiert.«

Quercher beugte sich, vor Schmerz stöhnend, nach unten. Er sah Metall, konnte aber nicht erkennen, ob es wirklich eine Handschelle war, die den Kritiker fesselte. Er selbst war wegen des Hüftschmerzes nicht in der Lage aufzustehen. Sobald er versuchte, sich von der Sitzfläche zu lösen, war Schluss. Finito, so hätte die nervige Italienerin gesagt.

Die Tür der Küche öffnete sich und die irre Italomutter schwebte, nein, wallte mit zwei Tellern an ihren Tisch.

»Signor, wer so humpelt, braucht ein Stück Leber. Habe ich gerade in der Küche entdeckt. Ganz frisch. So etwas bekommt man selten.«

Der Kritiker bekam eine spontane Schweißattacke. »Frisch?«

»Frischer geht's gar nicht! Gerade erst ausgelöst – vom Meister des Zerlegens, so schrieben Sie es einst«, lächelte der Koch hinter Carlotta und wischte ein langes Messer an seiner Schürze ab. »Leber nach neapolitanischer Art! Ich habe sie selbst gewaschen und in Mehl gewendet.«

Quercher hatte Hunger und aß brav die Leber mit der Zwiebelsoße. Sein Gegenüber musste immer wieder würgen und bekam nur drei Gabeln herunter.

»Beruhigen Sie mal Ihr Kritikerherz, essen Sie brav mit mir und beim Dessert klären wir die Dinge«, schlug der leicht sedierte Quercher mit vollem Mund vor.

»O Gott. Sie wissen nicht, was Sie tun.«

»Doch, köstlich essen. Sie sagen wahrscheinlich ›lecker‹.«

Der Herr der Töpfe und Pfannen bedeutete dem Kritiker, weiterzuessen, bis das letzte Stück Leber von seinem Teller verschwunden war. Er hatte sich mit Carlotta zu ihnen gesetzt.

Quercher konnte in dem Gesicht der Reisegenossin nichts Auffälliges erkennen. War das hier tatsächlich eine irre Geiselnahme? Mit angeschlossenem Mord? Absurd. Dazu schmeckte das Essen zu gut. Das war natürlich kein logisches Argument, aber er hatte Schmerzen. Männer und Aua – da fiel Logik gern hintenüber.

Auf dem Parkplatz vor der Rohrmeisterei bewegte sich etwas. Quercher kniff die Augen zusammen. Der Ersatzbus war gekommen.

Der Koch stand auf. »Frau Carlotta, wollen wir uns dem Hauptgang widmen? Ich hätte noch zwei köstliche Nierchen.«

Das Gesicht des Kritikers changierte jetzt ins Speigrüne.

»Was sagt die italienische Küche dazu?«, fragte der Koch.

»Nieren mit Rosmarin und Salbei!« Die Antwort kam prompt.

Draußen auf dem Parkplatz stiegen die ersten Fahrgäste aus dem alten in den neuen Bus um. Es wurde Zeit, hier

Klarheit zu schaffen. Quercher sah für einen Bruchteil eines Moments im Gesicht des Kochs etwas, was er sonst nur von wahnsinnigen Mördern kannte: die Lust an der Qual.

»Sagen Sie, Herr Fondant, wir suchen den Herrn Preissler, den Geschäftsführer. Der feine Herr Brindöpke vermisst ihn schon länger. Wir haben versucht, ihn mit Brindöpkes Handy anzurufen, aber es klingelte nur in Ihrer Küche ...«

Billiger Trick, aber für den Ruhrpott-Rührer sollte es reichen. Und tatsächlich reagierte der mutmaßliche Killerkoch. Nur nicht so, wie Quercher es sich gewünscht hatte.

Fondant riss sein Messer hoch, hielt es der verdutzten Carlotta an den Hals und schrie: »Der Preissler und der Tintenpisser hier haben mir meinen Stern geklaut. Dafür wird dieser Scheißer büßen. Bis zum letzten Bissen.« Er schlug mit der freien Hand auf den Kopf des Kritikers ein, der dank der Handschelle am Tischbein einfach mitsamt des Stuhls umfiel.

Der Koch hielt Carlotta weiterhin das Messer an den Hals. »Keiner steht hier auf.«

»Sehr witzig. Ich hab Hüfte und der andere schläft gerade.«

Der Koch überhörte Querchers Einwurf. »Sobald einer von euch aufsteht, schlitze ich der Dame hier den Hals von einem Ohr bis zum anderen auf. Dann gibt es ganz neue Orecchini! Jetzt wird gekocht. Sehr, sehr frisch!« Er zog Carlotta hoch und schob sie in Richtung Küche.

Ohne Zweifel, der Mann war auf einem Kreuzzug und wie alle, die so etwas machten, irre, dachte Quercher. Er würde zu der hohen Fensterfront der Rohrmeisterei rutschen müssen, um sich dort bei den anderen Fahrgästen bemerkbar zu machen.

Kaum hatte er sich stöhnend von seinem Stuhl fallen lassen, wurde ihm bewusst, dass eine Hüft-OP und Anschleichen wie Winnetou nicht gut zueinander passten. Durch das Fenster sah er, wie noch einige Fahrgäste neben den Bussen ihre Zigaretten rauchten. Bis zum Fenster waren es vielleicht vier Meter. Quercher biss die Zähne zusammen. Jede Bewegung war Schmerz. Er hörte wütendes Schimpfen aus der Küche und das Wimmern des Gastrokritikers.

Noch zwei Meter. Die Fahrgäste standen im Schnee. Ihre Kippen glühten. Der Busfahrer rief den Fahrgästen etwas zu. Die nickten.

Noch einen Meter. Quercher riss den rechten Arm hoch ...

Mamma Carlotta war empört. Ihr sollte mit einem Messer Angst gemacht werden? Una impertinanza! Dieser Kerl drohte, ihr den Hals aufzuschlitzen? Che sfrontatezza! »Weg mit dem Messer! So kann ich nicht arbeiten!«

Der Koch sah das erstaunlicherweise ein, aber sein Grinsen wurde nur noch diabolischer.

»Warum zwingen Sie den armen Mann, der mit Signor Quercher am Tisch sitzt, zu essen, obwohl ihm übel wird?«

»Weil er denkt ... weil er denken soll ...« Der Koch fuchtelte mit dem Messer herum, als dirigierte er ein Orchester von Irren. »Der glaubt, dass der Geschäftsführer Preissler ...«

Nun wurde auch Mamma Carlotta übel. Hatte sie gerade etwas Unaussprechliches zubereitet? Sie setzte auf Überraschung, schob den Koch einfach zur Seite und erreichte mit wenigen großen Schritten die Tür des Kühlhauses. Bevor der Koch nach ihr greifen konnte, hatte sie bereits die Kühlhaustür aufgerissen und die schweren Plastiklamellen dahinter geteilt. Was sie sah, machte sie fassungslos.

Ein Schwein!

Und den Geschäftsführer.

Der Mann war nackt, mit Kabelbindern fixiert hing er neben dem Schwein an einem Haken. Die gute Nachricht nach einem erfahrenen Frauenblick: Er war noch heil. Das Fleisch, das sie eben zubereitet hatte, kam vom Schwein, nicht vom Geschäftsführer. Die schlechte Nachricht: Der Mann war tiefgefroren.

Der Koch stand hinter ihr. »Der sollte nicht so lange da drin sein. Aber Sie und dieser Kiffer da draußen haben mich gestört, da habe ich ihn ...«

»Che chosa ai fatti? Lei Bestia ... Wie können Sie nur?« Mamma Carlotta schrie und wedelte mit den Armen vor den Augen des Kochs herum. Eine kreischende italienische Mamma hat die Wirkkraft einer Stalinorgel. Es war der italienische Hang zur Gestik, der Carlotta zum Verhängnis wurde. Das Armfuchteln ließ ein Fünf-Kilo-Stück gefrorene Schwerter Schweineschwarte von einem der Regale fallen – auf ihren Kopf! Sie sackte mit einem Stöhnen zusammen. Und sie schwieg! Tatsächlich!

Von draußen hörte der Koch ein Rufen und Klopfen. In wilder Panik lief er in die Küche zurück, vorbei an den Metalltischen, griff sich ein langes Tranchiermesser, stand kurz darauf im Gastraum und sah sich hektisch um. Wie war der Hüftkranke ans Fenster gekommen? Der Koch griff nach den dünnen blonden Haaren des Mannes, riss den Kopf nach hinten und legte die Klinge an seinen Hals.

Quercher hatte mit schierer Verzweiflung gegen das verdammte doppeltverglaste Fenster geschlagen, mit denen man die ehemalige Pumpstation bei ihrer Umwandlung zur Gastro- und Event-Location leider nicht nur wärme-, sondern auch schallgedämmt hatte. Denn draußen schien keiner Notiz zu nehmen. »Hier! Hallo!«

»Che chosa ai fatti? Lei Bestia ...«, hörte er Carlottas Stimme aus der Küche. Draußen schlossen sich die Türen des Busses, die Frontlichter wurden eingeschaltet. Quercher schrie so laut er konnte. Tatsächlich öffnete sich jetzt noch einmal die hintere Tür des Busses. Ein dicker Mann kletterte heraus, rannte durch den Schnee, stellte sich nicht weit von Quercher entfernt in eine windgeschützte Ecke und pinkelte gegen die Fassade. Quercher kroch mühsam weiter an der Fensterfront entlang, Richtung Pinkelmann. Noch einmal schlug er mit letzter Kraft gegen die Doppelverglasung. Der Mann zuckte zusammen, drehte sich zur Seite und bedeckte das Wenige, was er in der einen Hand hielt, mit der anderen.

Das war der Moment, als Quercher die Klinge an seinem Hals spürte. Kurz darauf hörte er hinter sich einen Schlag, dann fiel ein Gewicht auf ihn. Oder ein Mensch. Jedenfalls etwas, was sehr schwer war. Er verlor das Bewusstsein.

»Klopfer. Inteneritore. Damit das Fleisch weich wird«, erklärte die umbrische Unke, während Quercher vom Notarzt behandelt wurde. Mamma Carlotta kühlte mit einer der gefrorenen Schwarten aus Schwerte die Beule an ihrem Hinterkopf. Sie sahen, wie der Koch draußen im Schneetreiben auf den Rücksitz eines Polizeiwagens platziert wurde.

»Wir bringen Sie beide ins Marienkrankenhaus und dann zum Hotel *Reichshof*«, erklärte der Kripobeamte aus Unna.

Quercher schüttelte den Kopf. »Wir wollen mit unserem Bus nach Hamburg und dann weiter nach Sylt. Wir haben gut gegessen und nur ein paar Beulen.«

Der Polizist lachte. »Mein lieber Kollege aus Bayern. Wir brauchen noch Ihre Aussagen fürs Protokoll. Der Bus ist längst weg. Nehmen Sie morgen die Bahn.«

Mamma Carlotta zuckte mit den Schultern. Wohl auch,

weil sie in ihrer Handtasche eine Portion Tiramisu aus der Kühlkammer mitgenommen hatte. »Bottino di guerra. Kriegsbeute«, erklärte sie lapidar, als sie Quercher später damit auf seinem Hotelzimmer fütterte.

Wulf Dorn

Holzwickeder Perlenhochzeit

*Für Monika und Bernward.
Ihr wisst, warum.*

Die haben Angst vor mir. Die Schwestern, die Ärzte, ja sogar Ihr Kollege da draußen vor der Tür.

Wie die mich ansehen ... Als ob ich eine Irre wäre. Na ja, bestimmt bin ich das ja auch in ihren Augen. Eine Wahnsinnige, ein Monster. Kein Wunder, bei dem, was die Presse über mich schreibt. Wissen Sie, wie die mich nennen? *Die Dinner-Mörderin von Holzwickede.*

Wenn *ich* schon von aller Welt als verrückt bezeichnet werde, wie nennen Sie dann *das*? Als ob ich der Star in irgendeiner makabren Kochshow wäre!

Woher ich das weiß? Na, Ihr Kollege liest doch dieses Käseblatt mit den riesigen Schlagzeilen. Gestern, als sie mir das Mittagessen brachten, habe ich es gesehen. Dick und fett auf der Titelseite. Mit meinem Foto darunter.

Selbst wenn ich seit der ganzen Sache überhaupt noch Appetit gehabt hätte, wäre er mir spätestens da vergangen. Es war dasselbe Foto, das vor zwei Jahren schon einmal in der Zeitung gewesen ist. Damals noch viel kleiner, im *Hellweger Anzeiger*, als ich mit dem Frauenbund eine Benefizveranstaltung für die Flüchtlingshilfe organisiert hatte. Was hatten wir nicht alles getan, um den Umbau der Asylunterkunft in der Mühlenstraße zu unterstützen!

Aber darüber spricht jetzt bestimmt kein Mensch mehr. Jetzt bin ich für alle nur noch die *Psychopathin*, die ihrer

Familie etwas *so Schreckliches* angetan hat, dass man es *gar nicht aussprechen* kann. Das sagte jedenfalls die Nachtschwester zu Ihrem Kollegen. Ich habe die beiden auf dem Flur gehört.

Ha, von wegen nicht aussprechen! Sicherlich zerreißen sie sich die Mäuler über mich. Wahrscheinlich gab es in diesem Artikel auch noch eine zynische Anspielung darauf, dass ich damals für diese Flüchtlinge und den Arbeitskreis *gekocht* habe. Wundern würde es mich nicht.

Denken Sie auch so von mir? Dass ich irre bin?

Ach, was frage ich eigentlich? *Natürlich* denken Sie das! Sonst wären Sie ja nicht hier.

Sie wollen bestimmt mein Geständnis hören. Na schön, bitte sehr. Hier ist die bittere Wahrheit, wie man so passend sagt. Aber eines sollten Sie im Vorfeld wissen – nein, eigentlich *zwei* Dinge: Zuerst einmal bin ich *nicht* verrückt! Im Gegenteil, ich habe mich noch nie klarer gefühlt als jetzt. Und zum Zweiten habe ich mir immer Mühe gegeben, ein guter Mensch zu sein. Eine gute Mutter, eine gute Ehefrau, eine gute Mitbürgerin und eine gute Christin. Mein Leben lang.

Das hat auch Nadine zu mir gesagt, an diesem Nachmittag in der Küche unseres Hauses im Alten Dorf.

»Mama«, hat sie gesagt, »du gibst dir immer so viel Mühe.«

Und dabei hat sie mich angesehen wie damals, als sie noch mein kleines Mädchen war. Ein wenig schüchtern, von unten herauf, mit ihren großen blauen Augen. Damals hatte sie dann meist vom Kuchenteig genascht oder ein Stück Gemüse vom Schneidbrett stibitzt. Doch nun streichelte sie ihren dicken Bauch und ich dachte bei mir, dass ich die Geburt meines ersten Enkels noch miterleben würde, aber seinen ersten Tag im Kindergarten wohl nicht mehr. Vielleicht nicht einmal mehr seine ersten Sprech- oder Gehversuche.

Ich war den Tränen nahe, habe mich abgewandt und so getan, als würde ich nach dem Braten im Ofen sehen. Und als Nadine mich dann fragte, wie es mir gehe, habe ich dasselbe geantwortet wie immer: »Gut.«

Was das betrifft, bin ich tatsächlich eine Lügnerin. Aber keine besonders gute, fürchte ich.

Dieses verfluchte Glioblastom! Das Leben kann so ungerecht sein, und erst recht der Tod. Der ist lästiger als jeder Hausierer. Denn wenn der Tod erst einmal an deine Tür geklopft hat, kannst du ihn nicht mehr fortschicken. Dass du erst achtundfünfzig bist, interessiert ihn nicht. Und den inoperablen Hirntumor, den er mitgebracht hat, kannst du auch nicht ablehnen.

Aber noch ungerechter sind die Menschen. Glauben Sie mir, am schlimmsten war, dass sie es wussten. Dass sie es *alle* wussten.

Obwohl ... bei Nadine bin ich mir nicht so sicher. Vielleicht hatte sie eine Ahnung und mehr nicht. Aber wahrscheinlich ist das nur nachträgliches Wunschdenken. Weil ich sie so sehr geliebt habe.

Und ja, ganz egal, was man Ihnen erzählen sollte, ich habe sie *alle* geliebt. Auch meine beiden Söhne und ihre Frauen, und natürlich Erwin. Ihn ganz besonders. Mehr als mein halbes Leben war ich mit ihm verheiratet, wir haben so viel erlebt und durchgestanden. Gemeinsam, immer gemeinsam! Dreißig Jahre lang. Das wollten wir an jenem Wochenende feiern.

Perlenhochzeit, klingt das nicht wunderschön?

Ich hatte mich so darauf gefreut. Fast ein halbes Jahr lang hatte ich diesen Tag vorbereitet. Immer wieder mit Unterbrechungen wegen der Chemotherapie, da ging oft tagelang nichts mehr. Aber ich hatte mir alle Mühe gegeben und schließlich alles selbst organisiert: den Mittagsgottesdienst in der Liebfrauenkirche mit Begleitung der Cäcilia Chöre, die Torte, den Tischschmuck, das Abendessen, das Inserat im *Hellweger Anzeiger*, einfach alles. O ja, das war mir wichtig!

Organisieren ist meine Stärke, müssen Sie wissen. Es mag eitel klingen, aber darin bin ich ungeschlagen. Das war schon bei unseren Schulfesten am Clara-Schumann-Gymnasium so, und als ich dann Erwin kennengelernt habe, konnte ich mich so richtig ins Zeug legen.

Was glauben Sie denn, wer bei all seinen Wahlkämpfen hier im Ort die Fäden gezogen hat? Am Anfang hatten wir doch nichts. Wir fingen quasi bei null an. Wir haben Spenden gesammelt, Sponsoren gesucht, Veranstaltungen organisiert und eigenhändig Plakate angebracht, die Hauptstraße rauf und runter, in Hengsen und in Opherdicke. Das war kein Zuckerlecken, nein, ganz gewiss nicht!

Aber ich habe an meinen Mann geglaubt. Aufgeben war nie eine Option für uns. Für Erwin nicht und für mich erst recht nicht.

Hat man Ihnen gesagt, dass wir nie in den Flitterwochen gewesen sind? Dann wissen Sie bestimmt auch, dass wir kurz vor Erwins erstem großen Wahlkampf geheiratet haben, eine schöne, stimmungsvolle Trauung im Kaminzimmer von Haus Opherdicke. Ein glücklich verheirateter Kandidat macht sich schließlich immer gut bei der Wählerschaft.

Und ja, wir waren *wirklich* glücklich, da war nichts gespielt! Kirchlich haben wir dann in der Liebfrauenkirche geheiratet und anschließend im Haus Opherdicke gefeiert. Das war Erwins Idee gewesen. Er wusste, dass ich schon als Mädchen davon geträumt hatte, meine Hochzeit wie eine Prinzessin in dem Wasserschloss zu zelebrieren.

Ach, es war so herrlich! Wir hatten sehr viele Gäste und es

war auch einige Lokalprominenz darunter. Die Presse hat das natürlich geliebt.

Gleich am nächsten Tag haben wir uns dann wieder in die Arbeit gestürzt und von da an ging es für uns nur noch bergauf. Erwin schaffte es in den Kreistag in Unna, später dann in den Landtag und schließlich nach Berlin.

Himmel, was war ich stolz auf ihn!

Wir hatten es uns aber auch redlich verdient, bei all unseren Bemühungen und all den Dingen, auf die wir verzichtet hatten. Ich kenne viele Paare, die damals regelmäßig in den Urlaub flogen oder mit den Kindern in die Ferien fuhren, aber für uns gab es so etwas nicht. Und was ist dann aus diesen Leuten geworden? Kleine Angestellte, vielleicht ein Filialleiter, mehr nicht. Wenn man es zu etwas bringen will, muss man zu Opfern bereit sein. Das ist nun einmal so.

Wie bitte? Was *mein* größtes Opfer gewesen ist?

Hm, ich weiß nicht recht. Früher wollte ich Medizin studieren. Meinen Eltern, Gott hab sie selig, hätte das gefallen. Sie waren nicht besonders angetan davon, dass ich für Erwin alles hingeworfen habe und fortan seine Assistentin war. Aber ich war ja seine Ehefrau und nicht viel später wurde ich Mutter. Dass man da zurückstecken muss, ist doch selbstverständlich.

Was? Ich höre mich altbacken an?

Na, ich muss doch sehr bitten! Schauen Sie sich doch mal die jungen Leute da draußen an. Die meisten Paare bleiben kinderlos, weil sich beide auf ihre Karrieren konzentrieren wollen. Falls Sie mir nicht glauben, fragen Sie mal meine Söhne.

Johannes ist leitender Angestellter in einem großen Pharmakonzern, er verdient in einem Monat weitaus mehr als sein Vater im Quartal. Sie sollten mal sein Appartement in

Hamburg sehen! Aber glauben Sie, seine Frau hätte deshalb zu Hause bleiben und Kinder kriegen wollen? Nein, sie wollte lieber Karriere in der IT-Branche machen.

Und mein Ältester, Dominik, arbeitet mit seiner Frau für ein Finanzunternehmen in Zürich. Die beiden verdienen bestens, und trotzdem jammern sie ständig über die hohen Lebenshaltungskosten in der Schweiz.

Selbst schuld, sage ich da nur! Schauen Sie mich an. Ich habe Holzwickede nie verlassen. Meine Familie lebt hier schon seit Generationen. Hier haben wir Fuß gefasst, hier ist unsere Heimat. Unser Haus im Alten Dorf ist mein ehemaliges Elternhaus, immer wieder umgebaut und behutsam modernisiert, ohne die schöne alte Fassade zu beschädigen. Selbst als Erwin ein richtig gutes Einkommen hatte, wären wir nie auf die Idee gekommen, neu zu bauen oder gar nach Unna oder Dortmund zu ziehen.

Wo wären unsere Kinder denn heute, wenn wir damals nicht zielgerichtet und vernünftig gewirtschaftet hätten? Wer hätte ihre teuren Auslandsstudien finanzieren sollen? Was unsere Kinder heute sind, haben sie uns zu verdanken.

Sehen Sie, Entbehrung zahlt sich aus! Und das Schönste daran ist, dass es mir keinen einzigen Augenblick so vorgekommen ist, als müsste ich auf irgendetwas verzichten. Schließlich hat es mir ja an nichts gefehlt. Ich hatte einen liebenden Ehemann, zwei gesunde und erfolgreiche Söhne und eine bildhübsche Tochter.

Zwar hatte Nadine so ihre Phasen, von denen ihr manche blieben – mit achtzehn ist sie zum Buddhismus konvertiert, dann wurde sie Vegetarierin und mit ihren Beziehungen hat es auch nie lange hingehauen – aber selbst sie hat ihren Weg gemacht. Eine eigene Tierpsychologenpraxis, das kann sich doch sehen lassen, oder?

Nur schade, dass ich meinen Enkel jetzt gar nicht sehen werde. Sie glauben ja nicht, wie leid mir das tut!

Deswegen hatte ich auch schwer mit mir gehadert, ob ich es tatsächlich tun soll oder nicht. Als wir beim Gottesdienst in der prachtvollen Liebfrauenkirche waren und wie damals bei unserer Trauung die Cäcilia Chöre hörten, kamen mir ernsthafte Zweifel. Und dann, an unserer Mittagstafel im Garten unseres Hauses, als die Sonne von einem wolkenlos blauen Himmel auf mich und meine Familie schien, dachte ich, dass ich vielleicht doch im Begriff war, einen großen Fehler zu begehen. Dass wir besser eine ganz normale Feier in den *Schloßstuben* in Opherdicke hätten buchen sollen. Da ist es gemütlich und man isst dort auch sehr gut.

Während also alle auf der Terrasse saßen und lachten und sich unterhielten, ging ich in die Küche, und als Nadine dann zu mir kam, war ich kurz davor, es bleiben zu lassen. Ehrlich, das schwöre ich Ihnen!

Aber dann sagte sie etwas, das mir schlagartig klarmachte, dass ich es tun *musste*.

Was sie zu mir gesagt hat?

Nun, eigentlich war es nur eine Floskel, die ich schon unzählige Male gehört hatte, seit sich meine Diagnose herumgesprochen hat. Aber in diesem Moment bekamen diese Worte ein ganz besonderes Gewicht.

Ich solle mir keine Sorgen machen, sagte Nadine. Sie alle seien immer für mich da. Die Familie stehe immer zusammen, das habe sie von mir gelernt.

Da ging ich wieder in den Garten hinaus und setzte mich zu ihnen. Zu meiner Familie, die ich plötzlich viel klarer sah als je zuvor. Meine Söhne und ihre Frauen in ihren teuren Designerklamotten, wie sie von ihren beruflichen Erfolgen und Zukunftsplänen redeten. Meine Tochter, die auf erschreckende Weise naiv und verletzlich war – woran ich letztlich wohl auch Schuld trug. Und Erwin, der mir diese wunderschöne Perlenkette geschenkt hat, die ich hier nicht tragen darf und die ich sicherlich auch niemals wieder anlegen werde.

Er lachte und redete, aber nebenher sah er immer wieder verstohlen auf sein Handy. Natürlich war mir klar, warum. Bei anderen Leuten konnte er es nicht ausstehen, wenn sie den Abwesenden mehr Aufmerksamkeit schenkten als den Anwesenden, aber er war ja der *Herr Abgeordnete*, dem ein ganzes Team zuarbeitete. Ein Team, das früher nur aus ihm und mir bestand – ehe es bei mir angefangen hatte.

Zuerst vergaß ich manchmal Namen oder Termine, dann suchten mich immer häufiger heftige Kopfschmerzen heim und dann kamen noch diese seltsamen Gerüche und Geräusche hinzu. Als ich dann bei einem Stehempfang nach Fliegen schlug, die niemand außer mir hören konnte, schließlich zusammenbrach und nach Unna in die Klinik gebracht werden musste, war das das Ende unserer gemeinsamen Karriere.

Danach war ich nur noch die Ehefrau, die zu Hause saß und auf die Wochenenden mit ihrem Mann wartete. Die Frau des Herrn Abgeordneten, die sich beim Frauenbund engagierte und ehrenamtlich bei der Tafel arbeitete, sofern es ihre schwindende Gesundheit zuließ. Die Frau mit der Perlenkette, die auf dreißig bewegte Jahre zurückblickte, in denen sich so vieles verändert hatte.

Und als ich Erwin nun so dasitzen sah, wurde mir vollends klar, dass jeder Mensch ersetzbar ist, und dass das Schlimmste am Tod nicht das Sterben ist, sondern das Wissen, dass die Welt sich auch ohne einen weiterdrehen wird – so lange, bis man vergessen ist. Und manchmal beginnt sie damit sogar schon, *bevor* man gehen muss.

Also habe ich getan, was zu tun war. Ich habe ihnen das

Abendessen serviert. Meinen allseits beliebten Schmorbraten mit gedünstetem Gemüse und Klößen und dazu eine Variation von Sommersalaten – genau wie früher, als alles noch in bester Ordnung und wir noch eine glückliche Familie waren. Zum Nachtisch gab es eine Crème brûlée nach dem Rezept meiner Mutter, dazu einen sündhaft teuren Dessertwein – unser Hochzeitsjahrgang, versteht sich – und zum Abschluss einen Cognac Otard zur Verdauung.

Alle aßen mit gutem Appetit, allein Nadine hielt sich wie immer zurück und entschied sich nur für Gemüse, Salat und Früchtetee. So war sie nun mal, meine Kleine. Sie war die Einzige, die mir beim Servieren und beim Abdecken half. Nun ja, Johannes entkorkte wenigstens den Wein.

So viel zu der Aussage, dass die Familie immer für einen da ist. Große Worte, die meist schon im Kleinen versagen, weil jeder es gewohnt ist, seine übliche Rolle einzunehmen. Immerhin können wir nichts weniger ausstehen als Veränderungen, nicht wahr?

Ich fühlte mich ziemlich erschöpft und spürte auch ein wenig das Kribbeln des Alkohols im Kopf, als ich schließlich meine Söhne bat, mir mit dem Geschenk für ihren Vater zu helfen. Ich führte sie in den Keller, wo ich es vor Erwin versteckt hatte.

Die beiden schauten ziemlich verblüfft drein, als sie das große Geschenk sahen. Passenderweise hatte ich es in perlmuttfarbenes Papier verpackt und mit einer großen silbernen Schleife verziert.

Ich glaube, es war Dominik, der zu mir sagte: »Das ist doch wohl hoffentlich nicht der Sitzrasenmäher, von dem Papa immer redet. Dann hättest du das schwere Ding besser in den Gartenschuppen stellen lassen.«

Ich hatte, wie gesagt, ziemliche Kopfschmerzen und mir

war etwas schwindelig, also sagte ich nur: »Nein, es ist eine andere Überraschung.«

Sie seufzten und trugen das schwere Geschenk nach oben auf die Terrasse. Ich sagte, dass ich nur schnell noch eine Tablette nehmen wolle und gleich wieder da sei.

Das tat ich dann auch. Dazwischen nahm ich einen Umweg übers Wohnzimmer und tätigte den Anruf.

Sie hätten meinen Erwin sehen sollen! Als ich zurück in den Garten kam, stand er vor seinem Geschenk und strahlte wie ein kleiner Junge an Heiligabend. Unsere Kinder hatten sich erwartungsvoll um ihn geschart und sahen ihm beim Auspacken zu.

Tja, und was dann geschah, wissen Sie ja.

Wie ich auf die Idee dazu gekommen bin?

Nun, eigentlich war es Marietta selbst, die mich darauf gebracht hatte. Sie besuchte mich ganz überraschend einige Tage vor der Feier. Bis dahin hatte ich nur ihre Stimme vom Telefon gekannt. Nett, sympathisch, aber auch etwas unscheinbar. Eine typische Sekretärin eben. Ihre Familie stamme aus Opherdicke, sie hätten ein Spielwarengeschäft an der Holzwickeder Straße gehabt, erzählte sie mal. Das sei Erwin aufgefallen, als sie sich in seinem Büro beworben habe.

Dass Erwin sie ausgerechnet deshalb zu seiner rechten Hand gemacht hatte, wollte mir nie so recht einleuchten. Bis sie dann plötzlich vor meiner Tür stand.

Ja, ich weiß, Männer sehen eben gern den hübschen Dingern nach – erst recht, wenn es *junge* hübsche Dinger sind. Aber dass sie noch *so* jung war, hatte ich nicht gewusst. Sie war ja kaum älter als unsere Nadine! Und als sie mir dann von sich und Erwin erzählte, und dass das mit ihnen nun schon seit fast einem Jahr ging, konnte ich es einfach nicht fassen.

Es war ein Klischee. So ein übles Klischee, dass ich fast gelacht hätte! Aber ich habe nicht gelacht. Ich habe ...

Ja, Sie haben recht, natürlich hätte ich sie wegschicken können. Aber so einfach war das gar nicht. Sie war so beharrlich und wollte mir partout die Wahrheit sagen. Sie wollte, dass ich alles weiß. Weil es unfair sei, wenn es weiter hinter meinem Rücken geschehe, wo es doch *alle* wüssten – alle, außer mir. Und das in meinem *bedauernswerten Zustand*.

Ich muss genau so dreingeschaut haben wie Sie jetzt, aber exakt *das* waren ihre Worte. Es sollte wohl eine Art Geschenk an mich sein und irgendwie bewunderte ich sie sogar dafür. Ihr Unverständnis für die Rücksichtnahme meiner Familie – einer Rücksichtnahme, die ja eigentlich nichts anderes als ein feiges Vermeiden der Wahrheit war – empfanden wir wohl beide gleich.

Vielleicht hatten wir noch weitere Gemeinsamkeiten und wären unter anderen Umständen sogar Freundinnen geworden, aber es gibt Dinge, auf die man sich besser nicht einlassen sollte. Zumal es nicht entschuldigte, was sie mir angetan hatte. Sie und alle, die daran beteiligt waren. Meine ganze Familie.

Sie hatten gewusst, dass eine andere längst den Platz eingenommen hatte, den ich demnächst frei machen muss – ohne es zu wollen, wohlgemerkt! – und sie hatten einfach geschwiegen. Mein betrügerischer Gatte und meine verlogenen Kinder hatten mit mir gefeiert, als sei nichts gewesen, und das war schlimmer, als wenn sie mir ins Gesicht geschlagen hätten.

Ein Mensch kann vieles ertragen. Glauben Sie mir, jemand wie ich weiß das nur zu gut! Aber für jeden von uns gibt es Dinge, die die Grenzen des Erträglichen überschreiten.

Tja, und so habe ich es dann getan. Ich habe nicht lange

nachgedacht, ich habe es einfach *getan*. Statt eines Glases Wasser habe ich mir ein Messer aus der Küche geholt.

Sie hat sich kaum gewehrt. Ich denke, sie war einfach zu überrascht. Nach dem Aufräumen und Putzen hatte ich höllische Schmerzen, das können Sie sich gar nicht vorstellen. Diese Marietta war zwar beneidenswert schlank, ja fast schon zierlich, aber eine todkranke Frau ist eben kein Herkules.

Danach schlief ich bis zum nächsten Morgen, und so zynisch es sich auch anhören mag, es war ein tiefer, nahezu befreiender Schlaf. Ich hatte die Leiche in unsere Badewanne gehievt, und nun lag sie dort, bleich wie Schneewittchen, und starrte mit ihren Rehaugen zur Decke.

Da kam mir der Einfall für das Geschenk. Der Grund, warum wir jetzt hier sind, und weshalb mich alle Welt für eine Wahnsinnige hält. Aber Sie und ich wissen es besser, nicht wahr? Jetzt ist doch auch bei Ihnen der Groschen gefallen?

Eben, dachte ich's mir doch!

Erwins Gesicht, als er das Paket öffnete, werde ich nie vergessen. Mit seinen aufgerissenen Augen sah er so dämlich aus, dass es fast schon etwas Belustigendes hatte. Wie jemand, der über einen Springteufel erschrickt. Nur dass seine Geliebte einfach nur schlaff aus dem Karton kippte – und so tot war, wie ich es bald sein werde. Man könnte sagen, dass sie gewissermaßen auch in diesem Punkt meinen Platz im Vorab eingenommen hat.

Die anderen schauten fassungslos zu und dann stieß Dominiks Frau einen Schrei aus. Sie ... Himmel, wenn mir doch nur ihr Name einfallen würde! Ich vergesse in letzter Zeit so einiges, müssen Sie wissen.

Susanne, Sandra, Sabrina ... Ich komme gerade nicht darauf. Oder war es Sabine?

Ach, es ist ja auch egal. Jedenfalls war sie die Erste, die tatsächlich *alles* verstand. Bestimmt war ihr der fehlende Oberschenkel aufgefallen. Dieser verführerische Schenkel – jung und noch so zart.

Sie schob sich sofort den Finger in den Hals und erbrach sich direkt neben der Leiche. Sie holte alles aus sich heraus. Die Torte, die Crème brûlée, das Gemüse und den Salat – und natürlich meinen ganz besonderen Schmorbraten.

Oh, hallo Schwester. Das Tablett können Sie gleich wieder mitnehmen. Sie wissen doch, dass ich nichts mehr esse.

Jaja, das haben Sie gestern schon gesagt. Von mir aus drohen Sie mir ruhig mit Zwangsernährung, aber daraus wird nichts werden. Ich habe immer noch Rechte. Ich bin schließlich nicht verrückt! Immerhin habe ich doch selbst die Polizei gerufen und denen, ebenso wie meiner verlogenen Sippe, erklärt, warum ich sie alle zu Mittätern gemacht habe.

Da stimmen Sie mir doch zu, oder? Dass eine Verrückte so etwas *nie* getan hätte, meine ich.

Eben!

Mit wem ich mich hier unterhalte? Na, das sehen Sie doch!

Wie bitte? Ich bin allein? O je, tatsächlich!

Könnten Sie mir dann bitte einen Gefallen tun und beim Gehen die Tür offen lassen? Nur ein kleines Stück. Bitte!

Nun kommen Sie schon, das habe ich mir verdient. Ich habe mir doch immer solche Mühe gegeben.

Immer, hören Sie! IMMER!

Autorinnen & Autoren

Bernhard Aichner, geboren 1972, lebt als Schriftsteller und Fotograf in Innsbruck. Er schreibt Romane, Hörspiele und Theaterstücke. Für seine Arbeit wurde er zuletzt mit dem Burgdorfer Krimipreis 2014, dem Crime Cologne Award 2015 und dem Friedrich-Glauser-Preis 2017 ausgezeichnet. Seine *Totenfrau*-Thriller wurden in sechszehn Länder verkauft und standen ebenso wie sein neuer Thriller *Bösland* wochenlang an der Spitze der Bestsellerlisten.
www.bernhard-aichner.at

Max Annas, geboren 1963 in Köln, war lange Zeit Journalist und hat als Autor Bücher über Politik und Kultur veröffentlicht sowie Filmfestivals organisiert. Seine Karriere als Krimiautor begann er 2014 mit dem Thriller *Die Farm*, für den er umgehend mit dem ›Deutschen Krimipreis‹ ausgezeichnet wurde. Es folgten 2016 der ebenfalls ausgezeichnete Roman *Die Mauer* sowie 2017 *Illegal* und 2018 *Finsterwalde*. Max Annas lebt derzeit in Berlin.

Alex Beer, geboren 1977 in Bregenz, hat Archäologie studiert und lebt in Wien. Ihr historischer Kriminalroman *Der zweite Reiter*, mit dem sie 2017 ihre Reihe um den Wiener Rayonsinspektor August Emmerich begann, wurde von der Presse hochgelobt und mit dem ›Leo-Perutz-Preis‹ ausgezeichnet. Zuletzt erschien der August-Emmerich-Roman *Die rote Frau* (2018).
www.alex-beer.com

Simone Buchholz, geboren 1972, wurde an der Henri-Nannen-Schule zur Journalistin ausgebildet, seit 2008 schreibt sie Kriminalromane. Heldin ihrer smarten Krimiserie ist die Hamburger Staatsanwältin Chastity Riley. Für *Blaue Nacht* erhielt sie 2017 den Deutschen Krimipreis. Mit *Mexikoring* (2018) erschien der achte Riley-Roman. Simone Buchholz lebt mit Mann und Kind in Hamburg.
www.simonebuchholz.com

Martin Calsow, geboren 1970 in Münnerstadt (Unterfranken), wuchs als Sohn eines Polizisten am Rande des Teutoburger Waldes auf. Nach einem Studium der Soziologie absolvierte er ein Zeitungsvolontariat. Es folgten Stationen bei *VOX* und *SAT1,* bis 2009 war er Filmchef bei *Premiere.* Mit seiner Krimireihe um den grantelnden LKA-Ermittler Max Quercher setzt er im deutschen Krimi neue Akzente. Im Herbst 2018 erscheint der sechste Fall für Quercher: *Quercher und das Jammertal*. Martin Calsow lebt in den USA und am Tegernsee.
www.martin-calsow.de

Franz Dobler, geboren 1959 in Bayern, lebt in Augsburg. Neben Romanen und Gedichtbänden, für die er mit zahlreichen Preisen ausgezeichnet wurde, veröffentlichte er auch Erzählungen und Musikbücher. Er hat Kompilationen herausgegeben und ist Discjockey. Für seine Kriminalromane *Ein Bulle im Zug* (2014) und *Ein Schlag ins Gesicht* (2016) erhielt er den Deutschen Krimipreis.
www.franzdobler.de

Wulf Dorn, geboren 1969, arbeitete zwanzig Jahre in einer psychiatrischen Klinik, ehe er sich ganz dem Schreiben

widmete. Seit seinem Debüt *Trigger* (2009) sind seine Romane in den internationalen Bestsellerlisten zu finden. Zuletzt erschien *Die Kinder* (2017).
www.wulfdorn.com

Monika Geier, geboren 1970 in Ludwigshafen, ist Diplom-Ingenieurin für Architektur, freie Künstlerin und Schriftstellerin. Ihr letzter Roman *Alles so hell da vorn* wurde mit dem Deutschen Krimipreis 2018 ausgezeichnet.
www.geiers-mor.de

Frank Goldammer, geboren 1975 in Dresden, ist gelernter Maler- und Lackierermeister. Neben seinem Beruf begann er mit Anfang zwanzig zu schreiben. Mit *Der Angstmann*, dem ersten Band seiner Serie um Kriminalinspektor Max Heller, der im zerstörten Dresden der Nachkriegszeit ermittelt, gelangte er sofort auf die Bestsellerlisten. Zuletzt erschien Band drei *Vergessene Seelen* (2018).
www.frank-goldammer.de

Stefanie Gregg, geboren 1970 in Erlangen, studierte Philosophie, Kunstgeschichte, Germanistik und Theaterwissenschaften und promovierte über ›Das Lachen‹. Sie arbeitete unter anderem als Unternehmensberaterin und Journalistin. Heute ist sie Autorin und freie Lehrbeauftragte. Sie schreibt Kriminalromane, Romane und Kurzgeschichten, die mehrfach mit Literaturpreisen ausgezeichnet wurden. Zuletzt erschien von ihr *Der Sommer der blauen Nächte* (2018).
www.stefanie-gregg.de

Bernhard Jaumann, 1957 in Augsburg geboren, ist im Erstberuf Lehrer für Deutsch, Geschichte, Sozialkunde und Italie-

nisch. Er lebte lange in Italien, Australien, Mexiko und Namibia. Seit 1997 schreibt er Kriminalromane, für die er 2003 den Friedrich-Glauser-Preis und 2009 und 2011 den ›Deutschen Krimipreis‹ erhielt. Zuletzt erschienen seine Namibia-Thriller *Steinland* (2012) und *Der lange Schatten* (2015).
www.bernhard-jaumann.de

Ule Hansen ist das Pseudonym des Berliner Autorenduos Astrid Ule und Eric T. Hansen. Gemeinsam haben sie bereits mehrere Dreh- und Sachbücher verfasst; für ihren ersten Krimi *Neuntöter* (2016) erhielten sie den ›Stuttgarter Krimipreis‹. Zuletzt erschien *Blutbuche* (2018).
www.ulehansen.de

Elisabeth Herrmann, geboren 1959 in Marburg an der Lahn, arbeitete nach ihrem Studium als Fernsehjournalistin für den RBB, bevor sie 2005 mit ihrem Roman *Das Kindermädchen* ihre Karriere als Krimiautorin begann. Ihre Romane um den Berliner Anwalt Joachim Vernau werden regelmäßig mit Jan Josef Liefers in der Hauptrolle für das ZDF verfilmt. Zuletzt erschienen von ihr *Stimme der Toten* (2017) und *Zartbittertod* (2018).
www.facebook.com/elisabethherrmannundihrebuecher/

Krischan Koch, geboren 1953, lebt dicht am Wasser in seiner Geburtsstadt Hamburg, wo er als Filmkritiker für den NDR arbeitet, und auf Amrum. Dort entstehen unter anderem seine schrägen, skurrilen und typisch norddeutschen Kriminalromane um die Fälle von Polizeiobermeister Thies Detlefsen und seinen Freunden aus dem friesischen Fredenbüll. Zuletzt erschien Fall Nummer sechs: *Pannfisch für den Paten* (2018).

Thomas Krüger, geboren 1962 in Löhne, war Journalist, schreibt unter anderem für die *Frankfurter Rundschau* und den *Rolling Stone,* gründete einen Hörbuchverlag, schrieb und verlegte Kinderbücher. Im Oktober 2013 bereicherte er die deutsche Krimszene mit *Erwin, Mord & Ente* um den Ostwestfalen-Cop Erwin Düsedieker und seiner kriminalistisch begabten Laufente Lothar. Zuletzt erschien 2017 mit *Erwin, Enten, Präsidenten* der vierte Band der Krimiserie.
www.thomaskrueger.info

Kristin Lukas, geboren 1976 in Hagen, studierte Architektur in Berlin, Paris und Zürich, bevor sie an der Universität St. Gallen promovierte. Parallel zu ihrer Beratungstätigkeit in der freien Wirtschaft arbeitet sie als Professorin für Immobilienmanagement und Projektentwicklung. 2017 erschien ihr Debütthriller *Das Letzte, was du siehst,* ein Jahr später folgte *Der Zorn, der dich trifft.*

Sunil Mann, 1972 als Sohn indischer Einwanderer in der Schweiz geboren, wuchs dort bei Pflegeeltern auf. Für seine Kriminalromane mit Vijay Kumar, dem ersten und bislang einzigen Schweizer Privatdetektiv indischer Abstammung, wurde er mehrfach ausgezeichnet. Zuletzt erschien 2017 Band Nummer sieben: *Gossenblues.*
www.sunilmann.ch

Gisa Pauly hängte 1994 nach zwanzig Jahren den Lehrerberuf an den Nagel und lebt seitdem als freie Schriftstellerin, Journalistin und Drehbuchautorin in Münster. Ihre Ferien verbringt sie am liebsten auf Sylt oder in Italien. Ihre turbulenten Sylt-Krimis um die temperamentvolle Mamma Carlotta erobern regelmäßig die Bestsellerlisten genau wie ihre erfolgreichen Italien-Romane. Mit *Wellenbrecher* erschien 2018 der zwölfte Mamma-Carlotta-Krimi.

www.gisapauly.de

Thomas Raab, geboren 1970, lebt nach abgeschlossenem Mathematik- und Sportstudium als Schriftsteller, Komponist und Musiker mit seiner Familie in Wien. Zahlreiche literarische und musikalische Nominierungen und Preise, u. a. den ›Buchliebling‹ 2011 und den ›Leo-Perutz-Preis‹ 2013. Die Kriminalromane rund um den Restaurator Willibald Adrian Metzger zählen zu den erfolgreichsten in Österreich. Zwei davon wurden bereits für die ARD verfilmt. Außerhalb der Metzger-Reihe erschien 2015 der hochgelobte Serienmörderroman *Still. Chronik eines Mörders.* 2017 wurde Thomas Raab mit dem erstmals verliehenen Österreichischen Krimipreis ausgezeichnet. Sein aktueller Roman erscheint im Herbst 2018.

www.thomasraab.com

Martin Schüller, geboren 1960 in Haan. Nach fünfundzwanzig Jahren als Musiker wechselte er die Kunstform und begann, Krimis zu schreiben. Der elegante Privatdetektiv Jo Kant hatte seinen ersten Auftritt im Düsseldorf-Krimi *Kunstblut* und führte ein Serienleben im deutschen *Penthouse*. Später tauchte er in Schüllers erfolgreicher Garmisch-Krimi-Reihe auf, zuletzt in *Der Bulle von Garmisch* (2016).

www.schuellerschreibt.de

Sven Stricker, geboren 1970, wuchs in Mülheim an der Ruhr auf und lebt derzeit als vielfach ausgezeichneter Hörspielregisseur in Potsdam. Mit *Schlecht aufgelegt* erschien 2013 sein erster Roman, 2015 erblickte in *Sörensen hat Angst*

der von einer Angststörung geplagte Kriminalhauptkommissar Sörensen das Licht der Krimiwelt, der sich von Hamburg nach Katenbüll in Nordfriesland versetzen lässt. Zuletzt erschien von Sven Stricker *Sörensen fängt Feuer* (2018).
www.svenstricker.de

Arno Strobel, geboren 1962 in Saarlouis, studierte Informationstechnologie und arbeitete bei einer großen deutschen Bank in Luxemburg. Nach den Erfolgen seiner ersten Spannungsromane, entschied er sich 2014, nur noch zu schreiben. Seitdem stehen seine Psychothriller regelmäßig auf den Bestsellerlisten. Zuletzt erschienen *Tiefe Narbe* (2017) und *Kalte Angst* (2018), die ersten beiden Bände seiner Thriller-Serie *Im Kopf des Mörders* und in Zusammenarbeit mit Ursula Poznanski *Anonym.*
www.arno-strobel.com

Klaus-Peter Wolf, 1954 in Gelsenkirchen geboren, lebt als freier Schriftsteller in der ostfriesischen Stadt Norden, im selben Viertel wie seine Kommissarin Ann Kathrin Klaasen. Wie sie ist er nach langen Jahren im Ruhrgebiet, im Westerwald und in Köln, an die Küste gezogen und Wahl-Ostfriese geworden.

Seine Bücher und Filme wurden mit zahlreichen Preisen ausgezeichnet, u. a. mit dem ›Anne-Frank-Preis‹, dem ›Erich-Kästner-Preis‹, dem ›Rocky Award‹ (Kanada) und dem ›Magnolia Award‹ (Schanghai).

Bislang sind seine Bücher in sechsundzwanzig Sprachen übersetzt und über zehn Millionen Mal verkauft worden. Mehr als sechzig seiner Drehbücher wurden verfilmt, darunter viele für ›Tatort‹ und ›Polizeiruf 110‹.

Mit Ann Kathrin Klaasen hat der Autor eine Kultfigur für Ostfriesland erschaffen. Mehrere Bände werden derzeit prominent fürs ZDF verfilmt und begeistern Millionen von Zuschauern.

www.klauspeterwolf.de
www.ostfrieslandkrimis.de

Herausgeberin & Herausgeber

H. P. Karr, geboren 1955, lebt im Ruhrgebiet. Er veröffentlichte allein und gemeinsam mit seinem Kollegen Walter Wehner zahlreiche Hörspiele, Kriminalstorys und mehr als ein Dutzend Thriller. Das Team Karr & Wehner wurde unter anderem mit dem Literaturpreis Ruhr und zweimal mit dem ›Friedrich-Glauser-Preis‹ ausgezeichnet.

H. P. Karr betreut das *Lexikon der deutschen Krimiautoren* (www.krimilexikon.de) und ist seit 2002 Mitherausgeber der Anthologien zum Festival *Mord am Hellweg*.
www.hpkarr.de

Herbert Knorr lebt im Ruhrgebiet. Der promovierte Literaturwissenschaftler ist seit 1994 Leiter des *Westfälischen Literaturbüros in Unna e. V.* und dort zuständig für Literaturförderung für NRW. Unter anderem ist er Ideengeber und einer der Festivalleiter der Biennale *Mord am Hellweg*, des größten internationalen Krimifestivals Europas, sowie Intendant des Netzwerkprojektes *literaturland westfalen*. Er ist Autor dutzender Veröffentlichungen, zuletzt erschien der Westfalen-Krimi *Pumpernickelblut*. Herbert Knorr ist Träger des ›Literaturtalers‹ für herausragende Verdienste um die Förderung der Literaturlandschaft in NRW; 2017 wurde er (ebenfalls gemeinsam mit Sigrun Krauß) für seine Verdienste um die deutschsprachige Kriminalliteratur mit dem ›Ehrenglauser‹ ausgezeichnet.
www.herbert-knorr.de

Sigrun Krauß, M. A., geboren 1957, lebt seit 1990 in Unna. Studium der Anglistik, Amerikanistik und Romanistik in Mainz. Freie Lektorin für diverse Verlage. Seit 1990 bei der Kreisstadt Unna als Bereichsleiterin Kultur verantwortlich für Kunst und Kultur in Unna und für zahlreiche kulturelle Projekte. Sie ist eine der Festivalleiterinnen der Biennale ›Mord am Hellweg‹, des größten internationalen Krimifestivals Europas. Sigrun Krauß ist Trägerin des ›Literaturtalers‹ für herausragende Verdienste um die Förderung der Literaturlandschaft in NRW; 2017 wurde sie (ebenfalls gemeinsam mit Herbert Knorr) für ihre Verdienste um die deutschsprachige Kriminalliteratur mit dem ›Ehrenglauser‹ ausgezeichnet.
www.unna.de
www.mordamhellweg.de
www.hellweg-ein-lichtweg.de

Der Krimiband „Henkers.Mahl.Zeit" ist Teil des Projektes Mord am Hellweg IX,
Europas größtem, internationalen Krimifestival. Wir bedanken uns bei allen
Förderern, Sponsoren und Medienpartnern des Festivals.

Hauptförderer

Ministerium für
Kultur und Wissenschaft
des Landes Nordrhein-Westfalen

Medienpartner

Weitere Förderer und Partner

Hauptveranstalter